VORWORT VON JACKIE STEWART

JACKIE STEWART

3 . CHEMIN FOSSABOT
1196 GLAND , VAUD · SWITZERLAND

To win the World Championship nowadays means more than one thing. Apart from enjoying the achievement, the driver is given the honour of writing a few words in Heinz Prüller's Grand Prix Story of the year gone by.

As usual the Prüller book is as complete and accurate as ever. I am sure all the readers will enjoy the contents.

My congratulations once again to Heinz on his achievement in writing this book.

Jackie Stewart

10TH Oct 73

Die Automobilweltmeisterschaft zu gewinnen, bringt in unserer Zeit mehrere Dinge mit sich. So wird der Fahrer eingeladen, in Heinz Prüllers GRAND PRIX STORY ein paar Worte über das abgelaufene Jahr zu schreiben. Das Prüller-Buch ist so gewissenhaft und komplett wie immer. Ich bin sicher, daß allen Lesern der Inhalt gefallen wird. Nochmals meine Gratulation an Heinz, daß er dieses Buch geschrieben hat.

Jackie Stewart
10. Oktober 1973

François Cevert gewidmet — und der Erinnerung an ihn

HEINZ PRÜLLER

GRAND PRIX STORY 73

Zwei gegen Lotus: Stewart und Cevert

VERLAG ORAC WIEN
MOTORBUCH VERLAG STUTTGART

Fotonachweis: Roger Benoit (19), Jutta Fausel (11), Ing. Alois Rottensteiner (11), Ferdi Kräling (6), Klaus P. Pozdnik (5), Bernard Cahier (4), DPPI (4), Archiv (3), Foto Temburg (1), Geoff Goddard (1).

Graphik des Schutzumschlages: Bronislaw Zelek unter Verwendung eines Fotos von René Planchevel.

ISBN 3 85368 809 8
1. Auflage 1973
© 1973 by Heinz Prüller.
Sämtliche Rechte vorbehalten.
Satz und Druck: Buch- und Offsetdruckerei R. Spies & Co., 1050 Wien, Straußengasse 16.

Inhaltsverzeichnis

WAS FÜR MENSCHEN?

Fünfzig Zentimeter über dem Beton, durchs Visier, schaut die Welt flacher aus. Aber vermutlich rührt der Breitwand-Effekt nur davon her, daß die Straße bei 200 km/h schmäler wird. In den Sturzhelm dringen Fetzen des Fahrtwindes, doch nicht unangenehmer, als etwa Wasser in die Tauchmaske sickert. Aber: Während unter Wasser das Blau, je tiefer man taucht, desto kräftiger wird, erweckt der offene Rennwagen, je schneller man fährt, farblosere Empfindungen: kalt und grau — sobald Neugier, Spannung und Magenkribbeln abgeschüttelt sind.

Dazwischen riecht man frisch geschnittenes Gras. Und erinnert sich an die Punkte, die auf einen zufliegen: „Hast du die Schleuderspur in der Zielkurve gesehen? Das war ein McLaren-Sportwagen. Die Sandbank? Das war Graham Hills berühmter Salto. Den Einschlag in die Mauer unter der Brücke? Das war James Hunt, weil ihn eine Windbö überraschte. Und die Reifenspuren? Das war Roger Williamson."

In den Kurven wachsen Fliegenpilze im Zeitraffer aus dem Boden: die Instruktoren in ihren rot-weißen Rennjacken. Sie registrieren jeden falschen Bremspunkt, jede falsche Linie, jedes Verschalten — und jedes Überdrehen.

Sie sind die Außenposten des heute 50jährigen Jim Russell, der Privatflugzeuge besitzt und Pferdegestüte betreibt und daher nur noch selten in die von ihm gegründete Rennfahrerschule kommt. Statt ihm kriecht Russells erster Mann, John Payne, nach jedem „Lapping" (einer 8-Runden-Serie mit vorgeschriebener Motorendrehzahl) in die Cockpits der Formel-Ford-Autos, um den „Spion" zu überprüfen. „Wenn Ken Tyrrell sagt: Jackie Stewart zehn-fünf, dann dreht Stewart auch nur zehn-fünf. Wenn ich sage: Sechs-null, so heißt das auch sechs-null und nicht sechs-drei. Stewart zehn-fünf, Prüller sechs-null."

Bei diesem Vergleich muß ich in den Vollvisierhelm hineinlachen, aber das sieht Mr. Payne nicht. Rennsport, sagt schon Carlo Abarth, ist eine ernste Sache, da lacht man nicht.

Jackie Stewart hat mir einen Kurs in der Jim-Russell-Schule von

Snetterton, England, empfohlen, „weil das jeder Sportjournalist einmal tun sollte". Aber wer weiß schon, seufzt Johne Payne, welche Beweggründe die vielen anderen uns in die Arme treiben? Da ist ein junger Kanadier: Erbe von ein paar Warenhausmillionen, die er, wie er hofft zinsenbringend, bei Jim Russell in eine Rennkarriere investiert. Da ist ein Amerikaner, der sogar während eines Drehers bei Topspeed Vollgas gibt, „weil ich immer so Auto fahre". Erst später fand John Payne heraus: Dieser „Weltmeister von morgen" hatte fast den Verstand verloren, weil ihm die Frau samt Kind durchgebrannt war.

Aber das ist die Ausnahme, bei Gott nicht die Regel. Jim-Russell-Prospekte nennen genug ehemalige Schüler als heutige Vollgasprofis — allen voran Emerson Fittipaldi, dessen Bild samt fotokopiertem Dankbrief Russells Schreibtisch ziert: Erinnerung an 1969, als Emerson, ganz allein in Europa, sich durchhungerte und so viel Gewicht verlor, daß seine Mutter aus Sao Paulo nach Snetterton eilte, um für ihn zu kochen. „1970 hat Ken Tyrrell in unserer Schule angerufen", erinnern sich die Briten, „er wollte damals Emerson als Partner für Jackie Stewart. Aber er nahm François Cevert."

Ein paar Tage bei Jim Russell können also keine Schande sein. Kaum bin ich aus Snetterton weg, erscheint dort der regierende Weltmeister: Emerson Fittipaldi mit dem brandneuen Lotus-Formel-II („Texaco Star"). Donnerstag fährt er auf nasser Bahn 1:21. Der Freitag ist trocken, aber Jim Russell bereitet ein Schülerrennen für Samstag vor. „Deshalb haben wir keine Streckenposten", sagt Russell zu Fittipaldi, „du darfst nicht fahren." Doch Emerson bettelt so lange: „Please, Mr. Jim", bis er darf.

Fünfter Gang voll; und plötzlich bricht die Benzinpumpe. Emerson riecht den Defekt, nimmt sofort Gas weg. Dennoch: Explosion in seinem Nacken. Fittipaldi drückt auf den Feuerlöscherknopf; vergeblich, weil schon die Kabeln brennen. Also: Bremsen, aber nicht zu brüsk, sonst reißt es den Lotus von der Bahn. Noch während der Fahrt öffnet Emerson die Gurten, will abspringen, bleibt aber an einem der Schenkelriemen hängen . . . erst beim dritten Versuch rettet er sich ins Freie. Die Flammen auf dem Overall wälzt Emerson auf der Wiese aus, ohne Kratzer, unverletzt davongekommen, während der erste „Texaco Star" auf die Größe eines Mistkübels schmilzt.

Spontan befiehlt Lotus der Russell-Schule: „Wenn die Zeitungen anrufen — strengstes Stillschweigen, es hat nie einen Unfall gegeben!" Weil aber die Hauptstraße London—Norwich direkt an Snetterton vorbeiführt, haben Hunderte Autofahrer den Feuerball gesehen. Der Unfall konnte also nicht geheim bleiben.

Das kalkulierte Risiko des Autorennfahrers . . . „Wir fahren Rennen, weil uns die Bewältigung einer gefährlichen Aufgabe Beruhigung und Glück verheißt. Die Zuversicht, der Gefahr gewachsen zu sein, läßt in uns keine Furcht aufkommen", hat der hochintelligente deutsche Graf Wolfgang von Trips vor mehr als zehn Jahren philosophiert. Inzwischen ist die Auffassung nüchterner geworden. „Denken Sie oft ans Sterben?" wurde Jo Siffert einmal von einem Filmreporter gefragt, plump, mit dem Holzhammer, und noch dazu in der intensivsten Startkonzentration. „Nein", sagte Siffert ruhig — „Sie?"

Grand-Prix-Pilot zu sein, an diesem Millionen faszinierenden Cocktail aus Sport, Abenteuer und Technik (mit dem Aroma von vielen Geldscheinen) mitzumixen ist für die heutige Fahrergeneration ein Beruf. „Ich könnte nichts anderes auf dieser Welt so gut wie Rennen fahren", gibt der dreimalige Weltmeister und Formel-I-Rekordsieger Jackie Stewart zu. Das Talent muß wohl angeboren sein; anzüchten kann man es niemandem, ein 480-PS-Auto optimal um einen Kurs zu zwingen, das heißt: an der Haftgrenze, auf dem dünnen, spitzen Grat vorm Rausfliegen. Nicht das Schnellfahren auf der Geraden befriedigt (der vielzitierte „Rausch der Geschwindigkeit" existiert nicht), sondern das maximale Bewältigen einer Kurve. „Aber hundertprozentig richtig", weiß Helmut Marko, „gelingt einem im Rennen jede Kurve höchstens zwei-, dreimal."

Jedes Wochenende der Zwang, eine neue Strecke, neue Probleme meistern zu müssen: das Aussuchen der bestgeeigneten Gänge (allein für den ersten Gang gibt es acht Möglichkeiten), das Tasten nach der richtigen Abstimmung von Spoiler, Heckflügel, Sturz usw. Faustregel: In schnellen Kurven soll das Auto unter-, in langsamen etwas übersteuern. Zwei Gegensätze, für die es nur einen Kompromiß geben kann — den zumeist Lotus am besten findet. Die Tyrrells brillieren, weil sie den knappsten Radstand haben, auf winkeligen Kursen. Dafür laufen auf den Geraden oft die McLarens am schnellsten — weil sie zumeist den längsten aller möglichen fünften Gänge eingebaut haben.

„Du mußt also in diesem Beruf wesentlich mehr nachdenken, als wenn man jeden Tag ... ich weiß nicht ... Semmeln macht in der Früh" (Copyright: Niki Lauda). „Und du mußt sehr stark gegen dich selbst sein. Kommst du einer Leitplanke zu nahe, darfst du kein Herzklopfen kriegen und an die Gefahr denken — du mußt dich abschütteln und genauso schnell weiterfahren. Sonst bist du deiner Aufgabe nicht mehr gewachsen." Und wenn unangenehme Gedanken aufkommen? „Dann mußt du erforschen, woher sie kommen, und mit dir abklären, warum du das alles tust." Gezwungen wird niemand. Aber das Leben am Limit ist die Verantwortung des Piloten sich selbst gegenüber." „Verantwortlich bin ich nur mir, meiner Frau, sobald ich Mariella heirate, und eventuell meinen Kindern. Sonst niemandem."

Kritik am Tun der Rennfahrer, meinte der berühmte Vorkriegsstar Rudolf Caracciola, stünde nur denjenigen zu, die selbst bereit sind, sich in einen Rennwagen zu setzen — den anderen nicht. Niki Lauda formulierte mir drastisch: „Andere Leute gehen einmal täglich unter einer Baustelle durch. Ich mach' das dauernd, mir kann immer ein Ziegel auf den Kopf fallen."

Helmut Marko, im Juli 1972 aus seiner Grand-Prix-Karriere gerissen, denkt heute so: „Ich komm' mir bei den Rennen fast überflüssig vor ... bis zum Start. Dann bin ich froh darüber, daß ich nicht drinsitzen muß." Einen Grand Prix erleben im Durchschnitt 50 Millionen an den Fernsehgeräten und 100.000 entlang der Strecke. Viele blicken den an den Start gehenden Piloten nach wie Leute, die andere in den Krieg ziehen sehen und froh sind, daß sie nicht selbst mitziehen müssen.

Tatsächlich: Zwischen den meisten Fahrern besteht jene Art Achtung und Respekt wie zwischen feindlichen Kriegsfliegern. Die Erfolgreichsten unter ihnen werden hoch dekoriert: Henri Pescarolo und Gerard Larrousse, die Langstrecken-Seriensieger von 1973, erhielten das Kreuz der Ehrenlegion. Jimmy Clark, Graham Hill und Jackie Stewart bekamen den O.B.E. — den Orden des British Empire.

„Wir sind", sagt Clay Regazzoni, „Kameraden, die alle die gleiche Arbeit tun, aber deshalb weder Freunde noch Feinde." Sind Freundschaften zwischen Rennpiloten gefährlich? Helmut Marko verlor 1972 nur deshalb die Targa Florio, weil sein Copilot Nanni Galli (an diesem Tag langsam und nervös) durch eine Todesmeldung vom Masaryk-Ring schockiert war: Sein Freund war verunglückt. Juan Manuel Fangio weinte 1954 am Nürburgring um seinen toten Schüler Onofre Marimon; Mike Hawthorn sah 1958, gleichfalls am „Ring", im Rückspiegel, wie sein bester Freund Peter Collins gegen einen Baum prallte; und Jochen Rindt weinte 1970 in Zandvoort unterm Lorbeerkranz um Piers Courage.

Ohne Jochen, ohne Piers hat Jackie Stewart im Grand-Prix-Zirkus heute keinen wirklichen Freund mehr. „Die drei", sagt seine Frau Helen, „haben ihre Karriere fast gleichzeitig gestartet: als wären sie zusammen zur Schule gegangen." Mit Fittipaldi versteht sich Stewart gut, aber Emerson steht ihm nicht mehr so nahe. „Oft telefonieren sie, manchmal essen sie zusammen." Und Jacky Ickx kapselt sich gegen die anderen Piloten förmlich ab.

„Wenn du am Start eines Rennens stehst", sagt mir Stewart, „mußt du in Frieden mit dir selbst sein. Es gibt kein anderes Geheimnis." Für Jochen Rindt war „das Schwierigste am Rennfahren immer das Konzentrieren". „Setzt es nur eine Zehntelsekunde aus", fürchtet Lauda, „ist der Unfall da. Du mußt völlig gelöst, frei von allen Problemen ins Auto steigen. Zum Beispiel: Ronnie Peterson flog 1972 in Watkins Glen wahrscheinlich deshalb 'raus, weil ihm Max Mosley immer sagte: Er sei ein Trottel, weil er zu Lotus geht. Vor dem Start sehe ich nichts mehr, was um mich passiert; keine Leute, keine Mechaniker" (die das Auto beim 2-Minuten-Start mit der Hilfsbatterie starten und dann weggehen).

Der Countdown bis zum Abschuß von der Rampe: Augen am Drehzahlmesser, Leerlauf, Fuß ruhig am Gaspedal, konstante Drehzahl — 10.500 bei den 12-Zylindern, 9500 bei den Ford-8-Zylindern (auch wenn Carlos Reutemann 1972 in Buenos Aires den Drehzahlbegrenzer abklemmte, um 11.000 zu drehen; dennoch wurde er von Stewart überholt). Man „melkt" also nicht den Motor. Noch 10 Sekunden: Kupplung, erster Gang, Konzentration auf den Mann mit der Startflagge. „Ich schaue nur auf sein Handgelenk", gesteht Regazzoni. Ingenieure haben errechnet: Ideal startet, wer 15 Prozent Schlupf der Hinterräder hat, wessen Reifen sich also zu 15 Prozent durchdrehen, dabei erwärmen und dann zu 85 Prozent beißen und zupacken.

Die erste Reihe hat freie Bahn. „Dahinter", verrät Lauda, „wartest du am besten, bis sich die Vorderräder deines Vordermannes durchdrehen. Erst dann kannst du sicher sein: Er kommt weg und du läufst nicht Gefahr, abbremsen, die ganze Startprozedur wiederholen zu müssen — wenn dir die Touren in den Kübel fallen."

Die Kupplung läßt man schnalzen, nicht schleifen: Eine schleifende Kupplung wird heiß — und das bedeutet: Sie würde sofort verbrennen. Für zumindest die erste Runde ist jeder „eingeklemmt in einem Ballett, das sich in einer Linie vorwärts bewegt" (Regazzoni) — bis sich die bunte Kette auseinanderzieht, bis Kugeln herausfallen.

Für den 90- bis 120minutigen Pulverdampf eines Großen Preises stählen sich die Piloten individuell. Stewart steigt immer mit seinem idealen Kampfgewicht (63 Kilo) in den Ring. Die Idee zum Lauftraining hat er von Frank Williams. „Einmal", so Frank, „rannte ich durch die halbe Schweiz, sogar bergauf, so steil, daß ich nicht einmal mehr gehen konnte, bis ich endlich unten einen lichten Punkt sah." Das war Lausanne, nickte Jackie: „Ich selbst renne nur drei Kilometer, aber täglich. Und du mußt am Morgen laufen, nicht abends. Schwimmen dagegen ermüdet; das weiß ich von Jean-Claude Killy." Heute kümmert sich der Ex-Eisschnellaufstar Günther Traub, der auch die Ford-Capri-Staffel trimmt, um Stewarts Fitness.

Fittipaldi schwört auf das Rezept, das ihm der Konditionstrainer des brasilianischen Fußballteams verschrieben hat — „und manchmal arbeite ich nach dem Astronauten-Programm von Gordon Cooper". Ickx ist von Kindheit auf zur Freiluft-Competition erzogen. Die Franzosen fahren durchwegs Motorrad. Regazzoni spielt Fußball und Tennis: Er wurde 1973 Tessiner Meister im Doppel.

Der athletische James Hunt ist ein erstklassiger „Squash"-Spieler. Carlos Pace war in Brasilien ein hoffnungsvoller Karate-Kämpfer (er brachte es fast bis zum braunen Gürtel), spielt aber heute am liebsten Golf mit Carlos Reutemann. Jody Scheckter ging, um seine Armkraft zu stärken, fleißig Gewicht heben; Niki Lauda besuchte zweimal pro Woche ein Wiener Athletic-Center, verdankt seinen heutigen Bizeps aber den beinharten Moto-Cross-Schlachten mit Helmut Marko auf dem Grazer Schöckl.

Und Peter Revson verblüffte letzten Februar beim ersten Fernseh-Zehnkampf der Superstars durch seinen dritten Platz hinter Bob Seagren und Jean-Claude Killy, während Boxchampion Joe Frazier beim Schwimmen unterging: „Alle wunderten sich, weil sie dachten: Autorennfahrer, das sind fette, unsportliche Typen mit Bauch, die nur dasitzen und Gas geben müssen. Ohne die Laufbewerbe hätte ich gewonnen. Aber das war neu für mich, ich renn' ja nie", sagte Revson, naserümpfend.

Formel-I-Autos beschleunigen von 0 auf 160 in 6,5 Sekunden — zusammengebremst werden sie von 160 auf 0 in nur 3,7 Sekunden! Und wenn den Piloten nicht mangelnde Fitness bezwingt, sondern die Technik? Ein „slow puncture", der gefürchtete „schleichende Patschen", kündigt sich erst im Alarmfall im Rückspiegel an: wenn die Reifenoberfläche plötzlich konkav ist.

Motorschaden? Zuerst verzögert sich der Kanonendonner, dann folgt das „Brrrrr". Das K. o. ist amtlich, wenn aus dem Auspuff Öl und Wasser rinnt; weil Öl auf den glühendheißen Auspuff tropft, ist zumeist auch Rauch dabei. Die immer PS-stärkeren Motoren, die immer breiteren, schwereren Reifen schieben den heutigen Formel-I-Wagen zwei Schwarze Peter zu: Bremsen und Getriebe. Die Bremsprobleme bekam man ab Juni 1973 in Griff, „aber die FG-400-Gearbox ist immer noch das größte Stück Mist an unseren Autos", schimpft Lotus-Rennleiter Peter Warr.

Ein Getriebedefekt naht lautlos: „Du schaltest noch, glaubst, du hast einen Gang; aber da ist keiner mehr." Bremsbeläge stinken nur, solange sie eingefahren werden, danach nicht mehr; sie grammeln dafür entsetzlich, wenn sie sich auflösen und auf der Bremsscheibe verteilen. Die Kupplung grammelt nie, rutscht nie — aber wenn sie sich abmeldet, dann schlagartig. Mit Lärm.

Grand-Prix-Rennen dienen heute nicht mehr unmittelbar der Serienproduktion, weil die Formel-I-Technik zu kompliziert geworden ist — aber wer weiß, wie unsere Personenautos in einigen Jahren aussehen? Ohne Rennsport gäbe es heute kaum Scheibenbremsen (erster Test: 1952 mit Jaguar im 24-Stunden-Rennen von Le Mans). Und die heutigen Pkw-Reifen sind besser als die Grand-Prix-Reifen vor 15 Jahren.

Nachher — zusammengebrochene Rennwagen werden eingesammelt wie Requisiten, in den Boxen liegen Teile herum wie Masken, wenn das Fest vorbei ist. Aufzugeben in einem Rennen ist eine Niederlage. Aber wer gewonnen hat, „fühlt sich befreit, spürt nochmals die Atmosphäre des Rennens und ist glücklich" (erinnert sich Regazzoni).

Doch ihre Welt spannt sich nicht nur zwischen Over- and Understeer. Mike Hailwood, ein glühender Jazzfan, beherrscht virtuos drei Instrumente: Klavier, Saxophon, Schlagzeug. François Cevert verehrt nach 15 Jahren Klavierunterricht immer noch Beethoven: „Daß ich als Pianist so unbegabt bin, ist eine der größten Enttäuschungen meines Lebens."

Um so mehr Talent verrät Cevert am Steuerknüppel. In Miami und Kalifornien erledigte er letzten Herbst seine diversen Flugzeugprüfungen in Rekordzeit: Wofür andere 200 Stunden brauchten, das schaffte François in 66. Die Tanks seiner Piper-Aztec reichen für 1800 Kilometer, „was bedeutet, daß ich außer nach Schweden zu jedem Grand Prix ohne Tankstop fliegen kann". Er liebt die Nachtflüge, „weil es so schön ist, allein mit den Sternen zu sein": Saint-Exupery, übermotorisiert.

Der Altmeister im Luftraum heißt Graham Hill. Einmal fliegt er mit Chris Amon und Niki Lauda von Spa nach England — startend von einer Sumpfwiese, auf der ihn einmal ein Traktor rausziehen mußte, und schwer angeknockt von der nachtlangen Feier. Eine der Turbos funktioniert nicht, andauernd blinken die Lichter, das Armaturenbrett sieht aus wie ein Flipperautomat. Kalkweiß im Gesicht, schaltet Amon den Funk ein. „Zum Teufel, dreh ab", knurrt Graham, „ich krieg von dem Gebrumm nur Kopfweh."

Nach solchem Unterricht kein Wunder, daß Lauda schon in seiner zweiten Flugstunde selbst starten und landen kann . . .

Stewart und Fittipaldi haben keine Flugzeuge, aber für beide steht die King-Jet eines italienischen Grafen auf Abruf parat: für Ferienflüge oder Business. Einmal muß Jacky Ickx nach Graz zu einer Puch-Präsentation, kalkuliert knappest, weil er dringend zu Ferrari

muß, „aber weil das Flugzeug Verspätung hat, bleibe ich genau fünf Minuten bei Puch. Nicht vier, nicht sechs, wirklich nur fünf." Solche Hetzjagden zehren so an Jackys Gesundheit, daß der schmächtige Belgier 1973 für eine Woche ins Bett muß: „Erschöpft, unfähig und lustlos, irgend etwas zu tun", wie er mir erzählt. Eine Story, über die Stewart rätselt: „Ickx macht doch kaum Business, kaum Auftritte. Die beiden einzigen, die wirklich verdammt hart schuften und arbeiten, sind Fittipaldi und ich."
Nicht nur die Arbeit einigt die Grand-Prix-Piloten, sondern oft auch das Sternzeichen: 25 Prozent des Starterfeldes sind, astrologisch gesehen, Fische. Und sogar 80 Prozent haben die Blutgruppe null — die relativ selten und daher bei Unfällen gefährlich ist. Dem Formel-Ford-Piloten Gerhard Irsa, der nach einem Sturz zwei Liter Blut verloren hatte, rettete nur eine glückliche Fügung das Leben: Der Arzt, der ihn auf den Operationstisch bekam, hatte zufällig die gleiche Blutgruppe.

DAS MILLIONENSPIEL

Jedes Jahr entflammt der Kampf um die teuersten Verträge, um die besten Autos aufs neue. Es ist eine andere Transferzeit als im Fußball, denn Grand-Prix-Piloten sind nicht immer viele Saisonen vergönnt. „Ein Formel-I-Jahr", glaubt daher der englische Vorkriegsstar Raymond Mays, „zählt oft soviel wie 25 normale Lebensjahre."
Hier die Teamübersicht 1972/73, wobei de Adamich ab Barcelona von Surtees zu Brabham wechselte, gelegentliche Einsätze von Gastarbeitern aber nicht angeführt sind:

	1972	1973
JPS-Lotus:	E. Fittipaldi, Walker	E. Fittipaldi, Peterson
elf-Tyrrell:	Stewart, Cevert	Stewart, Cevert
Yardley-McLaren:	Hulme, Revson, Scheckter	Hulme, Revson, Scheckter
Ferrari:	Ickx, Regazzoni, Andretti	Ickx, Merzario
Surtees:	Surtees, Schenken, Hailwood, de Adamich	Hailwood, Pace (de Adamich, Mass)
STP-March:	Peterson, Lauda	Jarier (Williamson)
Hesketh-March:	—	Hunt

	1972	1973
Privat-March:	Beuttler	Beuttler, Purley
BRM:	Beltoise, Marko, Gethin, Ganley, Wisell, Soler-Roig	Regazzoni, Beltoise, Lauda
Matra-Simca:	Amon	—
Brabham:	Reutemann, Hill, W. Fittipaldi	Reutemann, W. Fittipaldi, de Adamich (Stommelen)
Frank Williams:	Pescarolo, Pace	Ganley, Galli (van Lennep)
Martini-Tecno:	Bell, Galli	Amon
UOP-Shadow:	—	Oliver, Follmer
Embassy-Shadow:	—	Hill
Ensign:	—	von Opel

Hinter jedem dieser Stallwechsel steckt eine Geschichte; und die kurioseste schreibt March, besser: Max Mosley, den Lauda „Mr. Promise" nennt, weil er immer vieles verspricht. Und für 1973 hat MM definitiv zugesagt: March fährt mit Chris Amon und Niki Lauda.

Dem Deutschengländer Mosley gehört March zu 30 Prozent. Genausoviel besitzen der Konstrukteur Robin Herd und die Guiness-Bank, die restlichen 10 Prozent verteilen sich auf Max' und Robins Familien. Max denkt realistischer als der vergeßliche, oft schlampige Robin, dem einmal auf dem Londoner Flughafen der Koffer platzte, worauf zum Entsetzen aller Gentlemen Schuhe, Socken und Hemden einzeln auf dem Gepäcklaufband herantanzten — und kontrolliert, strenggenommen, auch mehr als 30 Prozent: Der Chef der Guiness-Bank ist sein Halbbruder Jonathan (der letzten Frühling sogar als Konservativen-Abgeordneter ins Parlament kam).

Mosleys Traum: „Wenn ich 40 bin und unsere Aktien 150mal soviel wert sind, kann ich mich nur noch ums Business kümmern, es erweitern, denn Chapmans Fehler, zu sehr an den Rennen zu hängen, passiert mir nicht." Max ist cool, „aber im Rennsport gewöhnst du dich daran, daß du oft betrogen wirst".

Niki Lauda war im bitteren Jahr 1972 immer ehrlich zu March, fast nibelungentreu: „Ich tue alles, was ihr von mir verlangt — auch, daß ich im Rückwärtsgang fahren muß. Ich erwarte dafür nur, daß ihr auch zu mir ehrlich seid." Als Gegenleistung für zwei Millionen Sponsorgeld (Kredit von der Raiffeisenbank) durfte Lauda das auch erwarten. Er war immer einsatz- und testbereit. Fürs schlechte Auto konnte er nichts, aber solange es hielt, war er zumeist nur drei, vier Positionen hinter Peterson. Deshalb auch Mosleys Zusage: „Macht nichts, falls du für 1973 keinen neuen Sponsor bringst, du bleibst auf jeden Fall bei uns. Schlimmstenfalls zahlen Robin und ich von unserem Geld dazu.“

Während Lauda in Südafrika einen 2-Liter-Sportwagen fährt (und schneller ist als Jody Scheckter), während Peterson nur noch Lotus im Kopf hat, holt March den Franzosen Jean-Pierre Jarier zu Bremsentests nach Silverstone. Was Lauda argwöhnisch stimmen muß.

Andreas Nikolaus Lauda, jüngster Grand-Prix-Pilot, durch pausenlose Motorschäden nicht Europameister 1972 geworden, immerhin englischer Formel-II-Champion, hat außer seinem Drang nach oben, Talent und Zähigkeit noch andere auffallende Eigenschaften. Er haßt schmutzige Autos und wäscht deshalb seinen Capri fast täglich. Er hat eine rätselhafte Allergie gegen Katzen — „Jedesmal, wenn ich mit einer in Berührung komme, fürchte ich drei Tage lang, ich muß ersticken.“ Er ißt prinzipiell nur extrem flach geklopfte Schnitzel mit Reis, sogar im Ausland, und trinkt dazu nur Milch oder Apfelsaft.

Wenn Lauda sechs Viertel Wein bechert, muß Schlimmes passiert sein. November 1972: Wir sitzen beim Heurigen in Grinzing, und Niki ist deprimiert wie nie zuvor. „Sorry, wir können dir für 1973 kein Auto mehr geben“, hat ihm Mosley geschrieben und dafür alle möglichen Erklärungen gefunden: Weil er das Gefühl habe, Niki wäre gegen March; weil „Powerslide“ geunkt habe, March ginge pleite; und weil ein zweites Auto 45.000 Pfund mehr kosten würde.

Lauda — am Abgrund. Er hat mit March gegambelt und ohne seine Schuld verloren. Noch zwei Millionen Rückzahlung, kein Einkommen von Tourenwagenrennen, weil er ein 420.000-Schilling-Offert von BMW auf Wunsch von March abgelehnt hat — und keine Formel I mehr. Out of money also; mit Schulden.

Zum Glück hat BRM-Chef Louis Stanley noch in Watkins Glen erste Fäden zu Lauda geknüpft, ihn um seine Adresse ersucht — die wir auf Büttenpapier, mit Maschine und englischen Floskeln schrieben, denn einem Cambridge-Mann, der ein 400 Jahre altes Landhaus und eine sündteure Dachgartensuite im Londoner „Dorchester“-Hotel bewohnt, der sich in Hotels sogar als Lord einträgt, kann man nicht einfach hinknallen: „Niki Lauda, Salzburg-Anif, Eschenbachgasse, Neubau."

Stanley ist dabei, sein Team zu entrümpeln: „Zwei der acht, die letztes Jahr für mich fuhren, wären als Taxichauffeure besser dran", grollt er ihnen nach. „Und Reine Wisell ist wohl der einzige Rennfahrer der Welt, der sich selbst um ein Autogramm bitten würde — aber ablehnt." Stanleys neuer Liebling ist der stahlharte, für 3 Millionen Schilling eingekaufte Clay Regazzoni. „Next year world champion!" trompetet „Big Lou". Darauf Clay in seinem mühsam erlernten, gurrenden Englisch: „But now — nothing." Als Nummer 2 hat Stanley überraschend den Australier Vern Schuppan verpflichtet.

Doch das Wunder geschieht: Stanley holt Lauda zu BRM-Testfahrten nach Le Castellet, die für Niki schreckhaft beginnen. Regazzoni zeigt ihm in seinem Privat-Ferrari den Kurs, dreht sich aber nach zwei Runden bei Tempo 180 viermal, bekommt einen roten Kopf und brummt von „zuviel Sand" und „nichteingefahrenen Reifen". Im BRM-Cockpit überzeugt Lauda und darf nun bei Stanley bittstellig werden: in der „Dorchester"-Suite, in der „Big Lou" vor riesigen Leoparden- und Zebrafellen hofhält.

Lauda taktiert clever. Bei allen Geldwünschen verweist er auf Dr. Karlheinz Örtl von der Raiffeisenbank und Österreichs Motorsportgeneral Martin Pfundner. Nikis Hoffnung: „Er braucht mir nur drei Starts zuzusagen, und ich werde ihn so sehr überzeugen, daß er mir sogar noch etwas zahlt." Kurz vor Weihnachten fliegt Stanley samt Anwalt nach Wien, und ich fahre mit Niki zum Schwechater Flugplatz. Drei Stunden zähes Feilschen im Restaurant, dann scheinen die Fronten festgefahren. Lauda ist zwar bereit, die ungewöhnlich hohen Prämien (120.000, 60.000 und 30.000 Schilling für den ersten, zweiten und dritten Platz) zu akzeptieren, nicht aber die gefährliche Klausel: „Jeder Pilot wird nach zwei Unfällen, egal ob sie im Testen, Training oder Rennen passieren, gesperrt." Denn: „Wir testen ja, um neues Material zu erproben." Außerdem weiß die ganze Vollgasbranche, daß BRM niemals Teile auswechselt, sondern sie nach dem Pkw-Prinzip „Was nicht bricht, ist gut" ewig belastet... bis sie brechen, weil das Material ermüdet.

Der Avis-Mann fragt, schon etwas verwirrt, ob Stanley seinen bestellten achtsitzigen Leih-Cadillac noch braucht. „Big Lou" steht polternd auf und läßt sich 90 Minuten lang durch Wien spazieren-fahren — während Lauda, Dr. Örtl und eine AUA-Hostess mittels Wörterbuchs den kniffligen englischen Vertragstext entwirren. Als Stanley zurückkommt, strahlt er: „Vienna is lovely", verhandelt weiter, beide Seiten geben nach, und Niki unterschreibt, als bereits Stanleys Rückflug nach London aufgerufen wird. Es ist fast wie im Kino.

Wenn Jean-Pierre Beltoise in diesen Tagen Schluckauf bekommt, dann nicht, weil Stanley so oft an ihn denkt: Der Franzose muß oft rülpsen, „weil ich nach meinem Reims-Unfall ein halbes Jahr lang auf dem Rücken gelegen bin", wie er mir einmal erzählte. Jedenfalls kehrt der „verlorene Sohn" zu BRM zurück, freilich mit auf 600.000 Schilling halbiertem Salär, und fliegt erleichtert zur Elfen-beinküstenrallye. Nur Schuppan weiß noch nicht, daß er auf Eis gelegt wird.

Bei March hat inzwischen Ronnie Peterson seine Abschiedsparty (für die er dunkle Anzüge vorschrieb) hinter sich, ist aber, undiplomatisch, ins Fettnäpfchen getreten: Er lud nur die Rennmechaniker und ver-graulte alle jene, die zu Hause in der Fabrik arbeiten. Aber der Ärger wird bald größer: wegen Amon.

Christopher Arthur Amon — seit 1963 in der Formel I, oft Trainings-schnellster, oft in Führung, aber in fast 90 Großen Preisen immer noch sieglos. 1972 wurde er in Clermont-Ferrand zum letzten Mal ums Gewinnen betrogen, durch Reifenschaden, den auch eine sen-sationelle Aufholjagd mit Rekord in der drittletzten Runde (trotz Rollsplit) nicht mehr wettmachen konnte. Aber: Amons große „ver-lorene Siege" reichen auf 1968/69 zurück, damals, als sich, oft bei Minutenvorsprüngen, Öltanks tropfenweise leerten, winzige Schrau-ben in den Motor fielen usw.

Aber danach, seit 1969? Das ist das Geheimnis des Chris Amon, das keiner kennt.

Barcelona 1969: Das Rennen, das Chris nach Rindts Flügelunglück wie ein König beherrscht, bis der Ferrari-Motor verraucht. Deprimiert fliegt er nach Modena, bückt sich vor dem Briefkasten seines Miet-hauses — und kann nur mit Mühe aufstehen. Die alarmierten Ärzte

behandeln ihn auf Grippe, leider Gottes fälschlich, denn Chris hat
Masern, die aber zu spät erkannt werden. Mit 26 eine Kinderkrankheit
zu erwischen kann bitter sein: Anschwellen der Gelenke, Leberaus-
scheidungen. Oder Schlimmeres.

Teilweiser Verlust der Sehkraft (wie sie Johnny Cash erlitt) blieb
Amon erspart, er ist längst gesundet — aber er sieht heute nicht mehr
ganz so gut wie früher! Natürlich ist er weder Formel-I-pensionsreif,
noch braucht er Brillen, gewiß würden die Ärzte bei ihm immer noch
ein „Übersehen" feststellen, aber: „Früher habe ich meterweit die
kleinsten Buchstaben lesen können, heute nicht mehr. Dieses Wissen
kann dich bremsen."

Er fährt dennoch, als hätte er Adleraugen. Nistet die Masern-Story
etwa im Unterbewußtsein, als Antwort auf die quälende, oft selbst-
gestellte Frage: „Warum kann ich keinen Grand Prix gewinnen?"

Um so mehr freut mich 1972 ein Brief, in dem mir Ford-Sportchef
Walter Hayes als PS schreibt: „Paß 1973 auf Chris Amon auf!" Was
andeutet, daß Ford für March und Amon, der dem Konzerngiganten
1966 (mit Bruce McLaren) Le Mans gewonnen hat, keine schlechten
Motoren parat hat, und Stewart folgern läßt: „Chris Amon wird
1973 ein Gegner um die Weltmeisterschaft sein."

Doch Chris hat die unglückliche Gabe, sich immer die unrichtigen
Leute auszusuchen. Überstürzte Hochzeit 1966 in Indianapolis — und
jahrelanger Kampf um die Scheidung. Ein einziger Abend mit dem
Fußballstar Georgie Best — und ausgerechnet derjenige, an dem
„Georgie-Boy" ein Mädchen ohrfeigt und die Polizei Zeugen braucht.
Ein übersehener Kündigungstermin für sein Miethaus in England —
prompt muß Chris binnen zwei Wochen ausziehen, zwischen Le Mans,
England und seinem Haus auf Ibiza pendeln und seine (momentane)
Freundin mit einem 50.000-Pfund-Scheck auf Haussuche schicken.
Gründung einer Motorenfabrik in Reading — natürlich bricht Feuer
aus, und später überleben die meisten Motoren nicht einmal den
Prüfstand.

Laut Max Mosley ist die Amon-Fabrik „mit 50.000 bis 80.000 Pfund
verschuldet". Das erklärt den verwirrenden Vertrag, den Chris mit
March vereinbart. Erstens wird die Motorenfabrik liquidiert, in die
neue Gesellschaft zahlen Amon und March je 50 Prozent ein. Zwei-

tens: March zahlt die halben Betriebskosten für Amons Privatflugzeug (Jochen Rindts alte „Beagle"). Drittens: Amon erhält die
üblichen Prozente vom Start- und Preisgeld. Vorläufig offen bleibt
sein Gehalt, weil Mosley noch Geldgeber sucht; freiwillig zahlt der
March-Boß 2000 Pfund Prämie für Amons Lebensversicherung.
Ehe Chris am 17. Dezember auf sechs Wochen Ferien nach Neuseeland
fliegt, diktiert er seiner Sekretärin — unterwegs zum Londoner
Flugplatz — noch rasch einen Brief an Mosley: „Ich bin bereit, die
ersten drei Rennen nur für Prozente zu fahren, aber danach möchte
ich einen Teil des Sponsorgeldes, egal von wem oder wieviel."
Bescheidener Vorschlag eines Starpiloten, der 3-Millionen-Gehälter
gewohnt ist, aber auch weiß, daß STP an March nur 30.000 Pfund
zahlt.
Als Mosley den Brief öffnet, tobt er und telegrafiert Amon, er solle
sich „ab sofort ein neues Team suchen". Gleichzeitig informiert er die
Zeitungen. So hört Amon im fernen Neuseeland, beim Frühstück im
Radio, daß ihn Mosley hinausgeschmissen hat (das Telegramm kommt
erst zwei Stunden später).
Chris ist bestürzt; genau wie STP-Boß Andy Granatelli, der Mosley
ein Ultimatum stellt: „Entweder du beschaffst dir einen anderen
Piloten von Amons Format, oder wir streichen die Sponsorgelder."
Max findet die billigste Lösung: Er promoviert Jarier, den er
auf die Formel-II-Europameisterschaft ansetzt, einfach in die Formel I.
*Jarier wirkt wie ein pfiffiger Student; aber er hat sein Welthandels-
studium an der Pariser Universität aufgegeben, um Rennfahrer zu
werden, „weil der Rennsport etwas ist, an das ich unbedingt glaube.
Nicht daran glauben hieße, mich selbst in Zweifel zu stellen." Lang
genug hat sich Jarier mit miserablen Autos herumgeprügelt, weil er
Geld brauchte, um seine Miete zu zahlen. „Meine große Chance",
jubelt Jarier, dem Beltoise attestiert: „Er ist intelligent, seriös und
zielstrebig. Um in die Formel I zu kommen, läßt er alles andere
liegen."*
*Möglich — aber sicher nicht die Franc, die sein Sponsor Arnold zu
March transferiert. Arnold ist der französische Möbelkönig und ein
rennverrückter Neureicher, den Regazzoni schon 1966 auf der Kanal-*

fähre Calais—Dover kennengelernt hat: Haus im Tessin und im Hosensack stets ein Batterie-Ventilator, mit dem er sich kühle Luft zufächelt.

Um so heißer laufen die Drähte zwischen Neuseeland und England. Amon vertelefoniert ein halbes Vermögen. Ford kann ihm nicht mehr helfen, und das BRM-Offert hat er längst abgelehnt. Aber Frank Williams will Amon engagieren.

Williams — das ist der Superfanatiker der Formel I. „In meinem Paß stand Mechaniker, aber das strich ich durch und schrieb stolz hin: Rennfahrer", erzählt er mir. Das Teuerste an Williams ist seine Armbanduhr, die Jacky Ickx einmal Piers Courage geschenkt, die Piers' Witwe Sally an Frank weitergegeben hat. „Ich bin nicht reich. Denn wäre ich reich, hätte ich immer ein Ersatzauto (wie mein Idol Ken Tyrell) und ein Privatflugzeug (wie Colin Chapman). Aber keine Lear-Jet, nur einen kleinen Flieger, mit dem ich in Silverstone und Brands Hatch landen kann." 1972 hat Williams 25.000 Pfund verloren, aber jetzt lassen ihn je 40.000 Pfund von Marlboro und Iso-Rivolta ruhig schlafen. Und träumen: „Wenn meine Autos gewinnen, kauft mir Marlboro nächstes Jahr Fittipaldi, Ickx oder Amon."

Zunächst hat er Howden Ganley. Dazu Amon, den hochtalentierten Hans-Joachim Stuck oder Galli. Er nimmt Galli, weil Stuck absagt und Amon nach drei Wochen Bedenkzeit absagt: „Tecno kann mir mehr Geld zahlen."

Typisch Chris: So stößt er wieder einmal zu einem absolut verlorenen Haufen. Nach einem Krach mit Teammanager John Wyer, der nicht immer die Wahrheit sagt, verlassen die Konstrukteure Wyss und McCall die Truppe, und Amon jammert bald: „400 Testmeilen und 1000 Wickel." Daß der Getränkekonzern Martini für sein Geld keine Siege bekommt, wird nicht Amons Schuld sein.

Die meisten Millionen jedoch wirft Marlboro in die Arena: eine Million Pfund — genausoviel, wie während der 1,5-Liter-Formel die gesamte Mineralölindustrie in den Grand-Prix-Sport gesteckt hat. Das fliegende Marlboro-Restaurant, die pompöse Autoflotte mit de Tomasos, Lamborghinis, Mustangs etc. und die Marlboro-Girls sind längst mehr als rot-weiße Farbkleckse im Formel-I-Zirkus. „Wir machten Fehler. Aber wir sind extrem glücklich mit allem, was wir aus dem Rennsport herausbekommen", präzisiert mir zu Saisonanfang Pat Duffeler von der Schweizer Philip-Morris-Zentrale. „Wir bleiben Zuschauer und greifen in den Sport nicht direkt ein. Für uns ist die Imagewerbung das Wichtigste — nicht das Gewinnen." So betrachtet, erweisen sich die „rasenden Zigarettenschachteln" von BRM und Williams bald als ideale Werbeträger.

50.000 Pfund zahlt Marlboro an BRM, 40.000 an Williams, doch kann die Verbindung mit Stanley keine Musterehe sein. Als Marlboro am 11. Jänner im Genfer Intercontinental seine komplette Rennarmada präsentiert, reißt Stanley das Kommando an sich und schockiert nicht nur Hunderte Reporter, sondern auch den Sponsor mit der gebieterischen Ankündigung: „Nur vier Fragen und fünf Minuten für euch alle."

Das Marlboro-Geld steckt Stanley huldvoll ein, so als würde er es gar nicht brauchen. Oder doch? Stanleys Ehefrau Jean, die bei jedem technischen Kriegsrat mitdiskutiert, ist die Schwester des einstigen BRM-Gründers und Konzerngiganten Sir Alfred Owen. Doch der Sir ist erkrankt. Sollte einmal die Erbfrage aktuell werden, geht Frau Stanley leer aus, denn die Söhne sind Alleinerben und mögen den Rennsport nicht — wer wird dann die Löcher im BRM-Budget stopfen? Dazu kommt, daß dieser Rennstall sehr britisch ist, erzkonservativ seit 25 Jahren, und nun sollen diese Leute, Hippies gleich, mit Blumen in der Box herumwerfen?

Zum „Marlboro World Championship Team" gehören 1973 mehr als ein Dutzend Piloten. Diese Marlboro-Mannequins erhalten je 10.000 Dollar, dazu eine dunkelblaue Klubjacke mit dem Zigarettenwappen. Niki Laudas Sakko ist falsch angemessen worden, weil es fast bis zu den Knöcheln reicht: Lemmy Hofer muß es modifizieren.

Den stärksten Applaus aber kassiert Jacky Ickx, als er seinen Markenwechsel von Kent zu Marlboro erklärt: „Ihr glaubt alle, daß mir Marlboro mehr Geld zahlt. Aber ich habe nur gewechselt, weil Marlboro wirklich die beste Zigarette ist." Ickx, das weiß man, hat noch nie eine Zigarette angerührt.

Marlboro wollte auch das Ickx-Team Ferrari, aber der Commendatore lehnte barsch ab: „Meine Autos rauchen nicht." Ferrari kassiert für sein volles Programm (Formel I, Prototypen, Sportwagen) pro Jahr eine Million Dollar von Fiat. Und auch Ken Tyrrell hat Marlboro einen Korb gegeben. „Wenn ich mir vorstelle: Ken andauernd auf Parties, wo er Girls küssen muß...", grinst Stewart vergnügt und vergleicht: „Bei uns funktioniert mit elf, Goodyear und Ford alles viel leichter und für jeden so bequem wie nur möglich." An die Reifen- und Motorenfirma binden Stewart persönliche Werbeverträge, aber ihre Jahresgagen erhalten Jackie und François Cevert direkt von Ken Tyrrell — mit dem keiner der beiden einen Vertrag hat, sondern nur ein Handschlagabkommen. „Aber das kann ich nur mit Ken tun, nicht mit anderen Leuten", erklärt Cevert.

Hauptsponsor der Tyrrell-Truppe ist elf. Und weil Ken bemerkt hat: „1972 hatten wir zuwenig Geld fürs Testen", ist das Budget erhöht worden. Im gleichen Maß wachsen die elf-Werbeaufkleber an den königsblauen Tyrrells — was wieder die Texaco-Leute vergrämt, weil sie reklamemäßig gegen John Players ankämpfen müssen.

John Players und Texaco tragen das Lotus-Budget im Verhältnis 80:20, in Schillingmillionen: 8:2. Dazu JPS-Teammanager Peter Warr: „Texaco schaut immer nur auf elf, vergißt aber, daß elf für Tyrrell das gleiche ist wie John Player für uns — der Hauptzahler. Außerdem hatte Texaco noch nie so billige Werbung wie durch uns, denn die Patronanz der Olympia-Fernsehübertragungen aus München kostete Texaco vier Millionen Dollar. Und eine Werbeminute in Amerika 100.000 Dollar."

Zu Saisonstart verlangt John Players, Fittipaldi solle seinen Sturzhelm in die Zigarettenfarben Schwarz und Gold umlackieren. „Meine Farben bleiben Blau und Rot", weigert sich Emerson. Und als Goodyear Werbekleber auf den Lotus-Wagen will, ist bei John Players eine Direktorenkonferenz nötig: hartes Business.

„Heute, da fast jeder Rennfahrer Zigarettengeld bekommt, ist es besser, ich bin keiner von ihnen", vertraut mir Stewart an. „Denn eine Marke aussuchen kann ich mir noch immer."

Der Grand-Prix-Zirkus spaltet sich also 1973 in Raucher und Nichtraucher. Zu letzteren zählen die McLaren-Truppe mit Denny Hulme, Peter Revson und Jody Scheckter, die für Yardley-Herrenkosmetik wirbt, und das neuformierte UOP-Shadow-Team. Starthilfe: eine halbe Dollarmillion von UOP, Markenzeichen: der schwarze Mann im Regenmantel, Piloten: Jackie Oliver und George Follmer. Oliver hat mit dem ziegenbärtigen Teamchef Don Nichols, der wie ein Pionier des Wilden Westens durchs Fahrerlager stiefelt, vor drei Jahren eine Partnerschaft geschlossen und besitzt heute Shadow-Aktien, „die natürlich Geld abwerfen, o yes". Follmer ist früher in Kalifornien mit Lebensversicherungspolizzen hausieren gegangen, hat sich aber 1972, indem er als Ersatzfahrer den Turbo-Porsche zum Gesamtsieg im Canadian-American-Cup fuhr, nach oben durchgebissen. In Maidenhead übernimmt Follmer das Miethaus Ronnie Petersons, der seinen eigenen Grund und Boden gekauft hat.

Einen privaten Shadow kauft der 44jährige Grand-Prix-Senior Graham Hill, der zwei Geldquellen angebohrt hat: die Zigarettenmarke Embassy, die Bette Hill als ideal empfindet, „wo doch Graham der große Ambassador unseres Sports ist", und die Vereinigung der Grand-Prix-Organisatoren (GPI), die Hills schnauzbärtige Publikumswirksamkeit künftig in Propaganda für die Rennen ummünzt. Wo Kritik an Veranstaltern zu üben ist (Zandvoort!), wird sich Graham Hill also eher einbremsen.

Hills Platz im Brabham-Team bleibt leer: Bernie Ecclestone beginnt mit Carlos Reutemann und Wilson Fittipaldi. Er bestreitet das halbe Rennbudget aus eigener Tasche, denn von den Geldgebern kommt nicht allzuviel. Carlos wirbt für YPF-Benzin und argentinisches Fleisch, Wilson für Bardahl.

„Bardahl"-Team und eine Bank fahren mit dem von Williams zu Surtees gewechselten Carlos Pace mit; Rob Walker und die englische Teefirma Brooke Bond Oxo finanzieren Mike Hailwood; und Andrea de Adamich braucht nur den weiteren Familienkreis für Sponsorgelder zu mobilisieren: Er ist mit der Frau des italienischen Keramikkönigs Giulio Pagnossin verwandt.

Das Einkaufen in Teams wird immer teurer, dafür klettern die Gagen für die absoluten Spitzenpiloten 1973 in fast astronomische Höhen. Lotus präsentiert das teuerste Team der Geschichte: Emerson Fittipaldi schlägt in zähen Verhandlungen mit Chapman 90.000 Pfund Jahresgehalt heraus, sein neuer Partner Ronnie Peterson kassiert 60.000. Wieder einmal riskiert Chapman den Trick mit zwei gleichgestellten Nummer-1-Piloten, der schon 1967 mit Clark und Hill und 1969 mit

Rindt und Hill fehlgeschlagen ist, die Weltmeisterschaft gekostet hat. Außerdem lehrt die Geschichte: Lotus hatte noch nie zwei gleich gute Autos.

„Ob sich diese Taktik bewährt, werden wir frühestens in Südafrika wissen", sagt mir Denny Hulme zögernd, während Lotus-Chefmechaniker Eddy Dennis meint: „Wie lange die Sache mit zwei Spitzenfahrern funktioniert? So lange, als Emerson und Ronnie Freunde bleiben." Zunächst schließen Fittipaldi und Peterson ein Abkommen: „Wir lassen niemanden zwischen uns treten. Und wer immer von uns beiden hört, der andere hätte dieses oder jenes über ihn gesagt, ist still und fragt, bevor er etwas sagt."

Laut einem ungeschriebenen Gesetz stellt in geraden Jahren (1968 Hill, 1970 Rindt, 1972 Fittipaldi) immer Lotus den Weltmeister, während in den ungeraden (1969 und 1971) Stewart triumphiert. Die Ansicht, Stewart strebe mit aller Vehemenz seinen dritten WM-Titel und den Weltrekord an Grand-Prix-Siegen an, um sich mit Saisonschluß zurückzuziehen, macht ab Jahresbeginn die Runde.

Sein Leutnant Cevert startet mit verändertem Make-up. „Er ist wie eine schöne Pflanze, die in einem Schrotthaufen aufgeblüht ist", schwärmt die Frauenzeitschrift „Elle", aber 1973 blüht die Pflanze allein weiter. Cevert hat sich von seiner langjährigen großen Liebe getrennt — der Baronesse Cristina de Caraman aus allerbester Familie: Ihr Vater, der Herzog, genießt als einer von nur fünf Franzosen das Privileg, daß er in alle Kirchen inklusive „Notre Dame" zu Pferd einreiten darf.

„Letztes Jahr war ich nervös, rauchte zuviel und fuhr schlechter als 1971", gesteht mir Cevert, „und am Saisonende war ich müder als ein Jahr zuvor. Nicht während der Saison, weil einen der pausenlose Druck weiterpeitscht, sondern erst nachher." Daran war aber nicht Cristina schuld, sondern die andauernde Hetzjagd zwischen Europa und Amerika wegen der Can-Am-Rennen, die François für 1973 aus seinem Kalender gestrichen hat. Genau übrigens wie McLaren — womit Hulme und Revson von „dark horses" zu gefährlichen Rivalen für Lotus und Tyrrell avancieren. Schon 1972 haben Hulme und Revson zusammen mehr Punkte herausgefahren als Stewart und Cevert (62 gegen 61).

So lang der Grand-Prix-Sommer währt, so kurz ist jedes Jahr der Winter. Aber für die Jochen-Rindt-Show nehmen sich die Champions immer Zeit. Dieter Quester arrangiert einen netten Abend in seinem Sieveringer Haus. Als Jackie Stewart vor der stattlichen, bläulich angestrahlten Galerie von Dieters Pokalen und Trophäen steht, murmelt er ehrfürchtig, mit gespieltem Ernst: „Hm, muß dich ein Vermögen gekostet haben, das alles zu kaufen." Ein paar Wochen später, in London, stehen Jackie und Graham Hill mitten während des Goodyear-Essens auf: Sie müssen in die St. Mary-Kirche, als Trauzeugen für Nina Rindt und Philipp Martyn.

Das strapaziöseste Programm erfüllt aber jeweils der regierende Weltmeister. Anfang Dezember treffe ich Fittipaldi in Köln: Ball der deutschen Sportpresse, Ehrung durch die Autozeitung, Eröffnung der Essener Rindt-Show ... Emerson ist nicht nur abgekämpft von den Nationalfeiern in Brasilien, sondern friert wie ein Schneider. Er hat keinen Mantel, „weil ich in Brasilien keinen brauche, und in Europa bin ich ja nie im Winter". Wir finden für 219 Mark einen Kamelhaarmantel, einreihig, mit drei Knöpfen.

Abends im Sportpalast gewinnt „Fitti" ein öffentliches Schnellzeichnen gegen die deutschen Piloten. Während Mass hinter seiner Staffelei ein Schwein mit vier Rädern ausbrütet und Stommelen ähnliches malt, zeichnet Emerson im Blitztempo ein linienschönes Sportauto, je ein Drittel Miura, Dino und Montreal, „aber richtige Autos konstruieren will ich erst, wenn ich keine Renner mehr fahre. Etwa mit 30".

Der Abend ist lang, aber Emerson muß zeitig auf. Womit wir bei einem unerschöpflichen Thema sind: Fittipaldi und die Uhr. Obwohl er seine Uhrzeiger stets um 20 Minuten vorrückt, kommt er oft zu spät. Emerson war (genau wie sein Bruder Wilson) nie beim Militär, „weil wir beide in Monaten mit Geburtenüberschuß zur Welt kamen". Und über brasilianischen Zeitbegriff verrät mir seine Frau, Maria-Helena: „Niemand erwartet, daß du pünktlich bist, im Gegenteil. Bist du für 20 Uhr zum Essen eingeladen, ist es die größte Unhöflichkeit, wenn du vor 22 Uhr kommst."

Emerson soll also die Essener Rindt-Show eröffnen: 8 Uhr wecken, 9 Uhr Abfahrt, 10 Uhr Festakt. 10 Uhr im „Esso Motor Hotel"; und kein Emerson. Ich klopfe an seiner Zimmertür und höre, wie er gerade die Dusche aufdreht. 10.15 Uhr: Emerson packt hastig seinen Koffer, weiß nicht, wohin er die vielen Ehrengeschenke tun soll, schafft aber Platz für seinen eigenen, extraweichen Kopfpolster, „den ich seit meiner Formel-II-Zeit überallhin mitnehme, weil ich ohne ihn schlecht schlafe".

10.30 Uhr: „Wann ist die Eröffnung?" fragt mich Emerson. Vor einer halben Stunde, sage ich, und wir brauchen mit dem Auto eine Stunde. „Also erst um 10 Uhr?" sagt Emerson, grenzenlos erleichtert, „und ich dachte schon um neun. Da können wir ja noch frühstücken."

Er ist entwaffnend. Und niemand im Grand-Prix-Zirkus, der den Unterschied zwischen brasilianischer Zeit und „english time" kennt, kann Emerson je böse sein. Ausgenommen, vielleicht, Colin Chapman.

Den großen Winterspaß bringt alljährlich das „Schnee-Festival" der Grand-Prix-Piloten in Villars sur Ollon (Schweiz), das Bernard Cahier arrangiert. Im Jänner 1973 ruft er zum fünftenmal, und fast alle kommen, Stewart sogar zu siebent, samt Familie und Kindermädchen: Er im Hubertusmantel, mit Goodyear-Kappe und „Moon-Boots" im Astronautenlook, seine Buben Paul und Mark in Knautschleder-Skianzügen und mit Atomic-Skiern (die ihnen Annemarie Pröll geschenkt hat). Das erste, das Jackie in Villars auffällt, ist ein neuer Regazzoni-Poster, mit grimmigem Schnurrbart und dazugekritzelter Aufschrift: „Wanted — gesucht für 500 Millionen Dollar." Jackie greift nach meinem Kuli, streicht die Summe durch und malt: „. . . oder was Sie eben für ihn übrighaben."

Barbecue mitten im Schnee, wie die rauhe Marlboro-Reklame, Schneeballschlachten — aber natürlich muß es auch „Competition" geben; sogar fünffache. Beim Start zum Skilanglauf wirft Jackie den kampfhungrigen Beltoise, als die Startpistole losknallt, der Länge nach in den Schnee; auf der Loipe stürzt er selbst, zerbricht einen Skistock und jammert: „Querlenker gebrochen." Regazzoni brüllt beim Überholen von Schuppan so lange vergeblich: „Pista! Pista!", bis die beiden karambolieren und stürzen — natürlich, schon wieder Regazzoni. Glemser und Mass, die beiden schneetüchtigen Deutschen, feiern einen Doppelsieg.

Das Rodeln, den Bewerb für Couragierte, gewinnt Regazzoni; das Pistenmoped-Rennen Jarier; das Buggyfahren, in dem sich ein vorsichtiger Stewart mit Rang 16 begnügt, der Schweizer Haldi — dafür werden die Eidgenossen ausgerechnet im Armbrustschießen (auf ein Schweizer Kreuz im blauen Matra) schwer geschlagen; Regazzoni ist mit 44 von 50 Punkten nur Sechster, aber zum Glück hängt die Schweizer Landesverteidigung nicht nur von Clay ab.

Beim abschließenden Skibobrennen spielt Stewart Reporter und überträgt via Mikrophon und Lautsprecher zum Gaudium aller: die gute, alte Jackie-Stewart-Show. Er lobt bei Stuck „die deutsche Gründlichkeit, mit der er am Morgen noch ein Geheimtraining absolviert hat"; bei de Adamich, daß er seinen eigenen Bob mitgebracht hat; er fragt schelmisch, wo das Grand-Prix-Hospital und die Leitplanken vor den Bäumen bleiben; und er kommentiert Regazzonis sausende Fahrt: „Welch Wunder, er kommt heil auch durch die zweite Kurve, aber wir wissen ja: Clay fährt jetzt viel sauberer und sicherer als letztes Jahr." Als Clay — in Reithosen und Militärstiefeln — mit Bestzeit durchs Ziel stürmt, ruft Jackie: „Er ist also fit genug für den argentinischen Grand Prix, und das ist fast schade."

Zehn Tage später treffen sich die Schneemenschen von Villars in Buenos Aires bei 50 Grad Hitze.

BUENOS AIRES: GOODYEAR GEGEN REGAZZONI

Helen Stewart hat Jackie nach Argentinien begleitet, „obwohl ich Südamerika hasse, aber Jackie wollte, daß ich mitkomme". Helen ist keine eifersüchtige Rennfahrerfrau, „doch das habe ich erst lernen müssen: bei den vielen Girls, die Jackie umschwirren". Im 24stöckigen Sheraton Hotel ist das Schwirren unmöglich, denn Fürchterliches droht. Schon letzten September sind zwei amerikanische Touristen in ihrem Hotelzimmer in die Luft gesprengt worden — jetzt kündigen radikale Fanatiker an, Stewart und Fittipaldi zu kidnappen, um mit diesen teuren Geiseln viel Geld herauszuschlagen.

Die Veranstalter reagieren schnell. Im Sheraton hockt in jedem Stock ein Gorillamann mit Maschinenpistole. Elf Hoteldetektive und noch mehr Geheimpolizisten schützen die Piloten. Ford hat Jackie und Emerson eine zusätzliche „Bodyguard" beschafft. Die Leibwächter schlafen vor der Tür.

Niki Lauda genießt sorglos das „Full service": Er hat 100 Dollar umgewechselt, lebt aber bargeldlos. BRM zahlt die Flüge, Marlboro die Hotelzimmer und Chauffeure, die streng angewiesen werden, wegen der Kidnapper jeden Tag eine andere Route zum Autodrom zu befahren. Unter den zwanzig Chauffeuren sucht sich Niki „den einen mit Bart aus, den merke ich mir am leichtesten".

Dieser erste Große Preis 1973 wird — wie auch viele spätere — durch die Reifen entschieden. Rekapitulieren wir: Ab 1973 gilt das biologische Gleichgewicht Goodyear-Firestone nicht mehr, weil Lotus und Ferrari zu Goodyear übergewechselt sind. „Der Materialaufwand muß Goodyear ein Vermögen kosten", staunt Fittipaldi, der bereits in Südafrika vier Mischungen mal sechs Konstruktionen getestet hat — 24 verschiedene Reifen also.

Grund der Flucht von Firestone ist deren ungewisse Rennpolitik: das ewige Pendeln zwischen Aufhören und Weitermachen. 1973 beträgt das Firestone-Rennbudget für Europa „nur" 36 Millionen Schilling, die Hälfte dessen, das man noch 1971 investiert hat, und gewiß nur ein Bruchteil des Goodyear-Millionenrouletts — sonst würde Firestone nicht überlegen, „entweder das Rennbudget zu versechsfachen oder ganz auszusteigen". Die komplette Rennabteilung umfaßt nur 58 Mann (bei Goodyear: mehrere Hunderte). Und was noch schlimmer ist: Firestone hat durch seinen — später widerrufenen — Rückzugsbeschluß vom Sommer 1972 so viel Forschungs-, Entwicklungs- und Testzeit verschlafen, daß die Goodyear-Reifen pro Runde um zumindest zwei Sekunden schneller sind.

„In unserer Amerikazentrale weiß man haargenau, was los ist", sagt mir Firestone-Rennchef Bob Martin. „Man kann eben den Rennsport nicht einfach ab- oder zudrehen wie einen Wasserhahn. Zunächst müssen wir einmal tief Atem holen." Und langsam Terrain zurückerkämpfen, ergänzt Chefingenieur Bruce Harre, der gerade neben einem Surtees-Wagen steht, als Colin Chapman hinzutritt.

„Na, habt ihr eure Autos schon zum Laufen gebracht?" fragt Chapman lauernd, hört nein und fängt an zu philosophieren: „Das erschreckt mich selbst jedesmal aufs neue: das Warten, ob ein neues Auto auch wirklich läuft. Du kannst noch so viele Genieblitze haben — und mußt doch jedesmal durch die Routine und Zerreißprobe des Testens hindurch."

Alle — die Reifenfirmen wie die Konstrukteure. 1972 hat Clay Regazzoni auf Ferrari fast alle Firestone-Tests gefahren. Drei Tage nach Monza hatte Harre zum damaligen Ferrari-Rennleiter Peter Schetty gesagt: „Ihr braucht unbedingt jemanden, der euer Chassis zum Funktionieren bringt." Ob er jemanden wüßte, fragt Schetty. Der Firestone-Mann kramt eine Visitenkarte hervor, die er zufällig bei sich hat: „Hier, ein englischer Freund von mir, Thompson heißt er." Wenige Tage später ruft Thompson aufgeregt bei Harre an: „Stell dir vor, Ingenieur Colombo von Ferrari war bei mir und hat mich beauftragt, das neue Ferrari-Chassis zu bauen."

Harres Idee war, wie man aber erst viel später wissen wird, ein Kuckucksei, das er Ferrari vor der großen Trennung noch schnell ins Nest gelegt hat — denn an Thompsons B 3 wird Jacky Ickx noch verzweifeln . . .

„Was mir weh tut", klagt Harre, „ist nicht, daß jahrelange Freunde von mir zu Goodyear wechseln. Du siehst sie ja weiterhin jedes zweite Wochenende. Aber viel schlimmer ist, daß sie alle Testergebnisse, alle Aufzeichnungen, alles technische Wissen an Goodyear weitergeben. Und wir haben jetzt den verdammt harten Job, alle Weltmeister schlagen zu müssen."

Firestone rüstet 1973 nur noch drei Teams aus: BRM, Surtees und Frank Williams. BRM ist davon das interessanteste.

Den gebieterischen Louis Stanley kennen wir schon. Zu ergänzen ist bloß, daß er am liebsten um zwei Uhr morgens telefoniert und entweder unter schrecklicher Schlamperei seiner Bank oder entsetzlicher Langsamkeit der englischen Post zu leiden hat, denn viele Schecks, die laut Stanley „schon vor Wochen abgeschickt wurden", erreichen ihren Empfänger erst viele Monate später. Soler-Roig muß, um seine 5000 Pfund zu bekommen, genauso mit der Pfändung eines BRM-Wagens drohen wie Helmut Marko, dem BRM fast ein Jahr lang seine 7400 Pfund Versicherungsgeld schuldig bleibt. Und Ganley läuft wegen 4000 Pfund sogar zu Gericht.

„Wie kommt man am besten mit Stanley aus?" holt der neue BRM-Rekrut Niki Lauda deshalb Erkundigungen bei den Kameraden ein. „Sei präzis, höflich, aber bestimmt", rät ihm Marko, „zu buckeln ist sinnlos. Ich habe meinen P 160 erst bekommen, nachdem ich Stanley angeschrien habe." Und Ganley schlägt Niki vor: „Frau Stanley trifft die Entscheidungen, und Herr Stanley schmeißt die Piloten raus. Sei also nett und höflich zu beiden."

Stanleys verlängerter Arm ist Tim Parnell, der Rennleiter mit dem Superschwergewicht, der sich früher selbst in schmale Formel-II-Autos gepfercht hat. „Beim Innsbrucker Flugplatzrennen vor 15 Jahren lag ich sogar in Führung, bis eine Maschine landete und das Rennen gestoppt wurde", erinnert er sich. Zuhause in Derby hat Parnell eine Texaco-Tankstelle, aus deren Zapfsäulen jährlich eine Million Liter quillt, eine Garage, eine Farm mit 150 Kühen „und drei Cowboys", wie er sagt. Sein geheiligter Schatz aber sind Aktien des Fußballklubs Derby County, „die ich von meinem Großvater geerbt habe. Sie werfen zwar keine Dividenden ab, sind aber viel wert, wenn du sie verkaufen willst." So aufregend kann kein Training oder Rennen sein, daß Parnell nicht über irgendwelche Drähte versucht, das letzte Matchresultat von Derby County zu erfahren, und ich habe mit ihm schon Stunden über Fußball vertratscht. Sein Gedächtnis ist phänomenal. Er weiß heute noch, daß Nat Lofthouse 1952 beim 3 : 2-Sieg der Engländer in Wien zum „Lion of Vienna" wurde.

Lauda heuchelt Fußballinteresse, lernt die Aufstellung von Derby County — und versteht sich deshalb mit Parnell auf Anhieb.

Was Parnell befiehlt, ist ein kribbelnder Ameisenhaufen. Neuer Konstrukteur ist der blasse, kinnbärtige Mike Pilbeam, der aussieht wie jemand, der in Schulaufführungen immer den König gespielt hat. Früher Klubrennfahrer, ist Pilbeam nahtlos ins Konstrukteur-Business geglitten; zuletzt hat er den Lotus 72 mitgeboren und für Surtees gearbeitet. Wenn die Piloten das fabelhafte, fehlerfreie Chassis des BRM loben, so loben sie Pilbeam — aber der 12-Zylinder-Motor ist noch schwachbrüstig. Und wenn er, bei seinen vielen komplizierten Anschlüssen, gewechselt werden muß, verstreichen bis zu sieben Stunden.

Der Chefmechaniker heißt Alan Challis, hat ein immer g'schaftiges

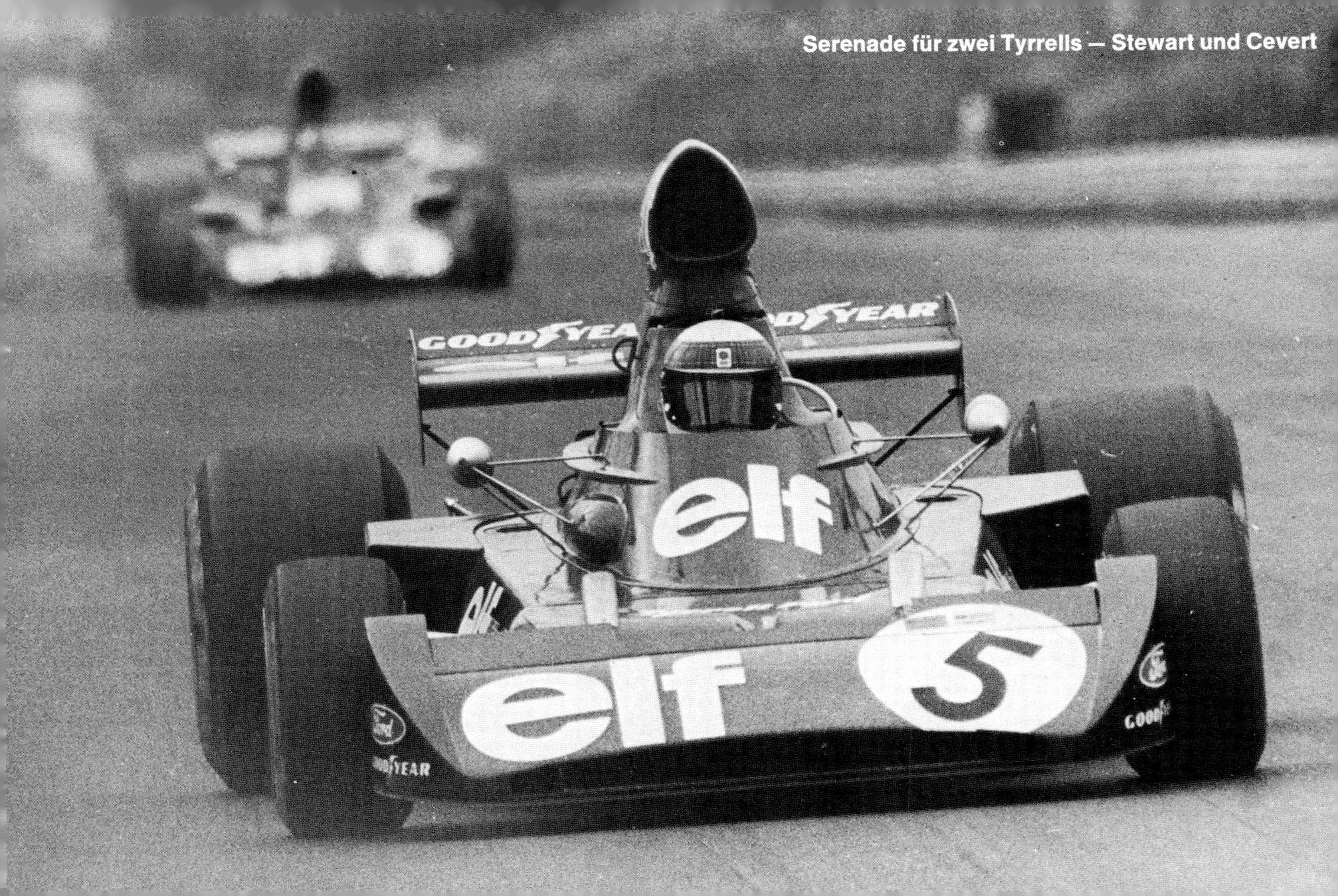

Serenade für zwei Tyrrells — Stewart und Cevert

„Kannst du Jackie nicht zureden, daß er sich pensionieren läßt?"
Maria-Helena Fittipaldi und Helen Stewart

Stewart und Fittipaldi — zwischen Zeltweg 1972 und Monaco 1973 zehn Grand-Prix-Siege brüderlich geteilt

Ihr kurzer Winter . . .

... und ihr langer Sommer

Fittipaldi-Fans im Nassen, WM-Führung im Trockenen: Fangio gratuliert

Fittipaldi — noch ohne Peterson im Nacken

Der Held von Kyalami — Hailwood rettet Regazzoni

Gesicht und versteht sich mit Stanley glänzend — er hat also gewissen politischen Einfluß. Die Mechaniker haben nicht mehr fünf Autos zu betreuen, sondern nur noch drei. „Das Team sieht straffer organisiert aus", fällt Helmut Marko auf, „und auch die Autos sind etwas sauberer geputzt." Nur in den Werkzeugkisten herrscht oft heilloses Chaos, manche Geräte setzen Rost an — ein bizarrer Gegensatz vor allem zu McLaren, wo man die stets blitzblanken Werkzeuge ruhig als Eßbesteck verwenden könnte. Jackie Stewart billigt Regazzoni zu, „daß er mit dem BRM einen Grand Prix gewinnt", aber Marko argwöhnt: „Da müßte schon eine Kette von Zufälligkeiten passieren."

Gianclaudio Giuseppe Regazzoni — er ist noch am ehesten der Typ des Märchenbuchrennfahrers: rauher Charme, Kampfhunger, beinahe Heldenimage. Sein Vater ist Gemeindepräsident eines kleinen Tessiner Dorfes und hat nebenbei eine Karosseriewerkstatt. Clay kam zu den Rennen als Zuschauer, danach als ehrgeizloser Tourenwagenpilot, bis sein zäher Aufstieg begann. Einmal in der Formel I, kam er raketenhaft nach oben — 1970.

Danach lief der Ferrari immer schlechter. Aber Clay, der zugibt, daß Ickx im gleichen Auto um zwei bis drei Zehntel schneller ist, konnte den Ferrari total auspressen, mit letztem Risiko, seine Stallgefährten überflügeln — und sich an der Box förmlich entschuldigen: „Tut mir leid, schneller geht es nicht." Immer am Limit, da drohen Stürze wegen minimaler Details. Regazzoni hat nicht mehr Unfälle und Karambolagen als die anderen, aber für die Boulevardpresse ist er „Weltmeister im Überleben", und die Italiener sind Polemiker. Seine Beziehungen zu Ferrari bleiben trotz des Weggangs herzlich: „Oft bringe ich dem Commendatore oder den Mechanikern aus der Schweiz Medikamente mit, die sie in Italien nicht kriegen können."

Einmal sagt er mir: „Wäre ich zufällig Spanier, dann wäre ich Torero geworden. Ich liebe den Stierkampf." In Argentinien kauft Regazzoni — mehrere Flugstunden von Buenos Aires entfernt — für 130.000 Schilling eine Hazienda, mit sechzig Rindern, ohne sie anzuschauen. „Wenn ich einmal mit dem Rennfahren aufhöre, werde ich Cowboy." Was aber noch dauern wird, „weil ich so lange fahren möchte wie Graham Hill." Und Graham ist 44.

Mario Cortesi skizziert Regazzoni in seinem treffenden Filmporträt als „einen Mann, der stundenlang ruhig in seiner Box sitzen kann, der nichts hat von der salopp-weltmännischen Art eines Jackie Stewart: fast ein Star wider Willen, ein wacher Schlafwandler, der in guten Zeiten von Erfolg zu Erfolg taumelt, der aber nach einem Sieg heimgehen könnte, ohne sich feiern zu lassen, und ohne das Preisgeld mitzunehmen."

Dieser Regazzoni soll BRM zur neuen Blüte führen. Als das neuformierte Trio an die Arbeit geht, ist Chefmonteur Challis, sind die Mechaniker skeptisch: „Bei Regazzoni denke ich an seine Unfälle, bei Lauda, daß er fürs Rennfahren zahlt, und bei Beltoise, daß er letztes Jahr nie wirklich unsere Nummer 1 war ... und dann muß ich schon im Training meine Ansicht komplett umdrehen."

Lauda, bei March nie besser als auf dem 18. Startplatz, verblüfft auf Anhieb mit der sechstbesten Trainingszeit; Beltoise ist Siebenter; und Regazzoni sogar Schnellster am ersten Tag! Einen Felgenbruch bei Tempo 200 schüttelt der stahlharte Schweizer ab und entfesselt im Abschlußtraining eine wilde Treibjagd auf die Bestzeiten von Fittipaldi, Ickx und Stewart, die er in furiosen zehn Schlußminuten niederringt: Vier Zehntel schneller als Fittipaldi — der BRM-Crew bleibt der Atem weg.

Regazzoni hat Pol, die erste für BRM seit Jo Siffert 1971 in Zeltweg, aber auch zwei Chancen gegen sich. Lauda prophezeit, daß die X-59-Reifen kaum die volle Renndistanz überleben werden, und Parnell redet Clay einen längeren fünften Gang ein, „damit der Motor länger hält"; was 600 Touren kostet.

Vor 100.000 Zuschauern schießt Cevert mit einem Sensationsstart aus der dritten Reihe in Führung, aber Regazzoni kämpft ihn schon in der ersten Kurve nieder und scheint der ineinander verkeilten Verfolgergruppe wegzulaufen: Cevert, Fittipaldi, Peterson, Beltoise, Ickx, Hulme — und danach erst Stewart. Zum erstenmal seit Beltoises Regendemonstration von Monte Carlo, in deren Verlauf er 78mal (!) überholte, führt ein BRM einen Grand Prix an; mit bis zu fünf Sekunden Vorsprung. Bis zur 15. Runde fährt Regazzoni an der Spitze ein einsames Rennen, dann schließt Cevert zum BRM auf und zieht die beiden Lotus wie ein Magnet mit sich.

34

„Ich habe einen Fehler", gab Regazzoni einmal zu: „Wenn ich nicht in einen Kampf verwickelt bin, läßt meine Aufmerksamkeit nach." Nun blüht ihm Kampf genug. In den Kurven kann sich Clay von Cevert immer leicht absetzen, aber auf der Geraden saugt sich das Trio, zentimeterweise näher kommend, immer wieder an ihm fest. „Das BRM-Getriebe ist sehr hart, fast wie bei einem Traktor und nicht umzubringen", fällt Regazzoni auf, „aber leider nicht schnell genug. Ideal wäre ein BRM-Chassis mit Ferrari-Motor." Und wohl auch mit Goodyear-Reifen, denn längst verliert Regazzonis rechter Hinterreifen Luft, und Clay sieht, wie er mir später sagt, „im Rückspiegel den Horizont langsam, aber immer deutlicher nach rechts herunterkippen".

Der BRM ist kaum mehr auf der Straße zu halten, aber noch verteidigt Regazzoni die Führung: wehrlos, mit dem Rücken zur Wand, ein schon geschlagener Mann. In der 29. Runde gleitet Cevert, in der 31. Stewart, in der 33. Fittipaldi, in der 34. Peterson am BRM vorbei — dann erst wirft der Schweizer das Handtuch, rollt zum Reifenwechsel an die Box und fällt auf den zwölften Platz zurück, um sich später noch fünf Plätze vorzutigern: der einzige BRM im Ziel, denn Lauda und Beltoise, durch sich auflösende Reifen gezwungen, immer langsamer zu fahren und deshalb zurückgerutscht, müssen wegen Motorschäden aufgeben. Lauda tut es sofort, als sein Öldruck auf Null fällt, um (im Gegensatz zu Beltoise) den Motor zu retten, was ihm Parnell hoch anrechnet.

Ohne Regazzoni liegt der Sieg nun zwischen Tyrrell und Lotus. Cevert führt weiter unangefochten, doch fünf Sekunden zurück hat Stewart mit Fittipaldi und Peterson die doppelte Lotus-Faust im Nacken. Ihre Autos sind grundverschieden abgestimmt: Die Tyrrells laufen mit völlig flachem Heckflügel und sind deshalb auf der Geraden wesentlich schneller als die Lotus mit dem steilen „Aerofoil", das dafür optimale Kurvenfahrten ermöglicht.

Nach 67 Runden muß Peterson aussteigen: Kein Öldruck mehr. Ronnie kann, da er mit extrem hart eingestellter Kupplung gefahren ist, kaum gehen. Damit stehen Stewart und Fittipaldi jetzt allein im Ring. In den Kurven muß Jackie zaubern. Seine Lage verschlimmert sich, als sich auf einem Vorderreifen Blasen bilden. Die nunmehrigen

Vibrationen drohen sein Auto fast in Trümmer zu hämmern, „was auch mit jedem anderen Auto passiert wäre, aber eben nicht mit einem Tyrrell."

Fittipaldi achtet stets darauf, wann Stewart in den Rückspiegel schaut — schon seit 30 Runden zeigt er ihm die Faust. „Aber nicht, um Jackie zu drohen, sondern ihm zu signalisieren, daß ich, sobald ich an ihm vorbei bin, auf und davon sein kann ... um Cevert einzuholen."

Stewart sagt über dieses Duell: „Richtig blockiert wird Emerson von mir nicht, und ich räubere auch niemals durch die Kurven." Stimmt, gibt Fittipaldi zu: „Jackie tut mir nichts Unfaires oder Schmutziges an. Und ich würde Peterson, wäre er in Führung, genauso abschirmen, wie es Stewart für Cevert macht."

Noch 20 Runden in diesem „Action"-vollgepackten Grand Prix, und Fittipaldi klebt immer noch an Stewarts Auspuff. Langsam brennt Emerson die Zeit unter den Fingernägeln. Stewarts Widerstand erlahmt, als auch noch einer seiner Hinterreifen Luft verliert. Immer frecher steckt jetzt Fittipaldi seine schwarz-goldene Lotusschnauze aus dem Windschatten des Tyrrell: Emersons übliche Taktik, um einen Gegner zu irritieren. In der Haarnadel bremst er Stewart einfach aus. Binnen zehn Sekunden beschleunigt er 100 Meter Vorsprung heraus und schließt bald mit Rekordrunden zum immer noch führenden Cevert auf.

Den Franzosen plagen wegen falscher Sitzposition Krämpfe im linken Bein. Als Fittipaldi in der 85. Runde in der S-Kurve zuschlägt, dort, wo es François am wenigsten erwartet, kann der Spitzenreiter nicht mehr kontern. „Der Lotus ist so viel besser", tröstet sich Cevert, und auch Stewart meint, „daß wir unter diesen Umständen nicht mehr tun konnten."

4,69 Sekunden vor Cevert gewinnt Fittipaldi den ersten Grand Prix des Jahres; Stewart wird ein abgeschlagener Dritter; Jacky Ickx stottert mit leeren Tanks als Vierter durchs Ziel; Hulme wird Fünfter mit leichten Brandwunden am Rücken; und Wilson Fittipaldi Sechster mit benzindurchtränktem Overall, weil ihm die Benzinuhr gebrochen ist.

Erster WM-Punkt für Emersons Bruder — aber weil für die Südamerikaner nur der Sieg zählt und sonst nichts, geht er in den Siegestrommeln für Emerson lautlos unter. Der brasilianische Präsident gratuliert gleich nach Ende der Fernsehübertragung telegrafisch, doppelt begeistert, weil er tags zuvor den Stewart-Film „Weekend of a Champion" im Kino gesehen hat und deshalb weiß, wie schwer Jackie zu schlagen ist.

Bei der abendlichen Siegesfeier wollen die Argentinier den legendären Fangio und ein paar Autopräsidenten an Fittipaldis Tisch placieren, doch Emerson lehnt ab: „Für mich ist eine Preisverteilung kein Nobelball, sondern eine Dankesfeier für meine Mechaniker. Ich komme gern nachher hinüber — aber essen werde ich mit den Boys."

Eine Horde autogrammjagender Buben nähert sich Emerson wie eine Sturzflut, wird aber von seinem Manager Domingos zurückgedrängt, was Fittipaldi erzürnt: „Laß das jetzt. Die Leute sind gekommen, um mich zu sehen, und ich weiß, was das heißt. Noch vor drei Jahren war ich selbst Zuschauer." Wenn der jeweilige Weltmeister Botschafter der Formel I für ein Jahr ist, dann nimmt Fittipaldi seine Pflichten sehr, sehr ernst.

Jeder ist aufgeputscht, fast „high": Zu phantastisch war dieses Rennen. Und niemand hat Lust, der stocksteifen Rede zuzuhören, die ein Regierungsbeamter über die argentinische Industrie halten will — am wenigsten Emersons Freund Julinho Pignatari (der Sohn des Milliardärs und Playboys) und seine Truppe. Dritte Seite der Rede: Julinho schaltet den Strom fürs Mikro aus. Vierte Seite: Julinho und seine Freunde fangen an, wild Samba zu tanzen. Fünfte Seite: Julinho stimmt einen brasilianischen Hit an, variiert aber den Text — „ole, ola o Emerson, esta botando pra quebrar". Bereits stocksauer, schnattert der Regierungsbeamte seine Rede bis zum bitteren Ende.

In einer stillen Ecke hockt Regazzoni, der unbelohnte Held. „Ich bin der schwarze Punkt in Emersons Karriere", philosophierte er, „denn in sechs der sieben Rennen, die Fittipaldi gewann, habe ich geführt." Bitter enttäuscht registriert Clay, daß Fittipaldi, Stewart und Cevert, aber nicht er, Stimmen für den „Prix Rouge et Blanc" des tapfersten Kämpfers bekommen haben: „Was haben sie heute getan, das ich nicht getan habe?"

Später werfen Regazzoni und Lauda einen angesäuselten Tim Parnell samt Anzug in den Swimming Pool. Weil bis zum Großen Preis von Brasilien noch zwei Wochen Zeit bleibt, arrangiert Marlboro für seine Piloten Wasserskilaufen auf dem Tigre-Fluß und später in der malerischen Bucht von Guaruja, außerhalb Sao Paulos, dort, wo Fittipaldi und Stewart ein paar gemeinsame Ferientage verbringen: „Wir härten uns in der Sonnenhitze ab, denn Interlagos wird eher noch heißer als Buenos Aires."

Oft fahren Emerson und Jackie gemeinsam im Segelboot hinaus; und werden zumeist von Reportern (in gemieteten Fischerbooten) verfolgt. „Motorbootrennen habe ich früher ein paar gewonnen", erzählte mir Emerson einmal, „aber im Segeln bin ich miserabel." Prompt kentert die Besatzung Fittipaldi/Stewart mit ihrem Catameran-Segler einmal weit draußen im Meer gefährlich — aber zum Glück schießt gleich darauf ein Motorboot heran. „Wir werden gerettet", atmen Jackie und Emerson auf; doch im Motorboot sitzt ein Reporter, der zuerst die beiden Champions in Seenot fotografiert — und dann erst hilft. Das Bild geht um die Welt.

Stewart und Fittipaldi führen in Brasilien viele ernsthafte Gespräche. Auch über die Möglichkeit, daß Emerson, falls Jackie zu Saisonende aufhört, eventuell auf Tyrrell umsteigt.

INTERLAGOS: EMERSON SENSACIONAL

Emerson hat schon als Bub die Rennstrecke von Interlagos an die Wand seines Kinderzimmers gemalt, damals, als er den besten seiner Go-Kart-Motoren „Jacky Ickx" getauft hat (und den schlechtesten nach einem anderen Fahrer). Vater Fittipaldi wurde später Interlagos-Direktor, legte den Job aber kürzlich, von Arbeit überlastet, zurück. Für den Zuschauer ist Interlagos ein Traum, weil er von manchen Punkten 80 Prozent der Strecke übersehen kann, für den Fahrer aber oft ein Alptraum. 42 Grad Luft- und 56 Grad Bodentemperatur machen Interlagos zu einem glühenden Kohlenhaufen.

Sich abzukühlen gibt es wenig Chancen, denn Sao Paulo hat nicht viele Swimmingpools. Nur im Hilton, wo Jackie Stewart logiert, und im Schweizer Klub in der Avenida Indianapolis, in dem Regazzoni aus und ein geht. Aber die Bar im „Othom Palace"-Hotel ist angenehm wie ein Kühlschrank.

Peter Revson schleppt sich mühsam vorbei, ihm ist sterbensübel. „Ich hoffe, es ist ernst", spaßt Brabham-Chef Bernie Ecclestone, der für Carlos Reutemann einen Gegner weniger wittert. „Revvie" glaubt, „Montezumas Rache" erwischt zu haben, den gefürchteten Durchfall; tatsächlich ist es aber ein Virus, der später, nach der Heimreise, das gesamte McLaren-Team befallen wird. „So bin ich also das Versuchskaninchen", stöhnt Revson.

Regazzoni schießt mit Merkspießern in der Bar herum, schon wieder bestgelaunt. „Ich bereue nicht, daß ich Ferrari verlassen habe", sagt er mir, „und ich vertraue auch Firestone. Unsere Rennen kommen erst. Oder glaubst du, ich möchte bei Ferrari einen solchen Job, wie ihn Merzario hat? Strammstehen, Hände an der Hosennaht, und geduldig abwarten, welches von zwei Autos Jacky Ickx aussucht? Und für das Auto dankbar sein, das Ickx übrigläßt?"

Merzario hört nichts von dieser Debatte. Er hämmert drüben am Klavier wie ein Verrückter in die Tasten.

Arturo Francesco Merzario, Ferraris zweiter Mann: ein Typ, der den Rennzirkus belebt, seit er 1972 in Brands Hatch sensationell debütiert hat — sechster Platz, trotz Boxenstop. Als Sohn eines Häuserbauers aus Como hat er „nie wirklich etwas gearbeitet". Schon als Zehnjähriger ritt er Motorräder, später fing er als Skispringer an, „bis ich mir nach einem 40-Meter-Flug den Fuß brach; finito".

1963 fuhr er in Monza sein erstes Autorennen: Achter mit der Alfetta Spider 1300, „meinem normalen Straßenauto, das sogar ein Radio hatte". Hast du es während des Rennens aufgedreht? „Natürlich — musica!" Die Rennoper des Merzario wurde unterbrochen, als er zu den Panzersoldaten nach Sardinien, Napoli und Bergamo mußte, aber später von Carlo Abarth dirigiert. „Abarth machte immer Enzo Ferrari nach", erinnert sich Arturo. „Er hat ein großes Foto des Commendatore an seinem Schreibtisch und sagt immer: Ferrari würde jetzt dieses oder jenes tun."

Als Bergeuropameister wechselte Merzario von Abarth zu Ferrari und trumpfte bald in den Langstreckenrennen auf: Sieger in Mugello („ich fuhr acht Stunden solo"), in der Targa Florio (mit Munari), in

Spa (mit Peterson), in Kyalami (mit Regazzoni). Zwei Dinge fielen an Merzario sofort auf: erstens sein Kampfhunger, zweitens das Tempo, in dem er, Sitzpolster in der Hand, ins oder aus dem Cockpit sprang. Denn Arturo ist klein und dünn: 170 cm groß und nur 50 Kilo schwer, „mit dem Sturzhelm 52 Kilo, aber das schon seit 15 Jahren — obwohl ich ganz normal esse und pro Tag fünf bis sechs Cola hinunterstürze". Seine Schuhnummer 38 macht Merzario keine Sorgen, um so mehr aber sein spindeldürrer Oberkörper und seine Wespentaille, um die ihn Mannequins beneiden könnten: „Ich habe in Modena einen eigenen Schneider, der mir Hemden und Hosen nach Maß anfertigt. Sonst schlottert alles an mir."
Niemand traut diesem Springinkerl zu, daß er seit zehn Jahren (mit der wesentlich korpulenteren „Mischa") verheiratet ist und zwei Kinder hat — und schon viele waren über seine Profieinstellung überrascht: „Als bezahlter Pilot habe ich die Pflicht, immer und überall mit vollem Einsatz und letztem Risiko zu fahren. Egal, ob ich führe oder Achter bin." Dementsprechend heißen seine Vorbilder für die Prototypenrennen Jo Siffert und für die Formel I Graham Hill, „aber so, wie Graham früher fuhr und kämpfte".
Merzario hat ein fröhliches Gesicht, mit vielen Lachfalten, aber, als starken Gegensatz, traurige Augen. „Mit einem guten Auto", philosophiert er, „bist du Weltmeister, ohne viel zu tun. Mit einem anderen Auto..." An seine Partnerschaft mit Jacky Ickx geht Merzario respektlos heran: „Ickx ist sehr gut, ein großer Pilot, aber er hatte von Anfang an viele Chancen, Glück und immer ein gutes Auto. Doch ganz so fabelhaft, wie die Journalisten und die halbe Welt glauben, ist er nicht — eher einer von den vielen auf der gleichen Stufe."
Im ersten Training brennt Merzario die Zylinderkopfdichtung durch; Ickx ist Dritter, aber weit hinter den beiden Lotus. „Zu lernen ist Interlagos leicht, aber das Schnellfahren ist sehr schwer", sagt mir Ickx. Niki Lauda lernt die Ideallinie, indem er den schwarzen Strichen am Asphalt folgt. „Bin ich zuweit von ihnen weg, gebe ich weniger Gas." Lauda rotiert wie ein Stein, der an einer Schnur hängt — bis bei 280 km/h die unsichtbare Schnur reißt: Sein linker Hinterreifen fliegt in Fetzen.
Längst bittet Niki, aus England härtere Federn einzufliegen. Tim

Parnell lotst sie mit der Drohung: „Ich zünde euch sonst den Flugplatz an" durch den Zoll, verwendet sie aber für Regazzonis Auto; was Niki versteht.

Die Tyrrell-Piloten raufen an der absoluten Grenze. „Mit ‚elf Zehntel', also totalem Risiko", ächzt Cevert; und Stewart, dessen verlängerter Radstand nicht viel hilft, stöhnt: „Jesus Christus, ich weiß nie, in welche Richtung das Auto im nächsten Moment zielt, ob es überhaupt auf der Straße bleibt. Jede Kurve ist ein einziger großer Unfall. So kann ich vielleicht ein paar Runden fahren, aber unmöglich ein ganzes Rennen." Resigniert hängt Jackie seinen schweißtriefenden Overall in der Garage auf einen Nagel — und ärgert sich später, weil ihm Fans das Visier geklaut haben.

Die schnellen Fliehkraftkurven von Interlagos, eine endlose Tortur, drohen die Köpfe der Piloten zu entwurzeln — und bei Ronnie Peterson werden prompt die Halswirbel zusammengedrückt. Gegen den Schmerz hilft nur eine Bandage. Ronnie kämpft also mit einem „Truthahn-Hals". Und Fittipaldi gegen umkonstruierte Bremsscheiben mit neuer Isoliermasse, die das Überströmen der Hitze auf die Bremswellen verhindern soll — weil sich die Bolzen verbiegen. „Warum hast du das so konstruiert?" blickt Chapman den Girling-Mann vorwurfsvoll an.

Auffallend, daß Emerson und Ronnie einander wie Brüder helfen. Jede Idee, jedes Detail geben sie einander weiter; transferieren Vorschläge über Getriebeabstufung, Neigungsgrad des Heckflügels, Millimetereinstellung der Radaufhängung — bis die beiden Lotus absolut gleich abgestimmt sind.

„Profitiert Ronnie von dieser Zusammenarbeit mehr als du?" frage ich Emerson.

„Nein. Er muß nicht von mir lernen, er weiß selbst schon sehr gut Bescheid. Zum Beispiel hat er, nicht ich, die richtigen Gänge gefunden."

„Bist du gezwungen, mit Ronnie als Teamkameraden jetzt schneller fahren zu müssen?"

„Auch nicht. In jeder Grand-Prix-Qualifikation, egal welche Nummer du bist, mußt du absolut dein Letztes hergeben, um so weit vorne zu starten wie nur möglich."

Ronnie Peterson, der kühle Blonde aus dem Norden, sieht es ähnlich: „Wir helfen uns gegenseitig. Ich bin glücklich über Lotus, und das Auto ist so gut, daß es fast nicht zu glauben ist." In drei der vier Trainingssitzungen ist Peterson Schnellster, in der restlichen Fittipaldi, der zwei Runden hinter Stewart herfährt — und erfreut registrierte, „welch schaurige Probleme Jackie mit seinem Auto hat".

Nur achtbeste Trainingszeit für Stewart — die erste Reihe heißt Peterson - Fittipaldi - Ickx. „Noch nie haben wir die anderen im Training so demoliert", strahlt Colin Chapman im kühlen John-Players-Wohnwagen und schaut mich plötzlich erst an: „Boy, das kann ein schlechtes Omen sein, wahrscheinlich gibt's morgen ein schwarzes Desaster."

Colin Chapman hat in 20 Jahren Rennsport gelernt, Nuancen zu wittern, vor allem: seine Emotionen zu kontrollieren, „weil die Formel I triumphal in einer Sekunde, aber katastrophal in der nächsten sein kann. Was aber nicht heißt, daß ich keine Gefühle habe."

Chapman ist nicht nur der Meinung, „daß auf einen fatalen Unfall im Rennsport 99 andere Unfälle kommen, die genauso fatal hätten enden können". Er glaubt auch, „daß es keine Mysterien im Rennsport gibt, sondern für alles einen Grund, eine Erklärung. Wenn man gewinnt: weil alle Arbeit gut getan war. Wenn etwas schiefgeht: weil jemandem ein Fehler passiert ist."

Im Februar 1973 haben Lotus-Wagen bereits 48 Grand-Prix-Rennen gewonnen (Premierensieg: Stirling Moss am 29. Mai 1960 mit dem Lotus-18-Climax-4-Zylinder in Monaco). Mir riet Chapman einmal, als wir über Jochen Rindt sprachen: „Heinz, du mußt in die Zukunft schauen, nicht in die Vergangenheit, sonst wirst du nicht alt."

Höchst selten daher, daß Chapman zurückblickt, Fahrer miteinander vergleicht: „Fittipaldi ist der Typ des denkenden Piloten; Peterson fährt ‚balls out', Vollgas vom Anfang bis zum Ende; Clark ist für mich immer noch der Größte, den es je gab; und Rindt war an manchen Tagen sensationell, wenn irgend etwas den Dynamo in ihm einschaltete und er eine Chance zum Gewinnen sah."

Jackie Stewart wurde von Chapman schon dreimal ein Lotus-Vertrag offeriert, aber jedesmal vergeblich. „Woran ich nicht ganz unschuldig bin", lächelt Helen Stewart, „weil ich Jackie Lotus jedesmal aus-

geredet habe." Ende 1964 (weil Jackie keine Lust hatte, mit Peter Arundell ums zweite Werksauto zu raufen), Ende 1966 (weil Jackie das Gefühl bekam, Colin wolle ihn und Clark gegeneinanderhetzen) und Ende 1970 (das Angebot kam noch vor Rindts Unfall) zerschlug sich der Stewart-Transfer zu Lotus. Aber an Chapmans Genie besteht kein Zweifel, im Chassisbauen kommt ihm kein anderer in die Nähe — so heckte er zum Beispiel den fünf Millimeter hohen Flipper an der Lotus-Schnauze aus, „ohne den der Typ 72 gar nicht laufen würde". Stewart gestand mir: „Ich hätte viel weniger Kopfweh, hätte nicht Chapman, sondern jemand anderer den Lotus 72 konstruiert."

Respektvoll ist auch das Verhältnis des JPS-Rennleiters Peter Warr zu Chapman. Peter ist ein ernster, bebrillter, hagerer junger Mann, der „viel zu rasch gewachsen" ist und deshalb ernste Probleme mit seiner Wirbelsäule hat. Nur wenige kennen seine stillen Dramen: Manchmal verliert Warr für Tage die Kontrolle über seine Arme und Beine, muß zehn Tage lernen, seinen Aktenkoffer zu tragen — und wenn er in den Boxen fehlt, so klagen die Mechaniker, „bricht das große Chaos aus, denn Chapmans einzige Sorge ist, wie er rasch mit dem Flugzeug aus dem Hexenkessel kommt". Besser geht es Warr erst, als ihm Rob Walker einen berühmten Londoner Physiotherapeuten empfiehlt, „der mir meine Frau nach jeder Behandlung zurückgibt, als wäre sie neu".

Auch Warr liebt die harten Sprüche. „In unserem Business", sagt er, „machst du dir dein eigenes Glück oder Pech. Es gibt kein Pech, sondern nur schlechte Planung." Und obwohl Lotus zu Saisonbeginn 1973 von Sieg zu Sieg taumelt, plagt das Gewissen, denn die 1972 in Zeltweg bestimmte Marschroute stimmt — weil Rennwagenausstellungen, Weihnachtsferien und der frühe Saisonstart zuviel Zeit raubten — nicht mehr. Zwar werden in Hethel für Fittipaldi und Peterson je ein Ersatzauto gebaut (Chassisnummer 7 und 8), aber von dem neuen Lotus 75, der auf dem Reißbrett längst fertig sein und spätestens ab Juni die Typen 72 ablösen soll, ist keine Spur.

Ralph Bellamy ist der Designer, früher im Sold von McLaren und Brabham gewesen: ein ernster, stiller Australier, der niemals lacht. Bellamy hat eine spezielle Sorge: Die „Mel-Mag"-Räder der englischen Firma „Magnesium and Electron Limited", eine Sandwich-Konstruk-

tion, etwas leichter als die früheren, gegossenen Felgen, 102 Pfund
teuer und verwendet von allen Teams außer Ferrari, Tyrrell,
McLaren und March, sind die neuen Gefahrenherde im Grand-Prix-
Sport — seit vier Rennen brechen sie oft, weil das sechs Zoll dicke
Zentrum nicht stark genug ist. Hailwood in Kanada, Ganley in
Amerika, Regazzoni in Argentinien und bereits Reutemann in Bra-
silien ... die „Mel-Mags" haben schon vier Unfälle auf dem Kerb-
holz.

„Crack-Tests" (Überprüfung auf Haarrisse) sind schwer durchführbar,
weil die Räder lackiert sind. Normalerweise wird ein solcher Test mit
rosafarbenem Spray durchgeführt — von Eddy Dennis, dem Lotus-
Chefmechaniker, der seinen Hochzeitstag (5. September) seit 1970 nie
wieder vergißt, weil er mit Jochen Rindts Todestag zusammenfällt.
Damals in Monza hat Eddy sein Herz für den Rennsport verloren,
„und ohne Herz hast du keine Freude mehr an der Arbeit". Er wollte
schon 1973 nicht mehr auf die Rennstrecken, sondern lieber zu Hause
im Werk arbeiten, „weil ich nie wieder in meinem Leben einen solchen
Schlag spüren will". Aber Warr hat ihn zum Bleiben überredet.
Zwei, drei Glas Bier — und der sentimentale Eddy fängt regelmäßig
an, von Jochen zu reden; auf fast selbstquälerische Art. „In dieser
Stimmung gehst du ihm am besten aus dem Weg", rät mir einer seiner
Kameraden. Fittipaldi und Peterson haben je drei Mechaniker, wobei
Chapman zum erstenmal einen nichtbritischen Monteur angestellt hat:
Itoh, einen Japaner mit fanatischem Gesicht, der Emerson überallhin
begleiten wird, wohin er auch gehen mag.
Die Lotus-Crew ist nie unterbeschäftigt. Als McLaren-Chefmechaniker
Alastair Cardwell zu Peter Warr sagt: „Wir haben neun Mechaniker
abgestellt, um unseren neuen Transporter einzurichten, aber immer
noch sechs für die Formel I", zuckt der Lotus-Mann zusammen. „Und
ich habe nur sechs insgesamt."

Diese sechs „strippen" nach dem Interlagos-Abschlußtraining die
beiden Lotus bis zum Skelett, während im Wohnwagen Chapman mit
seinen Piloten konferiert. „Startplatz 1 und 2", sagt er, „wie 1968 in
Südafrika mit Jimmy und Graham." Hast du auch gewonnen?
„O, yes." Chapman erzählt, wie einmal zwei Ferrari vor der Ziellinie
gegeneinandergeprallt sind, und meint daher: „Geht morgen hinaus

und gewinnt, aber ich möchte nicht, daß ihr gegeneinander fährt. Kann sein, daß gegen Schluß ein kleines Signal herauskommt — ‚HP, haltet die Positionen‘.“

Ronnie nickt. Aber ich erinnere ihn ans abenteuerliche Prototypen-rennen von Watkins Glen 1972, wo er „ein ‚HP‘-Signal glattweg ignoriert hätte“ und sich schlimmstensfalls darauf ausgeredet, „daß ich dachte, ihr zeigt mir ‚High pressure‘“. Der Schwede grinst: „Regazzoni war bei Ferrari mit diesen Boxensignalen ein noch hoff-nungsloserer Fall.“

Peter Warr turnt herein: mit schlimmer Nachricht. „Wir haben gerade entdeckt, daß Emersons linker Hinterreifen kaputt ist.“ Oh no, stöhnt Chapman, was macht Goodyear jetzt? „Uns den nächstbesten Reifen geben“, sagt Warr, „einen Ersatzreifen von Tyrrell.“

Bernie Ecclestone hat bereits „das Gefühl, daß beide Lotus ausfallen und Ickx gewinnen wird“. Zu Niki Lauda sagt er: „Du kannst in unserer Box die Rundentabelle führen, du bist ohnehin schon nach zwei Runden draußen.“ Ist Bernie ein Hellseher? Im Sonntagmorgen-training bricht Lauda das rechte Hinterrad weg und durchschlägt wie ein Dum-Dum eine Plakatwand, auf der für Ferien in Brasilien geworben wird. „Der Ziegel hat mich an der Schulter gestreift“, sagt mir Niki leise.

Bis zu Mittag umlagern 150.000 Brasilianer den Kurs, alle gekommen mit einem einzigen brennenden Wunsch: Emerson triumphieren zu sehen. „Emerrrrrson“, brüllt der Lautsprecher mit rollenden „r“, „sensacional, fenomenal“. Feuerwehrautos kühlen die fanatisierte Menge mit Wasserfontänen ab. „Bitte, hol mir ein Mineralwasser“, sagt Fittipaldi, „das wird das heißeste Rennen meiner Karriere.“ Emerson spürt vor seinem Heim-Grand-Prix „nicht mehr Spannung als sonst, nur größere Verantwortung dem Volk gegenüber, aber das ist zweierlei“. Emerson hat das Gefühl, „daß mich Ronnie, falls es hart auf hart geht, gewinnen lassen wird“, und verabredet mit Peterson: „Wenn ich auf der Geraden noch nicht führe, dann laß mich bitte in der Seekurve vorbei.“ Maria-Helena verhehlt nicht ihre „grenzenlose Bewunderung für Ronnie, denn nach Buenos Aires steht er bei Lotus unter Druck“.

Die beiden sind kühl inmitten aller Hektik, die jetzt auch auf die

Lotus-Box übergreift. Als Petersons rechtes Hinterrad montiert wird, ein Aufschrei: Reifenschaden. Eine neue Felge muß her; aus 20 möglichen greift sich Peter Warr ausgerechnet eine, die nicht auf Materialfehler röntgenisiert worden ist, heraus. Und auch Petersons Startprobe schlägt fehl — die Mechaniker haben vergessen, den Plastikschutz von zwei der acht Trichter abzunehmen.

„Un, dois, tres, Stewart e fregues", ungefähr: „Eins, zwei, drei, mit Stewart ist's vorbei", toben die Sprechchöre rund um Interlagos. Spätfolgen der Anti-Stewart-Welle in den brasilianischen Zeitungen wegen Buenos Aires. Aber Ken Tyrrell sagt mir, nicht zum erstenmal: „Wenn sich ein höllisch schweres Rennen ankündigt; wenn ich weiß, daß mein Auto dem Kurs nicht gewachsen ist; dann ist es ein wundervolles Gefühl, zu wissen, daß Stewart im Cockpit sitzt." Jackie wartet auf den Start mit einem klatschnassen Tuch über dem Kopf; Ickx saugt bis zuletzt aus einer Thermosflasche; und Chapman verabschiedet seine Piloten mit einem Schulterklaps.

Fittipaldi führt ab sofort; Nationalflaggen säumen seine Fahrt; Knallkörper, Kanonendonner und Salutschüsse betäuben die Ohren aller. Carlos Pace folgt Emerson in die ersten Runden, bis ihm Vibrationen einen Radträger demolieren. Damit ist Stewart Zweiter, bald attackiert von Peterson, bis ein böser Defekt Ronnie aus dem Rennen reißt: Bei Tempo 280 bricht ihm in einer Linkskurve das (vorher nicht überprüfte) rechte Hinterrad. Viermal wirbelt der Lotus um seine Achse. Ronnie glaubt, „daß nur der Gang herausgesprungen ist, deshalb quetsche ich ihn wieder hinein. Bis mir klar ist, daß rechts hinten immer noch kein Antrieb da ist." Heroisch fightet Ronnie, um die wild gewordene 480-PS-Bombe zu entschärfen — aber der Krach gegen die Leitplanken ist unvermeidlich.

Als Fittipaldi nächste Runde die Unfallstelle passiert, sieht er die häßlich-schwarzen Reifenspuren, Leute, die Trümmer einsammeln, aber keinen Ronnie — und bekommt Angst um seinen Teamkameraden, „denn diese Kurve ist die schlimmste, in der man einen Unfall haben kann". Beim nächsten Umlauf blickt Emerson in den Rückspiegel, sieht den havarierten Lotus in der Kurve, daneben Peterson ... und atmet erleichtert auf.

Zurück an der Box, dreht der Schwede dem Rennen den Rücken zu.

Er spricht nicht vom glücklichen Überleben, sondern „vom verlorenen zweiten Platz, den ich im Spazierengehen geholt hätte. Aber so geht es: einmal oben, einmal unten." Melancholisch zitiert Ronnie den Schlagertext: „Riding high in April, shot down in May." Ralph Bellamy wirkt geschockt und vertraut mir an: „Ich hasse es, aber ich muß morgen früh den härtesten Job meines Lebens tun: Bei Mel-Mag anrufen und sagen: ‚Ihr habt beinahe einen unserer Fahrer umgebracht, aber bitte, könnt ihr uns die neuen 12-Zoll-Felgen noch für Südafrika liefern?'"

Erst später wird Bellamy feststellen, daß auch Petersons linkes Hinterrad bereits angeknackt war . . .

Von dieser Gefahr unbelastet, führt Fittipaldi weiter vor Stewart, dem Ickx, Beltoise, Hulme, Cevert, Regazzoni, Merzario und Lauda folgen. Aber das Glück, die 40 Runden durchzufahren, ist den wenigsten vergönnt, und am wenigsten den BRMs: Beltoise wird durch einen aufgewirbelten Stein die Elektrik zerschlagen; Regazzoni muß beide Vorderräder wechseln und mit einem immer gräßlicher untersteuerndem Auto Schwerstarbeit verrichten; und Lauda bleibt bei seiner berühmten Reklametafel plötzlich stehen. Er steigt aus, klemmt den Drehzahlbegrenzer ab, kann weiterfahren, läßt sich an der Box wieder festschnallen, was aber zu schlampig geschieht, „so daß ich bis ans Ende wie ein Spielball im Cockpit herumgeschleudert werde". Mit schwindender Kraft klammert sich Niki am Lenkrad fest.

Cevert brechen Stoßdämpfer und Gänge. Jacky Ickx, der an dritter Stelle liegt und sich freut, „daß heute noch bessere Dinge kommen werden", erleidet rechts hinten Reifendefekt. Was in der Ferrari-Box eine echte „Opera comica" auslöst. Reifenwechsel — wie lange braucht das? Chapmans Mechaniker, nach der Stoppuhr trainiert, gewinnen jedesmal 10 Pfund, wenn sie in weniger als 1 : 30 Minuten vier Reifen wechseln, fünf Gallonen Benzin nachfüllen, Heckflügel- und Spoiler-Einstellung verändern (was im Training manchmal geübt wird). Das eine lumpige Rad zu wechseln dauert aber bei Ferrari 1 : 45 Minuten, wobei noch ein böser Fehler passiert: Die Mechaniker haben das richtige Rad bereitgelegt, der Goodyear-Techniker schnappt aber ein falsches, um ein Zoll zu schmales, das für Merzario bestimmt ist.

Jackys Ferrari ist bis zum Ende völlig aus der Balance — so fährt

Merzario, obwohl er 700 Touren verliert und mit Bremsproblemen rauft, triumphierend vor Ickx einher, einen Platz hinter Hulme, dem alle Kupplungsflüssigkeit ausgeronnen ist, weshalb der McLaren bei jedem Schaltmanöver wie ein störrischer Esel bockt. Pausenlos vor- und zurückgeworfen, ist Hulme längst richtiggehend schlecht. Fittipaldis Vorsprung auf Stewart bleibt konstant: 15 Sekunden. In der Box ist Ken Tyrrell von Jackie fasziniert: „Seine Rundenzeiten variieren nur um 0,4 Sekunden." Stewart fährt nicht nur gleichmäßig, sondern auch „eines meiner härtesten Rennen, absolut am Limit". Nach dem Training hat Jackie erwartet, „daß Emerson zumindest mit Minutenvorsprung siegt", also wundert er sich jetzt: „Warum läuft Emerson nicht davon? Ich wäre an seiner Stelle längst auf 40, 45 Sekunden weggezogen, als Schutzpolster für einen kleinen Fehler — oder wenn mir im Finish das Benzin ausgeht."

„Fitti" fährt um 4 bis 5 Sekunden langsamer als im Training, ohne Boxenbefehl, aus eigenem Ermessen: In sauberer Linie, damit die Reifen nicht überhitzen, und mit sachtem Gasgeben, um die Wassertemperatur niedrig zu halten. Emerson identifiziert sich immer rasch mit den Tausenden Teilen seines Autos. Doch plötzlich beginnt der Lotus immer stärker zu vibrieren. Emerson trägt ihn, fast auf Händen, behutsam um den Kurs — erst nach dem Rennen wird er den Riß in der Bremsscheibe links vorne sehen. Und den beginnenden Bruch einer Felge, die keine fünf Runden mehr überlebt hätte . . .

Letzte Runde: Mit Argusaugen überwacht Emerson alle Armaturen, so sehr, daß er sich einmal verschaltet und der „Spion" auf 11.200 hochschnellt. Für die 150.000 ist diese letzte Runde schon der vorverlegte Karneval. Von Kanonendonner und Salutschüssen untermalt, wird Fittipaldi abgewunken, mühsam hält die Militärpolizei die Massen in Zaum, ehe sie ihren Nationalhelden vor Glück lynchen können. Blitzartig zaubert Goodyear-Chefingenieur Bert Baldwin eine Reklamekappe auf Emersons Kopf, die aber Chapman hastig wieder herunterreißt („Sorry, Bert"), ehe er seinen Sieger umarmt.

Fittipaldi-Manager Domingos weiß, was sich gehört, und gratuliert allen, die hinter Emerson angekommen sind: Stewart, der trotz aller Plage einen topfiten Eindruck macht; Hulme, der sich völlig erschöpft, klatschnaß, mit verdrehten Augen auf einen Sessel wirft und zwei

Stunden später aufsteht, „weil ich erst jetzt meine Füße wieder spüre"; dem strahlenden Merzario und dem abgekämpften, enttäuschten Ickx; Regazzoni, der sich die Knöchel blutig geschlagen hat; Ganley; und dann Lauda, der aussieht, als käme er gerade aus dem Schwimmbassin. Fast unter geht, daß sich ein Goodyear-Ingenieur bei Ferrari wegen Ickx entschuldigt.

Chapman packt hastig seine Koffer, aufatmend, „daß dieses Rennen gut vorbeigegangen ist. Emerson war der übliche Meister, und für Ronnie heißt es immer: dann eben nächste Woche." Der Becher Champagner, den mir Fittipaldi hinhält, ist heiß wie Glühwein. Peterson kommt neidlos gratulieren. „Lucky boy", sagt ihm Emerson.

Aus dem Glutofen Interlagos geflüchtet, im Nachtlokal „Bongiovanni", feiert Arturo Merzario in dieser Nacht seine ersten WM-Punkte wie keiner vor ihm. Er segnet die ganze Tischgesellschaft, als wäre er ein Padre, und tanzt anschließend mit artistischen Verrenkungen, Hemd um die Hüften, fliegenden Halsketten und Amuletten bis zum Morgengrauen so verrückt, daß mich Frank Williams zaghaft fragt: „Was, glaubst du, führt Merzario erst auf, wenn er einmal einen Grand Prix gewonnen hat?"

Das Fittipaldi-Land hat einen Leitspruch: „Brasil, ame-o ou deixe-o": entweder du magst unser Land oder du verschwindest. Viele bleiben noch. Und Emerson hat mir gesagt: „Komm morgen zum Mittagessen."

Rua Leonor Quadros 290 im exklusiven Sao-Paulo-Stadtteil Morumbi, 20 Minuten von Interlagos entfernt. Darüber wohnt der Gouverneur von Sao Paulo, daneben der Cruzeiros-Milliardär Baby Pignatari. Es ist nur eine der drei brasilianischen Adressen des Fittipaldi-Clans. Da ist Vaters Sommerhaus in Guaruja, zu dem die dankbaren Söhne Emerson und Wilson den benachbarten Grund (samt Swimmingpool) dazugekauft haben. Und da ist das Büro in Iguatemi, dem Einkaufszentrum.

Das Morumbi-Haus, in L-Form gebaut, mit Swimmingpool, hat eine Garage, die nicht nur ein Dutzend Rennreifen und zwei Cosworth-Motoren beherbergt, sondern auch einen stattlichen Wagenpark; an der Spitze den gelben Mercedes 6,3 Liter, weil Emerson sagt: „Es gibt Autos und es gibt einen Mercedes."

Alle Fenster sind vergittert. Mit Grund, denn voriges Jahr ist das Fittipaldi-Heim überfallen woren. Emerson, Wilson und ihre Frauen hatten gerade das Haus verlassen, als der alte Housekeeper Miguel plötzlich eine Pistole im Genick spürte: vier Gangster, die erschrocken flüchteten, als die Putzfrau Teresinha zur Tür hereinkam. Seither schläft Miguel tagsüber und bewacht nachts das Haus.

Manager Domingos lümmelt draußen am Pool. Die beiden Fittipaldi-Damen bereiten Lunch-Menüs, die wegen der Hitze aus Obst bestehen. Und Emerson hängt am Telefon. „Das geht", seufzt Maria-Helena, „schon den ganzen Tag so; obwohl wir eine Geheimnummer haben." Aber das Volk ist 24 Stunden nach dem Sieg noch immer aufgewühlt.

Und Emerson muß fort: Eine Nährmittelfirma braucht ihn wegen einer neuen Werbekampagne für Fotoaufnahmen. „Muß ein Bombenerfolg werden", verrät mir Emerson. „In jeder Reisfleisch-Packung ist eine Nummer, und der Hauptpreis ist ein zwei Meter großes Rennauto für Kinder, mit Lambretta-Motor. Was glaubst du, wie alle brasilianischen Buben ihre Mütter beim Einkaufen bestürmen werden?"

15 Uhr. Emerson empfiehlt sich „für höchstens zwei Stunden". Ich habe Zeit, seine Pokale anzusehen. Im Living-Room, neben dem offenen Kamin, auf grünen Tapeten, hängt eine einzige Trophäe: vom Jochen-Rindt-Gedenkrennen in Hockenheim, 1972. Aber die gewaltige Pokalsammlung befindet sich im unteren Stock. „Sein Altar", sagt Emersons Frau.

Inmitten Hunderter Trophäen entdeckte ich plötzlich einen zweiten Emerson: lebensgroß, dunkler Anzug, Krawatte, Arme verschränkt und entwaffnend, fast unverschämt lächelnd — aber aus Pappe. Seine Geschichte ist umwerfend: Eine große Sao-Paulo-Bank begann im Vorjahr eine Werbeoffensive mit dem Weltmeister, „der sein Geld bei uns anlegt", und ließ 300 Pappendeckel-Emersons für ihre Filial-Auslagen anfertigen. Als die Kampagne vorbei war, wurden die Pappendeckel-Fittipaldis wieder abgeholt, nachts natürlich, außerhalb der Geschäftsstunden. Vier Leute trugen also den steifen Emerson aus dem Bankgebäude, behutsam, damit er nicht zerkratzt wird — was den sofortigen Argwohn eines Fittipaldi-Fans erweckte. „Unser Weltmeister wird gerade gekidnappt und ist schon betäubt": Dieser

Telefonanruf bei der Polizeidirektion löste Großalarm aus, binnen Sekunden war das Bankgebäude umzingelt. Der Irrtum klärte sich unter viel Gelächter auf. Und Emerson hat seinen Pappendeckel-Zwilling als Souvenir behalten.

16 Uhr. Die Lotus-Mechaniker, bleich von der Arbeit im Schatten der Rennboxen, treffen ein. Emerson hat sie zum Schwimmen eingeladen, ein Privileg, das Jackie Stewarts Mechaniker nicht kennen — aber es gibt ja auch keinen Großen Preis am Genfer See.

Im ganzen Haus existiert keine Uhr. Der Fittipaldi-Clan lebt zeitlos fröhlich. Und mit vielen technischen Spielereien. Im Wohnzimmer wimmelt es von Bastelspielen, über die Eddy Denis und seine Crew herfallen wie über einen Lotus 72. Zusammenstellen eines Oktaeders aus zwölf Plastikteilen: Wer das auf Anhieb schafft, dem hat Emerson einen nagelneuen Volkswagen versprochen. Dann ist da eine gläserne Spirale, mit Flüssigkeitsbehältern an beiden Enden. Von der hohlen Hand erwärmt, sprudelt das Wasser auf- oder abwärts. „Je schneller, desto mehr Kraft hat ein Mann", lacht Maria-Helena. „Mein Schwager Wilson hat mit dieser Maschine alle Rekorde geschlagen."

Maria-Helena steht im Mittelpunkt. Der brasilianische Komponist Marcos erscheint, um ihr die Musik für den 90-Minuten-Spielfilm „Dieser fabulose Emerson Fittipaldi" vorzuspielen. Maria-Helena ist ein eigener, sehr emotioneller Song gewidmet, dem sie hingerissen lauscht — bis draußen ein Sturm losbricht und das Unwetter die Stereo-Anlage kurzfristig k. o. schlägt.

Als der fabulose Emerson Fittipaldi gegen 21 Uhr heimkommt, ist die hungrige Bande bereits auf 20 Mann angewachsen. Bei Fittipaldi ist immer „open house", doch höre ich mit leisem Schrecken die Story eines österreichischen Exportdirektors, der einmal in Morumbi „auf zwei Minuten vorbeischauen wollte, um schnell etwas zu besprechen".

Er polterte mit mittlerem Hofstaat zur Tür herein und machte es sich sofort bequem. Emerson, gerade im Begriff wegzugehen, wollte nicht unhöflich sein. Bedenklich wurde es, als unvermutet auch die Frau des Österreichers ankam, mit einer riesigen Geburtstagstorte für ihren Mann, der den Perplexen spielte: „Ja wieso weißt du denn überhaupt, daß ich da bin?"

An diesem 13. Februar wird auch, aber gewollt, Geburtstag gefeiert,
zuerst aber zu Abend gegessen: In „Dinho's Place". „Keine Taxis",
sträubt sich Maria-Helena, „denn sie fahren in Brasilien so verrückt,
daß ich immer zur Vorsicht sagen muß, ich bin im vierten Monat." Ich
klettere zu Emerson in den Galaxie. „Weißt du", raunt er mir zu, „das
ist immer noch das Weltmeisteressen, das ich den Mechanikern seit
1972 schuldig bin. Jetzt feiern wir gleich Buenos Aires und Interlagos
dazu. Das kommt billiger."
Emerson vergißt nichts. Auch nicht den 37. Geburtstag seines Monteurs
Jim, eines früheren Luftwaffeningenieurs. Schlag Mitternacht zaubert
„Fitti" eine Schokoladetorte mit brennenden Kerzen auf den Tisch:
kumpelhaft wie stets, weit davon entfernt, ein Star zu sein.
Später sitzen wir wieder in Rua Leonor Quadros 290 — bis vier Uhr
früh. Dann endlich hat John-Player-PR-Chef Mike Doodson die
Chance, Emerson fürs Interview für die JPS-Broschüre, auf das er
schon seit sieben Stunden wartet, in einer Ecke festzunageln. Im
Morgengrauen wirft jeder jeden in den Swimmingpool; bei einem
anderen Fest hatte Emerson seine Gäste mit einem Neger überrascht,
der plötzlich im Rennoverall dastand, unbewegt und wortlos. Es war
Pele.

Peles Geist dringt leider nicht in den „Schweizer Klub" von Sao Paulo,
in dem Regazzoni, Roger Benoit vom Zürcher „Blick" und ich gegen
ein Brasilianerteam Fußball spielen und bei 0 : 3 aufgeben müssen:
Clay schmerzen die Brandblasen an den Fußsohlen, außerdem hat er
sich eine Zehe aufgerissen. Draußen auf der Straße quietschen Brem-
sen, krachen Autos gegeneinander: einer der 300 täglichen Unfälle von
Sao Paulo. „Quanti morti?" fragt Clay unbewegt, während er
Autogrammfotos an die Schweizer Kinder verteilt.
Draußen wartet schon der Marlboro-Chauffeur, um Regazzoni zum
Flugplatz zu bringen. Clay steht da wie Gary Cooper in „High
Noon" oder George Peppard in „Der Vollstrecker": in der Rechten
den Aktenkoffer, in der Linken die nasse Badehose und die Schuhe.
„Ciao, bis Südafrika", ruft er uns zu und fragt plötzlich auf italienisch:
„Nessuno di voi deve piangere per me — weint denn niemand von
euch um mich?"
Beinahe, Clay, 18 Tage später in Südafrika.

KYALAMI: DU LEBST DOCH ZWEIMAL

Clay Regazzoni reist nach Südafrika via Maranello, wo er den neuen Ferrari B 3 sieht, noch ehe ihn der Werkpilot Ickx zu Gesicht bekommt. Dafür fliegt Jacky nach Kyalami als stolzer Vater: „3,25 Kilo, 56 cm und blaue Augen wie alle Babies", beschreibt er seine Tochter Larissa.

Die honorigen Marlboro-Herren dagegen schaffen es nie bis Südafrika. Als sie ihre achtsitzige Executive-Jet ausgerechnet in Zambia auftanken wollen, werden sie aus dem Flugzeug geholt und unter Hausarrest gestellt. Später verabredet Europa-Chef Ronald Thompson, ein ehemaliger Rugbyspieler, ein Treffen mit einem afrikanischen Wirtschaftsminister, um wenigstens Business zu machen, flüchtet aber erschrocken, als ihn dieser in wilder Stammestracht empfängt.

Südafrika ist noch immer ein Abenteuer. Das kleine Privatflugzeug, in dem wir ins Löwenreservat von Sohebele fliegen, mitten in der Wildnis, kann erst niedergehen, bis man die Giraffen von der Landebahn gejagt hat. Und dann erst: das nächtliche „Löwenschauen". Der Rancher rammt als Köder für die 25köpfige Herde einen Eselkadaver in die Erde, doch als wir zu unserer (gut getarnten) Naturtribüne schleichen, ist die Löwenmahlzeit schon vorbei. Also wieder 'rauf auf den offenen Landrover, Scheinwerfer aus, denn der Rancher macht Programm: „Und jetzt verfolgen wir die Bastarde in den Busch." Zwei Bantuneger sichern mit Gewehren nach vorne, oft rollt der Landrover im Rückwärtsgang, und manchmal sieht man das Funkeln der Löwenaugen. Auf der Heimfahrt ins Camp zerreißt ein Reifen, auf drei Rädern humpeln wir durch den Busch.

Es ist das Afrika, das viele lieben. Auch Hailwood.

Stanley Michael Bailey Hailwood hat vor Jahren ein Haus in Südafrika gekauft, dessen Wert sich inzwischen verzehnfachte. Er hat den Lebensstil seines Vaters, der über den Sommer in Cannes lebt und auf den Bahamas überwintert. Exklusiv an Mike ist auch sein Auto: ein grünblauer Citroën-Maserati mit TV und Stereo, mit Bar und Liegesitzen — die Mike aber kaum für sich allein braucht, denn sein großes Problem ist: Er kann nicht einschlafen. Oft nicht einmal mit Schlaftabletten.

Seine Hobbies sind Krimis, Weißwein, Mädchen, aber am meisten vernarrt ist er in seine dreijährige Tochter Michele, deren Mutter, Pauline, Hailwoods Namen angenommen hat. Doch unter der flatterhaften, leichtlebigen Oberfläche verbirgt sich ein willensstarker Rennfahrer. Einer der Größten, die der Motorsport je gesehen hat.

Ich glaube, daß seine Motorradjahre ab 1960 Hailwoods Charakter geprägt haben. Damals, als ein Dutzend Europäer von den japanischen Werken als Söldner für die Invasion auf den Weltmärkten angeheuert wurde, Millionen verdiente, aber immer mit dem linken Mittelfinger am Kupplungsgriff fuhr: als SOS für den Alarmfall, falls die Maschine festgeht. „Das Motorrad zwischen den Beinen hörte nicht auf, schneller und schneller zu werden", schreibt Phil Read, einer von Hailwoods Gegnern, in seinem Buch. „Es gab überschäumende Parties, bei denen die fürchterliche Nervenanspannung von einem wich. Manchmal galt es auch, einen Sturz zu vergessen. Oder den Tod eines Freundes. Der beste Weg, um zum Beispiel das Rennen in Suzuka zu vergessen, seine Nerven nicht schon vorher aufzureiben, war, die Nacht vorher mit einem japanischen Püppchen zu verbringen und bis kurz vor dem Start zu schlafen."

Hailwood, der Honda auf geliehenen Werkmaschinen zu den ersten Tourist-Trophy-Siegen verhalf, bändigte auch die 500er-Honda, von der Read sagte: „Gott steh mir bei." Und Read behauptet nicht als einziger: „Hailwood — das ist zweifellos der beste Fahrer, den es in unserem Sport je gegeben hat." Neunmal Weltmeister auf zwei Rädern — ein Rekord, den erst Giacomo Agostini schlug, sonst keiner, und eine seiner WM-Medaillen trägt Mike heute noch um den Hals gehängt.

„Motorräder habe ich zu Hause keine mehr", sagt mir Hailwood. „Die 750er-Honda schlängelt mir zu viel; wenn ich eine will, dann die Kawasaki 900." In deprimierten Stunden denkt er oft: „Vielleicht kehre ich zum Motorrad zurück. Dort ist alles leichter."

John Surtees, auch ein einstiger Zweirad-Champion, hält Hailwood die Steigbügel zur zweiten Karriere. Da sich Mike für Rennwagentechnik kaum interessiert, stimmt zumeist „Big John" himself das Auto ab, auch wenn Howden Ganley oft ätzend bemerkt: „Jetzt hat Mike viel zu tun, um es wieder in Schuß zu bekommen." Surtees *macht Tausende Dinge selbst, weicht dadurch von der großen Linie ab; wozu kommt, daß sein Motorenservice nur mangelhaft funktioniert und jedes seiner Autos nur einen guten Mechaniker hat (zwei Monteure, die erst im Sommer 1973 ihre Bonusgelder von 1972 erhalten, setzen sich mit dem nächsten Flugzeug nach Amerika ab).*

Aber Surtees grübelt und schuftet unermüdlich weiter. Hailwood ist im Jännertest in Kyalami die Aufhängung gerissen, worauf sie Surtees sofort umkonstruierte. Kyalami ist für ihn ein guter Boden: 1971 kam er, Surtees selbst, bis auf Rang 2 nach vor, und 1972 griff Hailwood gerade den führenden Stewart an, bis ihm in der Sunset-Kurve die Aufhängung brach.

Die ersten Kyalami-Schlagzeilen 1973 schreiben aber Lotus, Shadow und McLaren. Lotus ist von den gefürchteten „Mel-Mags" auf Brabham-Räder gewechselt. „Der Shadow sieht etwas plump aus", kommentiert Stewart, nicht wissend, daß dieses Auto unter dem Gewichtslimit liegt (und für die Abnahme Ballast bekommt). Beim ersten Test ritzt die wegfliegende Frontpartie Oliver am Sturzhelm.

Die McLarens aber fliegen allen davon. Denny Hulme fährt mit dem brandneuen, schmalen, an den Indy-Typ erinnernden M 23, für Niki Lauda „das schönste Auto, das ich je gesehen habe", am ersten Tag Bestzeit und reißt die Kameraden mit: Jody Scheckter Zweiter, Peter Revson Dritter — die Geschosse aus Colnbrook staffeln sich in geschlossener Phalanx. Dennys M 23 läuft wie auf Schienen, aber mit dem alten M 19 räubert Scheckter so beherzt, daß sich sogar Peterson wundert: „Gegen Jody bin ich ja ein Waisenknabe." Und Ronnie ist, wie man weiß, selbst kein Frommer. Einmal bremst der respektlose Scheckter sogar Stewart aus, und nach jeweils zehn Trainingsrunden nimmt ihn Hulme in den Boxen an die Brust: für gute Ratschläge.

Am Abend gewinnt das Tyrrell-Doppel Stewart/Cevert auf dem Tennisplatz der Kyalami Ranch gegen Hulme/Revson 6 : 3, 6 : 2, wobei Jackie den Umpire Ken Tyrrell oft wegen Fehlentscheidungen rügt: „Geh lieber in die Box Zeiten stoppen." Regazzoni hilft als Linesman aus. Er und Lauda haben ihre BRMs getauscht, und Niki gelingt, was Clay nicht geschafft hat: Er kuriert das krankhafte Untersteuern. Dafür verliert Lauda das Tischtennisfinale gegen Helmut Marko, der beiläufig grinst: „Unter Blinden ist eben der Einäugige

König." Die wenigsten ahnen, wieviel Mut und innere Stärke es zu diesem Satz gebraucht hat.

Donnerstag hat Regazzonis BRM chronische Zündaussetzer. „Wasser in den Zylindern — und mit Wasser läuft mein Auto nicht", grollt der Schweizer und fährt verärgert zurück in die Ranch, Tennis spielen. Hulme hat eine defekte Benzinpumpe. Petersons Bremspedal klappt dreimal ins Leere durch. Fittipaldi bricht der Hilfsrahmen des Getriebes. Aber während der letzten zehn Trainingsminuten, als Blitze zucken, schwarze Gewitterwolken aufziehen und Rückenwind beflügelt, gelingt es Ronnie und Emerson, das McLaren-Trio aufzusplittern.

„Hulme ist Favorit Nr. 1, aber Lotus wird ihm das Leben schwermachen", prophezeit mir Stewart Freitag früh beim „Safari-Breakfast". Und er selbst? „Im Oktober war unser Auto bestimmt nicht schlechter als irgendein anderes, aber die Szene verändert sich so schnell, und heute liegen wir um Meilen zurück. Aber wir werden Boden zurückerkämpfen und aufholen. Wir müssen." Jackie bestellt noch einen Fruchtsalat, „aber bitte schnell, den braucht ihr ja nicht zu kochen, und außerdem fahndet Ken Tyrrell schon nach mir", fleht er den Negerkellner an. Später tritt sich Jackie eine Glasscherbe in die bloße Sohle. 20 Minuten nach Beginn des Abschlußtrainings: Eine riesige Staubwolke in der Crowthorne-Kurve, und weil Cevert von allen am langsamsten an der Unfallstelle vorbeifährt, weiß ich: Es ist Stewart.

Zwei Holzpflöcke und drei Maschendrahtzäune sind niedergerissen. Staubüberzuckert, mit ein paar Fingerabdrücken, klebt der königsblaue Tyrrell an der Barriere. Am linken Vorderrad: hell- und dunkelgrüne Farbtupfer der BP-Reklametafel. Heckflügel, Schnauze und Airbox sind abgerissen, der linke Querlenker ist entwurzelt.

Aufrecht, aber sehr bleich kommt Jackie an die Box zurück, und er fängt von alleine an zu erzählen, was passierte, als er mit 285 km/h (laut Geschwindigkeitsdiagramm) an der gelben Zeitnehmerbox vorbeiflog — ruhig, aber man spürt, wie er innerlich zittert: „Ich bremse kurz vor der 200-Meter-Marke, will Fünfte—Vierte schalten, aber da ist überhaupt keine Bremswirkung. Ich sehe alles ganz klar, was passieren wird: ein frontaler Anprall gegen die Mauer. In einem solchen Moment bleibt dir nichts mehr zu tun: Du bist nicht mehr Herr über

dein Auto, nur noch Passagier; eine Nußschale im Ozean; eine Mario-
nette, für die ein anderer die Fäden zieht. Ich krieche tief ins Cockpit,
Hände weg vom Lenkrad, die Arme verschränkt. Aber die Zäune
bremsen das Auto, und der letzte Holzpflock wirbelt es zum Glück
herum."
Ehrlich, Jackie, frage ich ihn, hast du Angst gehabt? „Es wäre einer
der ganz schlimmen Rennunfälle geworden. Ein Wunder, daß nicht
mehr passiert ist. Und es war böser als Spa 1966, wo uns der Regen
wie eine Maschinengewehrsalbe überfiel, und böser als Watkins Glen,
wo ich mich bei Tempo 240 auf Öl durch drei Kurven drehte."
Kurz darauf fährt Lauda aus der Box, hat also zum Glück noch nicht
Höchstgeschwindigkeit, als in der gleichen Kurve auch seine Bremsen
versagen. Lauda quetscht den BRM um Zentimeter an Jackies ge-
knicktem 005 vorbei. Er ist immer noch schnellster BRM-Pilot und
fällt erst in den letzten Minuten zurück, weil Regazzoni und Beltoise,
aber nicht er, die schnellen Qualifikationsreifen bekommen.
„Stewart hat Glück gehabt", sagt Fittipaldi ernst und fragt mich:
„Hat er innen- oder außenliegende Vorderbremsen?" Seit Buenos
Aires wieder innenliegende. „Ist dort etwas gebrochen?" argwöhnt
Emerson sofort. Nein — laut Tyrrell war der rückwärtige Bremsschlauch durchgescheuert. Aber 20 Minuten später sitzt Stewart, der
Superprofi, bereits in Ceverts Auto und fährt nur um eine Sekunde
langsamer als vor dem großen Schreck. Aber das ist nur die sechzehnte
Zeit: siebente Startreihe. Und noch dazu ein fremdes Auto. Cevert
dagegen kann nur starten, wenn Jackies Unfallauto reparierbar ist.
„Zum erstenmal seit vier Jahren", sinniert Ken Tyrrell, „haben wir
kein Ersatzauto mit. Und zum erstenmal hätten wir eines gebraucht."
Als Fittipaldi zur Fahrerbesprechung kommt, wirft ihm Stewart eine
Bananenschale zu: „Warum, World Champion, rutscht du nicht aus?"
Später chauffiert er eine Autobusrunde Journalisten um den Kurs,
erklärt nochmals die kritische Stelle: „Seht her, keinerlei Bremsspur"
— und überholt den Truck mit dem aufgeladenen 005. Bis spät in die
Nacht schleppen Stewart und Cevert für die Mechaniker Sandwiches
und Flaschen in die Box, während Dieter Stappert und ich Denny
Hulme im „Sleepy Hollow" mit einer Flasche Champagner unsere

Aufwartung machen: für die erste Pol-Position seines Lebens. Um 9.30 Uhr sind die Boys fertig. „Bist du jetzt happy?" fragt Peterson. „Erst um 17 Uhr", gibt Ken Tyrrell zurück, „wenn das Rennen vorbei ist."

Stewart hat sein Gepäck zum Flugplatz vorausgeschickt: Er will sofort nach dem Rennen nach Los Angeles fliegen. Jacky Ickx nimmt in Kyalami immer den Sabena-Piloten „als Geisel in die Box, weil ohne ihn kann die Maschine nicht starten." Beltoise hat seine Abreise „wie einen Bankraub organisiert": Um 18 Uhr Abflug, „und mein Leihauto parke ich 200 Meter außerhalb der Strecke". Und wenn du gewinnst? fragt Niki. „Dann bleibe ich natürlich, aber keine Sorge." Und nur Regazzoni sagt, er möchte bis Dienstag hierbleiben. „Ice-Tea", trommelt er auf den Bartisch der „Kyalami Ranch", bekommt zum Steak-Sandwich aber Kaffee serviert. „Bitte unterschreib für mich", sagt er zu mir, „Zimmer 100."

Der Start verzögert sich wegen Regens um 50 Minuten. Louis Stanley schickt einen Sklaven um einen Regenmantel. Alle Piloten flüchten unters Boxendach, nur Regazzoni hockt draußen auf der Leitplanke: „Gutes BRM-Wetter, wenn es nicht zu heiß ist", hofft er.

Alle drei BRMs haben für die ansteigende Startgerade einen zu langen ersten Gang. In der vierten Reihe muß Lauda den Motor auf 11.000 Touren hochjagen, um halbwegs wegzukommen; in der dritten Reihe zerreißt Beltoise augenblicklich die Kupplung; und in der zweiten tritt auch Regazzonis linker Fuß ins Leere: „Der Wagen rollt los, ich muß bremsen und nochmals starten." So kommt Clay erst als Letzter weg, mit hochgestrecktem Arm, mit blubberndem Motor — während in der Startkurve Scheckter seinen Teamkapitän Hulme auf ganz schlaue Weise an die Spitze komplimentiert, „ohne ihn aber wirklich vorbeizulassen". Eine Tat, die Meriten bringen muß.

Hulme - Scheckter - Fittipaldi - Revson - Peterson - Reutemann - Charlton - Hailwood heißt die Spitze, an die sich Stewart sukzessive herankämpft, während am Schwanz des Feldes Regazzoni bereits fünf bis sieben Autos überholt hat — und die anderen größer werden, näher kommen sieht.

Dritte Runde: Ich stehe außen in der „Crowthorne"-Kurve und sehe, wie sich plötzlich der Südafrikaner Dave Charlton mit seinem gekauften Lotus 72 dreht. Mike Hailwood folgt dichtauf, kann nicht mehr ausweichen, reißt Charlton die Frontpartie weg und schlägt dabei selbst sein linkes Hinterrad ab. Quer zur Fahrtrichtung, schlittert der dreirädrige Surtees um die Kurve. Niemand denkt daran, den heranjagenden Pulk zu warnen. Ganley quetscht sich um Millimeter an Hailwood vorbei.

Regazzoni und Ickx stechen Seite an Seite in die Kurve, voll im vierten Gang: der Schweizer links, der Belgier rechts. Clay „will gerade Ickx überholen, als ich plötzlich vor mir ein querstehendes Auto sehe. Bremsen ist unmöglich." Dann wird es Nacht um Regazzoni: Der Anprall raubt ihm augenblicklich die Besinnung. Ickx findet „die Straße so blockiert, daß ich nicht mehr ausweichen kann". Der Ferrari touchiert den BRM an der rechten Flanke, überschlägt sich beinahe und kommt 60 Meter weiter am rechten Straßenrand zum Stehen. Da schlagen bereits vier Meter hoch die Flammen aus Regazzonis Auto.

„Hätte ich das Feuer gesehen, ich fürchte, ich wäre vor Angst gestorben", wird Regazzoni später sagen. Ein brennender BRM und darin, hilflos eingeklemmt, ein schuldloser Pilot mit dem Schweizerkreuz am Helm ... in der Retrospektive keimt für viele die Erinnerung an Jo Siffert auf. Aber erstens ist der BRM nicht umgestürzt, und zweitens hat Regazzoni (bisher schlimmste Rennverletzung: fünf Bisse in die Zunge) an diesem Tag einen Schutzengel: Mike Hailwood.

Mike schnallt sich blitzschnell los und stürzt hinüber zum BRM, um Clay loszugurten, was ihm auch gelingt. „Aber einer seiner Tanks ist aufgeplatzt, Benzin fließt aus, fängt zu brennen an, und plötzlich stehe ich in einer brennenden Benzinpfütze." Fast eine lebende Fackel, mit brennendem linken Handschuh und linken Schuh, rennt Hailwood quer über die Straße, nach innen, um von dort zu sehen, daß die armselig geschützten Streckenposten — hemdärmelig und kurze Hosen — das Feuer auslöschen. „Ich denke, jetzt werden die Leute endlich Clay aus dem Auto ziehen, aber sie stehen nur da und tun nichts."

Das Feuer lodert erneut auf, dreimal insgesamt, da stürzt Hailwood nochmals zurück in die Hölle und riskiert sein Leben, um den bewußtlosen Regazzoni zu bergen. Das Feuer um Clay, die Agonie der

Streckenposten, und Hailwoods heroische Rettungstat haben über eine Minute gedauert.

Wieder auf seinen Beinen, knickt Regazzoni sofort ein. Als zwei Runden später das Feuerwehrauto eintrifft, mit Asbestmännern auf dem Trittbrett und Tempo 120, ist bereits alles vorbei. Roger Benoit findet Clays immer noch schmorende Handschuhe in der Wiese und bringt sie verängstigt an die BRM-Box. 20 Minuten lang liegt Clay im Ambulanzauto. Der Rennarzt ist maßlos verblüfft: Regazzonis Puls schlägt vollkommen normal.

Mit leichten Brandwunden, „aber nicht der Rede wert", meldet sich Hailwood von der Surtees-Box ab und fährt heim. Er ist am Rennen nicht mehr interessiert.

Aber alles, was im Großen Preis von Südafrika noch passiert, ist eine Folge des Regazzoni-Unfalls. Hulme hat die Führung verloren, an die Boxen müssen, weil er sich auf Clays Wrackteilen zwei Reifen aufgeschlitzt hat. Damit kommandiert das 23jährige Greenhorn Scheckter den Spitzenpulk mit Fittipaldi, Revson, Peterson und Stewart, aber nur zwei Runden lang. Die Streckenposten, die laut Jacky Ickx „weder geholfen noch gewunken noch richtig reagiert haben", schwenken jetzt endlich die gelben Flaggen: Vorsicht, Gefahr, Überholen verboten. Die Lotus sind von allen Spitzenautos heute die langsamsten auf der Geraden, weil sie mit zuviel Heckflügel laufen. In einem langgezogenen Windschattenmanöver taucht Stewart an der Boxengeraden an beiden Lotus und auch an Revson vorbei — „unter gelber Flagge", wie die Gegner schwören. „Ich war", so Jackie, „aber noch vor der Bremszone an ihnen vorbei."

Nur noch Scheckter vor Stewart — und Jody hebt, da unmittelbar vor ihm der Rettungswagen mit Regazzoni fährt, den Arm. Aber Stewart überholt auch Scheckter, „das einzig Mögliche, um Jody nicht anzufahren, denn bremsen kann ich in der Sunset-Kurve nicht mehr".

Verfolgt von einem verblüfften Scheckter, einem wütenden Revson und zwei erstaunten Lotus-Piloten, beginnt Stewart sofort, „mit dem Rennen davonzulaufen". Dahinter wird Lauda, der nicht weiß, ob das verkohlte Wrack Regazzoni oder Beltoise gehört hat, trotz der Beklemmung zum Bannerträger für BRM: Er bremst Jarier und

Merzario spektakulär aus, packt Reutemann aus dem Windschatten, und liegt, sich Peterson nähernd, nach 25 Runden bereits an sechster Stelle — bis zum Motorschaden. Traurig parkt Niki in der ersten Kurve im Sand; 100 Meter von Regazzonis Wrack.

Mit dem ihm ungewohnten Auto fährt Stewart einem umstrittenen, aber überlegenen Sieg entgegen. Peterson hat sechs Runden an der Box eingebüßt: defekte Benzineinspritzung. Carlos Pace verliert seinen fünften Platz durch einen Sturz wegen Reifenschadens; Scheckter seinen vierten durch ein Motor-K. o. vier Runden vor Schluß.

Revson rettet sich knapp vor Fittipaldi als Zweiter ins Ziel; Merzario erbt kampflos den vierten Platz; Hulmes Aufholjagd nach 2:40 Minuten langen Boxenstops wird mit Rang 5 belohnt; und George Follmer holt für Shadow im Jungfernrennen den ersten WM-Punkt, zwei Runden zurück. Doch Goodyear-Rennchef Ed Alexander „kann nur hoffen, daß sich die Shadow-Leute in den Spiegel schauen, um zu wissen, wie sie Sechste geworden sind".

Was folgt, ist Streit. McLaren-Boß Teddy Mayer sichert sich Schützenhilfe von Lotus und protestiert gegen den Stewart-Sieg, um Revson zum Sieger durch Disqualifikation zu krönen. „Revvie" ist noch immer bös, und Jody versteht die Welt nicht mehr. „Unter weißer Flagge ...", murmelt er stereotyp. Jackie kommt mit einer Rüge davon — die aber nach Gegenprotest Ken Tyrrells zurückgenommen wird.

Im abschließenden Tourenwagenrennen wird, von den wenigsten beachtet, der Sieger disqualifiziert — weil er unter gelber Flagge überholt hat. „One of those things", sagt mir Stewart, achselzuckend, über die Affäre. Immerhin: Er hat gegen Fittipaldi auf 19 : 22 Punkte aufgeholt. Aber Emerson hat „nicht das Gefühl, daß ich geschlagen worden bin — wir machten Fehler, aber wir werden sie wieder korrigieren".

Clay Regazzoni wird an diesem Abend von einem Dritte-Klasse-Zimmer, das er mit 20 stöhnenden Patienten teilt, in die Brenthurst-Klinik umgelegt. Louis Stanleys telefonische Auskunft: „Clay fährt in Spanien wieder für mich, aber besuchen darf ihn niemand" stimmt uns mißtrauisch. Wie geht es Regazzoni wirklich?

Sonntag in Johannesburg: Die Klinik im Zentrum, dritter Stock,

Nummer 3 R, ein Zimmer ohne Blumen. Die Krankenschwestern verjagen Reporter und Neugierige: „Es ist so schwer, die vielen Verrückten fernzuhalten. Mr. Regazzoni will nur seine Freunde sehen."

„Ciao, Ciao", ruft er uns lachend zu, „wie geht's?" Er sitzt im Bett eher, als er liegt: halb aufrecht, ungedulig, aggressiv. Nicht wie ein verunglückter Rennfahrer, um den Millionen zitterten, extremer Gefahr entronnen, ohne daß er es wußte — viel eher wie ein Raubtierbändiger, den der Löwe angefallen hat: Berufsrisiko. Die Schmerzen verbeißt er: beide Arme bis hinauf zu den Schultern bandagiert und bis auf drei auch alle Finger eingebunden. Die Augen: seltsam geschwollen, gerötet. Den Bluterguß am Kinn kann er sich nicht erklären. „Aber der Schnurrbart", lächelt er, „ist heil geblieben."

Irgendwo unter dem Bett läuft ein Schlauch hervor. Ein Drahtgeflecht hält die Decke von den Beinen weg. Also auch dort Brandwunden? „Ich habe keine", dementiert Clay, der Stahlharte, „und Schmerzen nur, wenn ich mich nach rechts drehe." Als Roger Benoit fragt: „Darf ich ein Foto machen?", wird Regazzonis Blick weidwund. „Bitte nicht." Er haßt den Moment der Schwäche.

Roger, der „Powerslide"-Chefredaktor Dieter Stappert und ich haben Clay eine Riesenananas mitgebracht, von Roger auf Schwyzerdütsch bekritzelt: „Guate Bess'rig." Eine Negerschwester bringt Tee und Kuchen. „Das ist mein Problem", sagt Clay leise, „ich muß wieder wie ein Baby anfangen, essen und trinken lernen, mit nur drei Fingern. Und alle halben Stunden kommt sie wieder. Wer will Tee?" Merzario will, ehe er wieder geht, und dann flüchtet Benoit kurz aus dem Zimmer, weil er den Spitalgeruch nicht mehr ertragen kann. Regazzoni amüsiert sich königlich.

Er weiß nicht viel — aber das gibt er preis: das Drama am Start, seine Aufholjagd, den Moment des Anpralls. Vom Feuer, von Hailwoods Märtyrertat weiß er nichts. „Ganz dunkel kann ich mich erinnern, daß ich im Ambulanzauto lag, und dann bin ich erst im Spital aufgewacht." Regazzoni lächelt etwas grimmig über Stewarts umstrittenes Manöver, „weil sich doch ansonsten er immer am meisten beschwert", und sagt mitfühlend: „Schade wegen Niki, er hätte gestern Vierter werden können."

Wünsche hat er keine, „außer so schnell wie möglich heimzufliegen, am Dienstag, wie ich dir schon gestern gesagt habe. In 40 Tagen, sagen die Ärzte, sind meine Wunden verheilt." Kannst du also im spanischen Grand Prix wieder starten? frage ich ihn. „Wahrscheinlich schon vorher", sagt Clay, den die Engländer längst „the indestructible" nennen: den unzerstörbaren Regazzoni.

Clays Platz in der Jumbo nach London, die fast den ganzen Formel-I-Zirkus eingefangen hat, bleibt leer. Bei der Zwischenlandung in Nairobi klebt Peter Warr Louis Stanleys ehrwürdigen Rücken mit JPS-Pickerln voll; die gleiche Missetat, die später den Hostessen angetan wird.

Aber der Schlußpunkt hinter dem südafrikanischen Grand Prix ist ernst: Cevert bleibt in Kyalami, um Montag zu testen. Tyrrell hat im März je ein Auto mit vorne innen- und außenliegenden Bremsscheiben, entsprechend verschieden sind die Räder. Doch ein Tyrrell-Mechaniker vergreift sich und montiert das falsche Rad: ohne die vier Schraubenlöcher. Prompt hat Cevert in der gleichen Kurve wie Stewart Bremsdefekt. Auch er wird durch das Maschengitter gewirbelt, auch er bleibt unverletzt.

Zwei Tage später, als ich bei den Skiweltcuprennen in Alaska bin, höre ich von Regazzonis Heimkehr nach Lugano. Mit Bandagen ankommend, hat er seinen Kindern einfach erzählt: „Ein afrikanischer Löwe hat mich angefallen." Als sich Regazzoni später bei Hailwood bedankt, tut er es, als niemand dabei ist. Der Lebensretter wird mit Ehrungen und Pokalen überhäuft. „Aber Mike", glaubt Clay, „steht über diesen Dingen."

Ohne Regazzoni, aber mit Hailwood beginnt die europäische Saison: „Race of Champions" in Brands Hatch, 14 Tage nach Kyalami. Trotz Lotus, trotz McLaren starten zwei BRM aus der ersten Reihe: Beltoise und Lauda. Parnell hat Niki strengstens verboten, Beltoise zu überholen: „Ihr dürft nicht gegeneinander fahren." Artig bleibt Lauda hinter Jean-Pierre, auch als sich Peterson in Führung boxt: bis zum Getriebeschaden. Scheckter ist am Start die Kupplung verbrannt, seine Aufholjagd endet an der Barriere. Beiden BRM-Piloten fliegen die Reifen in Fetzen.

Damit muß Hailwood sein erstes Formel-I-Rennen gewinnen — aber als sich Mike zum 36. Mal mit 230 km/h der Hawthorn-Kurve nähert, bricht ihm rechts hinten die Radaufhängung. Als an dieser Stelle 1971 Jo Siffert starb, war linksseitig nur ein gefährlicher Erdwall. Später wurde ein Maschendrahtzaun montiert — der Hailwoods Surtees, von der rechtsseitigen Barriere quer über die Fahrbahn geschleudert, auffängt. Aber das Auto brennt.

Millionen Fernsehzuschauer erleben live, wie sich Hailwood mit einem Sprung ins Freie rettet, den Helm abnimmt und ins Gras feuert. Ein steifes Genick ist alles, was zurückbleibt. (Sieger wird schließlich Peter Gethin in einem Formel 5000).

Bei den Prototypen geht die Siegesserie der Matras weiter; in der Formel II beginnt Jean-Pierre Jariers Herrschaft mit dem March-BMW; und im 4-Stunden-Rennen von Monza erkämpft Niki Lauda den ersten seiner vielen Siege für BMW-Alpina.

Beim „Daily-Express"-Formel-I-Rennen von Silverstone kehrt Regazzoni in den Zirkus zurück: mit noch nicht verheilten Brandwunden, die aufbrechen und bluten. Fittipaldis Motor geht am Start k. o.; Peterson führt zwei Runden, dann Stewart, bis Jackie durch einen Dreher auf Rang 6 zurückfällt, aber bald wieder zu Ronnie aufschließt. Dieses Kampfduo jagt dem Feld davon, stürzt sich wie im Tiefflug auf zu überrundende Autos, saugt sich durch — eine ähnliche Supershow, wie sie Rindt/Stewart 1969 in Silverstone geboten haben, laut Tyrrell-Chefmechaniker Roger Hill „das Unheimlichste, das ich je gesehen habe". Und nicht Stewart schlägt Peterson, sondern (es ist Aprilwetter) plötzlicher Schneefall, der den Lotus aus der Becketts-Kurve wirbelt . . .

Erster Stewart, Zweiter Peterson, Dritter ein tapferer Regazzoni, Vierter Revson und Fünfter Lauda, obwohl sich schon wieder seine Reifen auflösen, obwohl Parnell aufgeregt „Langsamer"-Signale fuchtelt. „Hast du nicht gesehen?" fragt ihn Tim nachher: wie ein ärgerlicher, aber doch stolzer Vater. Der neue BRM-Beschluß: Lauda fährt künftig alle Chassis-, Regazzoni die Reifentests. Nur Beltoise fällt etwas in Ungnade, weil er sich für eine Marlboro-Präsentation vor dem spanischen Grand Prix „wegen Krankheit" telegrafisch entschuldigt, am gleichen Tag aber, kerngesund, in einem Formel II gesehen wird.

„Voller Einsatz, oder such dir einen neuen Job"

BARCELONA: ZUM JUBILÄUM DER FALSCHE SIEGER

Ab dem spanischen Grand Prix transferiert Andrea de Adamich seine Ceramica-Pagnossin-Sponsorgelder von Surtees zu Brabham. „Andreas Fehler: Er ist so politisch", sagt Surtees, „als Fahrer kann er ganz gut sein, nicht brillant, aber gut." Bernie Ecclestone weiß genau, „daß Andrea nie einen Grand Prix gewinnen wird, aber so schlecht ist er auch nicht." Der Keramik-Geldgeber wirbt ab jetzt nicht nur auf de Adamichs, sondern auch auf Carlos Reutemanns Brabham. Und das, sagt mir der Italiener, ist doch eine gute Antwort an Surtees, oder?

Carlos Reutemann — blitzende Zähne, diabolisches Lächeln, viel Herz, aber unbeständig, fast launenhaft. „Naturbegabung", sagt Ecclestone über seinen Mann aus Santa Fé, „hat er mehr als Stewart und Fittipaldi zusammen. Aber: Manchmal kämpft er wie der Teufel, und manchmal rollt er farblos hinterher. Im Training passiert oft das gleiche: Er fährt fünft- oder sechstbeste Zeit, gibt sich damit zufrieden, redet sich ein, die anderen wären eben besser als er — und versucht nicht, in die erste Startreihe zu stürmen."

Bernie mag die „Top-Professionals": alle, die sich hundertprozentig einsetzen, egal wofür. Selbst wie ein pensionierter Popstar aussehend, ist er gut Freund mit den „Beatles", schätzt Mannequins, die an den Rennen arbeiten „und sich in unserer Box umziehen" — und er hat auch Reutemann nach dem argentinischen Grand Prix ein freundschaftliches Ultimatum gestellt: „Überdenk deine Einstellung zum Rennsport. Entweder vollster Einsatz, oder du findest dir einen anderen Job."

Carlos lebt mit Familie in einer Kensington-Mietwohnung, sucht aber, da seine vierjährige Cora bald ein Brüderchen bekommt, ein eigenes Haus. Um sein Bankkonto aufzubessern, hat ihm Bernie gelegentliche Ferrari-Prototypeneinsätze vermittelt. Was Reutemann braucht, ist Vertrauen in ein sicheres Auto — deshalb fühlt er sich bei Brabham beschützt, im Unterbewußtsein denkend, „daß ja auch Jack Brabham, wäre er noch aktiv, dieses Auto fahren würde". Überhaupt schätzt er am meisten „alle Wagen, die von Rennfahrer-Konstrukteuren gebaut wurden".

Bernie hat ein ähnliches inneres Alarmsystem: Als einmal eine Jumbo in Gefahr geriet, schnallte er sich los und stürmte zum Notausgang — in der rechten Hand den prallgefüllten Aktenkoffer, die Linke am Türgriff. „Und wenn, Gott behüte, einmal etwas passiert, stürze ich vor ins Cockpit und setze mich dem Piloten auf die Schulter, denn er weiß am besten, wo es sicher ist, und dort will auch ich sein."

Ecclestone, der 1973 „ein McLaren-Jahr" erhofft (gute Placierungen, vielleicht ein Sieg), regiert Brabham wie ein Familienvater, fast als „Pate". Daß sein Rennleiter Herbie Blash (früher gemeinsam mit Eddy Dennys an Rindts Formel-I-Lotus) dem Al Pacino aus dem berühmten Film immer ähnlicher wird, kann also kein Zufall sein. Einmal sah ich, wie Herbie im Monza-Fahrerlager Hunderte Fanatiker, die aufs Dach geklettert waren und Einsturzgefahr heraufbeschworen, kalt und mitleidlos mit dem Wasserschlauch hinunterspritzte: die Restaurantszene aus dem „Paten"-Film, in die Formel I transferiert.

Seinem Konstrukteur Gordon Murray hat Ecclestone eingehämmert, „auf gar keinen Fall vorne innenliegende Scheibenbremsen zu zeichnen: Denk an Jochen; und an die Probleme, die Tyrrell hat." Ab dem 1. April gelten für die Formel-I-Wagen, die zumindest 575 Kilo wiegen müssen, neue Sicherheitsbestimmungen, die unter anderem mindestens 10 mm starke, feuerfeste Knautschzonen sowie Sicherheitstanks, die maximal 80 Liter fassen dürfen, vorschreiben.

Ecclestones Reaktion auf das Gesetz ist der wunderschöne, dreikantige BT 42; Ferraris Antwort die englische Thompson-Konstruktion (die, wie schon verraten, Firestone-Ingenieur Bruce Harre vermittelt hat) mit Innenfedern, Front- oder Seitenkühlung und dem Motor als tragendem Teil: eine Ferrari-Revolution. Im Fahrerlager des Montjuich-Parks, hoch über Barcelona, gibt es also genug Formel-I-Modeschöpfungen zu bestaunen.

Der Stadtkurs ist teuflisch. „Als ich hier 1971 das 1000-km-Rennen gewann, fiel ich nachher wie tot aus dem Auto, so erschöpft war ich", erinnert sich Peterson. Reutemann lernt die Strecke zu Fuß; Regazzoni chauffiert den Montjuich-Neuling Lauda um den Kurs, erklärt ihm Schalt- und Bremspunkte; und Jackie Stewart dreht Sightseeing-Runden mit seinem um zehn Jahre älteren Bruder: Jimmy Stewart hat 1952, nach einem schweren Le-Mans-Unfall, auf flehentliches Bitten der Mutter den Rennsport aufgegeben und ist heute wohlbestallter Volvo-Importeur in Glasgow. Mit seinem rundlichen, rosigen Gesicht sieht er aber eher wie Fritz Muliars und nicht wie Jackies Bruder aus.

„Mich erschreckt, wie unsauber viele Piloten fahren", sagt mir Jimmy Stewart während des Trainings, auf sicherem Platz hinter den Leitplanken, während Jackie „fast der Atem wegbleibt, weil zwischen Peterson und den Leitschienen kein Löschblatt mehr Platz hätte". Ronnie hat, um der Fliehkraft in den langgezogenen Kurven entgegenzuwirken, einen speziellen Trick ausgekocht: Er schnallt seinen Helm an der Cockpitwand fest, „wie ich es schon bei den Indianapolis-Piloten gesehen habe". Denny Hulme tut das gleiche. Nun schmerzen die Schultern und der Hals etwas weniger.

Peterson diktiert durchs ganze Training das Tempo. Zweimal, Freitag und Samstag, hämmert er, obwohl das linke Hinterrad blockiert und der Motor im fünften Gang nur 9500 Touren zieht, jene 1:21,8 auf die Bahn, die Pol-Position bedeuten — weit unter dem alten Rundenrekord. Die beiden Lotus sind haargenau gleich abgestimmt, dennoch beklagt Peterson Unter-, Fittipaldi jedoch Übersteuern. Die durch die neuen Bestimmungen nötigen Umbauten haben Emersons Chassis verzogen, die Geometrie stimmt nicht mehr — aber das kauft ihm niemand bei Lotus ab (noch nicht). „Fitti" wechselt also ins Ersatzauto, mit der Chassisnummer 5, das schon 1970 in Monza gelaufen ist: der älteste Wagen im ganzen Feld!

Reutemann fährt langsam das neue Chassis, das neue Getriebe, die neuen Bremsen ein. Jacky Ickx seufzt über 25 Kilo Übergewicht, zu wenig PS, und die schmucke Linienführung des neuen Ferrari tröstet ihn nicht: „Lieber wäre mir, das Auto sieht horribel aus und läuft dafür besser."

Ähnlich mißgelaunt konferiert Tim Parnell mit Regazzoni: Motor? Bad. Bremsen? Bad. Reifen? Terrible, knurrt Clay. „Aber hast du", fragt Pia-Maria Regazzoni, „schon einmal erlebt, daß Clay im Training zufrieden war?" Alle Firestone-Reifen lösen sich nach vier, fünf Runden auf, weil laut Bruce Harre „der Montjuich-Belag so viel Traktion hat, daß sich unsere Reifen wie Eisen dehnen, bis sie brüchig werden — sie sind nicht elastisch genug". Mit dem kleinen Einmaleins läßt sich ausrechnen, was in 75 Grand-Prix-Runden passieren muß. Als Hailwood mit einem faustgroßen Loch im Gummi stoppt, knurrt sogar der vornehmste aller Gentlemen, Rob Walker: „Scheiße." Was bei Rob mehr überrascht, als würde ein Pfarrer von der Sonntags-kanzel fluchen.

Von Reifensorgen unbedrückt, kuriert Jackie Stewart mit steigerndem Einsatz minimale Kinderkrankheiten seines neuen Tyrrell 006. „Ich spüre: Dieses Auto wird zu einer guten Waffe, es hat's in sich, doch muß noch alles 'rausgetrimmt werden", vertraut mir Jackie hoffnungs-voll an. In der schnellen Rechtskurve unten im Montjuich-Park trimmt Jackie offenbar zuviel, kann das Übersteuern nicht mehr korrigieren, „und ein paarmal küsse ich die Leitplanken".

Da der Motor nicht mehr anspringt, steigt Stewart aus und schiebt das Auto weg. Sein Fehlen alarmiert die Tyrrell-Box, bis Graham Hill bei seiner nächsten Boxenpassage beruhigende Signale gibt. Aus un-freiwilliger Sympathie zu Jackie wirbelt später Cevert an haargenau der gleichen Stelle in die Leitschienen, doch ist François in der End-abrechnung um 0,5 schneller als sein Teamkapitän; zum erstenmal! Gerührt schnallt Stewart seine goldene Rolex ab und schenkt sie François. „Ein denkwürdiger Tag für dich", sagt er neidlos, was dem Franzosen Komplimente abringt: „Jackie könnte auch sagen, er habe Probleme gehabt, was ihm jeder abkaufen würde; aber nein, er lobt mich."

Die GPDA-Konferenz löst Probleme aus. „Los Guardias", die spa-nischen Polizisten mit ihrem Dreispitz, werfen die Rennfahrer aus dem Schwimmbad und dann auch aus dem Pressegebäude, „weil ihr keine Presseausweise habt". Fittipaldis zaghafter Hinweis, er wäre der Weltmeister, geht glattweg unter, und Regazzoni (wer sonst?) bekommt wegen grimmigen Dreinschauens einen Gummiknüppel über den Kopf gezogen.

Am Rennmorgen visitiert Prinz Juan Carlos samt Gefolge das Fahrer-lager, besucht Lotus und Tyrrell, geht aber ohne Seitenblick, fast nase-rümpfend, am McLaren des „Gesellschaftsmuffels" Denny Hulme vorbei. Stewart und Cevert beschließen, härtere und etwas lang-samere, aber dafür sichere Reifen aufzuziehen. Lotus gambelt. „Es wird ein langer, harter Weg", sagt mir Peterson, der immer noch seinem ersten Grand-Prix-Sieg nachläuft, „aber einmal muß es ja das erste Mal sein; vielleicht heute". Fittipaldi, nur auf dem siebenten Startplatz, rechnet sich keine Gewinnchance aus. Ickx versucht, „ein paar Punkte zu holen, mehr wird unmöglich sein". Und die BRM-Piloten erwarten gefaßt ihren Kreuzgang.

Im Morgentraining zerreißt Hailwood der Motor; die 90 Minuten bis zum Start reichen nicht mehr, um ihn auszuwechseln. Mikes Platz in der fünften Reihe, vor Lauda, bleibt leer. Mit einem Superstart schießt Peterson in Front; die zwanzig Autos hinter ihm sind zu einer Kette zusammengeschweißt, halten einander auf, weil im Pulk fahrend die Haarnadeln oft 100 Meter früher angebremst werden müssen. Mit fast zwei Sekunden Guthaben kommt der schwarz-goldene Lotus mit dem blau-gelben Helm aus der Startrunde zurück; hinter ihm eingekesselt: Hulme, Stewart, Cevert, Beltoise, Lauda, Fittipaldi, Reutemann, Regazzoni und der Rest.

Dann flüchtet Stewart, und hinter ihm formiert sich eine ineinander-verkeilte Dreiergruppe mit Hulme, Cevert, Fittipaldi. Aber Denny verliert drei Auswuchtgeschosse und muß in der 20. Runde Reifen wechseln — was im 26. Umlauf auch Cevert passiert: „Ich glaube, daß ich mir schon in der Aufwärmrunde rechts hinten einen Stein ein-gefahren habe, überlege aber: Wenn jeder Reifen wechseln muß, dann lasse ich auch gleich rechts vorn ein neues Rad aufziehen, dann habe ich's hinter mir."

In 14. Position stürmt Cevert ins Rennen zurück, das sich längst aufsplittert, weil de Adamich ein Rad verloren und die Serie der BRM-Boxenstops begonnen hat. Seltsam nur, daß Beltoises Reifen die Distanz durchhalten: Jean-Pierre hat das komische Glück, daß nach seinen Vorder- auch seine Hinterreifen bröslig werden, so daß der BRM plötzlich wieder in Balance ist — sofern er drei Sekunden langsamer bewegt wird. Ickx verliert sämtliche Bremskraft.

Bei Halbzeit führt Peterson sechs Sekunden vor Stewart; weit zurück folgt Fittipaldi als einsamer Dritter; dahinter kämpft Reutemann Revson nieder, weil der McLaren nur noch auf sieben Zylindern läuft: ein Zündkabel ist herabgefallen. Ronnie fährt ein traumhaftes Rennen: sauber, sicher, materialschonend und keineswegs am Limit.

„Ich könnte pro Runde mühelos um zwei, drei Sekunden schneller sein, aber Stewart macht mir nicht die geringsten Sorgen." Auch Jackie weiß, „daß ich Ronnie heute nicht mehr catchen kann", um so mehr, als der Tyrrell zu vibrieren beginnt. Argwöhnisch geworden, verlangsamt Stewart fünf Runden lang das Tempo, fährt aber dennoch 270 km/h, als er zum 47. Mal über die Bodenwelle der gekrümmten, etwas abschüssigen Geraden springt — und aus Höchstgeschwindigkeit die Haarnadel anbremst.

Rechts vorn — keine Wirkung! Der Tyrrell bricht scharf nach links aus, doch Jackie ist gewarnt, läßt sofort die Bremse los und schlittert geradeaus weiter; in den Notauslauf. „Es war wie bei Jochen in Monza", erklärt er mir später, nimmt meinen Notizblock und zeichnet auf: „Bei Jochen brach, glauben wir, die Bremswelle; bei mir eines der vier Metallbänder, die Bremswelle und Bremsscheibe verbinden."

Wie eine Schnecke kriecht der Tyrrell zu den Boxen zurück, und für Peterson fliegt das Signal „ + 35 FITTI" an den Streckenrand. Ronnie scheint endlich sicher und trocken heimzukommen; „denn vorsichtiger als ich kann kein Mensch mehr fahren. Ich zwinge mich, nicht ans Gewinnen zu denken; aber das wird von Runde zu Runde schwieriger." Nie zuvor sind Peterson und der Lotus so zur Einheit verschmolzen wie in Barcelona; und noch nie hat der Schwede seinen Stil so sehr dem Auto angepaßt. Dafür winkt jetzt der Lohn. Doch die ersten Probleme überfallen Ronnie wie Zahnweh: Gänge zu wechseln wird immer kniffliger. Als erster Gang fällt der fünfte aus, dann der dritte. Chapman kann das Problem sehen, obwohl Ronnie keine Signale gibt. „Wir haben bei Lotus ein Gesetz: Solange das Auto halbwegs läuft, gibt der Pilot keinerlei Notzeichen. Helfen kann ich ihm ohnehin nicht, warum also die Konkurrenz unnötig hellhörig machen?"

Doch Peter Kerr von March, Ronnies langjähriger Mechaniker, kann riechen, daß die Lotus-Gearbox dem Zusammenbruch nahekommt. Neun Runden vor Schluß: Das Kegel- und Tellerradlager bricht, der Lotus bleibt am untersten Punkt der Strecke liegen. Enttäuschter denn je, gedemütigt vom Material, macht sich Ronnie auf den bitteren Fußmarsch zurück zur Box. „Unfaßbar, heute warst du überfällig", empfängt ihn Chapman melodramatisch, und weinend hockt Ronnies

Mechaniker Steve auf den Leitplanken — doch jetzt reißt die geänderte Frontlage bereits alle mit:
Fittipaldi führt mit einem hinkenden Lotus, aus dessen linkem Hinterreifen seit zehn Runden Luft strömt, und Reutemann nähert sich ihm rasch; anfangs mit 0,3, jetzt mit 0,5 Sekunden Gewinn pro Runde. Emerson sagte einmal über Carlos: „Er ist den Kampf nicht gewöhnt und dreht lieber allein seine Runden; wahrscheinlich, weil das in den argentinischen Langstreckenrennen so Sitte war." Dazu Reutemann: „Jeder fährt lieber einsam sein Rennen. Wenn du Gegner im Nacken hast, bist du automatisch langsamer, weil du deine Kampflinie variierst, den Rückspiegel überwachst — im Vorteil ist immer derjenige, der dem Vordermann näher kommt. Wenn du aufholst, wächst dein Selbstvertrauen. Weil eingeholt zu werden für den anderen das Schlimmste ist."
Reutemann fährt konstante Rundenzeiten; seit 19 Runden sieht er den Lotus vor sich, anfangs klein, als Farbklecks, jetzt immer größer. „Emerson muß ein Problem haben, denn sonst holst du den Weltmeister nicht so leicht", denkt Carlos. „Fitti" muß bereits alle Risken eingehen, den Lotus in unmöglichen Winkeln durch die Kurven räuspern, um sich vorn zu behaupten.
6—5—4—3, 8—3, 4 Sekunden: Reutemann spürt die Erregung im Publikum, sieht, „daß von den Fotografen keiner weicht und in der Lotus-Box alles auf die Stoppuhren blickt: mit jedem Mal besorgter". Vielleicht, fühlt Carlos, der Emotionelle, „wird das mein ‚moment of glory', der größte in meinem Leben, denn vielleicht gewinne ich nie wieder einen Grand Prix".
Fittipaldi, Chapman — alle wissen, daß Lotus dieses Rennen verlieren muß. Reutemann arbeitet schon aus, „daß ich Emerson in zwei, drei Runden vor den Boxen überholen kann". Noch neun Runden, da saust für Reutemann (seine Worte) schlagartig, ohne jede Vorwarnung die Guillotine herunter und köpft seinen Sieg: Überhitzte Gelenke — ein loser Bolzen — die Antriebswelle bricht mitten in der Zielkurve. In einer Rauchwolke rollt der Brabham in die Box; vorbei an den sprachlosen Lotus-Monteuren; Fittipaldi hat in den Rückspiegel geschaut und ist grenzenlos erleichtert.
Reutemann sagt: „Ten minutes for the glory — now nothing."

Fittipaldi kriecht förmlich dem Ziel entgegen; nur die Sicherheits-
bolzen halten den Gummi noch auf der Felge. Als der Alptraum
vorbei ist, wirft Chapman theatralischer denn je seine Mütze vor
Emersons Vorderräder. Der 50. Grand-Prix-Sieg eines Lotus ist mit
Angstschweiß erkauft worden.

42,7 Sekunden später kommt der Zweite an: Cevert, trotz Boxenstop,
nach rundenlangem hitzigem Duell mit Folmer, über dessen Kampf-
weise sich François später beschwert. „Aber Follmer wird nicht dafür
bezahlt, daß er sich überholen läßt", verteidigt Ickx den Amerikaner.
In den Rundentabellen herrscht heillose Verwirrung. Sogar Jacqueline,
die Schwester von Cevert und Frau von Beltoise, verkündet im französischen Fernsehen irrtümlich Jean-Pierre als Zweiten und François
als Siebenten.

Follmer ist ein bremsenloser Dritter; Revson nach Traktorfahrt mit
sieben Zylindern Vierter; Beltoise tatsächlich Fünfter und Hulme trotz
zwei Boxenstops Sechster. Auch von ihnen wäre fast jeder der logische
Sieger gewesen.

„Sorry, Ronnie, mir tut schrecklich leid um dich. Es war nicht mein
Rennen, sondern deines, und du hättest es auch ganz bestimmt
gewonnen": Emerson entschuldigte sich beinahe für seinen Sieg.
Ronnie seufzt und zwingt sich zu einem tapferen Lächeln: „Next
time", sagt er, aber seine Braut Barbro fügt an: „Mein Gott, wie oft
haben wir das schon gesagt."

Die Inspektion der beiden Lotus ergibt Erstaunliches: Peterson hatte
außer dem Getriebe- auch einen Reifenschaden. Und Fittipaldis
Getriebe hätte, weil gleichfalls bereits angebrochen, bestenfalls noch
wenige Minuten gehalten. „Emerson hat eben alles Glück für sich,
ich alles Pech gegen mich", sagt mir Ronnie leise.

Reutemann hat es nicht übers Herz gebracht, den Zieleinlauf samt
folgendem Siegerrummel anzuschauen: Er ist gleich ins Hotel geflüchtet. Dort berichtet ihm Bernie später von Emersons Reifenschaden.
Tags darauf, als Carlos die Zeitungsfotos sieht, Fittipaldi im Lorbeerkranz und mit Pokal, spürt er ein Kratzen im Hals. „Vier Nächte
lang", gesteht er mir, „kann ich nach Barcelona nicht schlafen."

Mike Hailwood, der nicht mitfahren konnte, ertränkt seinen Kummer
in der „Boccacchio"-Bar von Barcelona, aus der ihn John Surtees im

Morgengrauen huckepack nach Hause schleppt. „Würde man ein Filmdrehbuch mit solch einem verrückten Rennen schreiben, kein Mensch glaubt das", resümiert Colin Chapman den spanischen Grand Prix, nicht ahnend, was 1973 noch alles auf dem Spielplan stehen wird.

ZOLDER: DER STREIT AUF OFFENER BÜHNE

Das „Pits"-Hotel von Zolder ist mit vielen Jochen-Rindt-Fotos tapeziert. „Jochen war der große Mann von Zolder", sagt Rennsekretär Hermann Vanderweyden, doch Bernie Ecclestone korrigiert: „Jochen war ein großer Mann überall." Die Erinnerungen anderer Fahrer an Zolder sind gemixt: Cevert ist hier einmal in eine Formel-II-Karambolage geraten; Stewart hat in der Formel II mit Hill kollidiert; und Lauda sogar mit einem Rettungswagen. Bill Ivy, der zottelhaarige Motorradchampion, überschlug sich in der Senke mit einem Formel II, was man ihm aber erzählen mußte, „weil ich sofort beide Augen zugemacht hatte". Das Auto landete auf den Rädern (eine Woche später stürzte Ivy am Sachsenring zu Tode).

Zolder ist eine Rennstrecke, die wie ein zu knapper Anzug unter den Achseln zwickt: eng, winkelig. „Ganz bestimmt nicht der beste Platz, um den belgischen Grand Prix auszutragen", gibt Jackie Ickx offen zu. Die laut Stewart „total illegale", gefährliche Ardennenpiste von Spa wird für die Formel I boykottiert, und die sichere, fast synthetische Bahn von Nivelles hat Pause, weil einmal die Flamen, einmal die Wallonen drankommen.

Fittipaldi, als GPDA-Inspektor für Zolder auserkoren, hat Horrorgeschichten erzählt. Teils fehlen die Leitplanken, dafür drohen Bäume am Pistenrand. Und der neue Asphalt ist sogar bei einem Tourenwagenrennen aufgebrochen; unter dem Hagel aus Steinen und Teerbrocken gingen 12 von 15 Windschutzscheiben in Trümmer. Fittipaldi und Hulme (für die GPDA), Tyrrell und Kerr (für die Formel-I-Konstrukteure) und Le Guezec (für die CSI) stellen Ultimaten: bis Montag vor dem Rennen reparierter Asphalt — oder der belgische Grand Prix ist geplatzt.

Die Kosten der Belgier wachsen. Aber Dienstag um 21.57 Uhr kommt das erlösende Fernschreiben des CSI-Funktionärs Le Guezec: „Das Rennen findet statt."

Nie zuvor (und auch noch nie danach) sind die vier Machtgruppen des Grand-Prix-Sports derart hart aneinandergeprallt wie in den Tagen von Zolder; teils im offenen Kampf, teils im Guerillakrieg. Sehen wir also diese vier Körperschaften näher an:

Die CSI ist die Sportkommission des Automobilweltverbandes (FIA) und besteht durchwegs aus honorigen Herren, an denen aber die stürmische Entwicklung des Grand-Prix-Sports zum Teil vorübergegangen ist. „Noch nie", seufzte Stewart schon 1969 in Monaco, auf dem Höhepunkt des Streits um die Heckflügel, „hat dem Motorsport eine fachkundige Regierung so sehr gefehlt wie jetzt." Die CSI faßt nur zögernd Beschlüsse und vertritt sie nicht immer hart genug.

Beispiel: Laut CSI muß eine Strecke zwei Monate vor dem Rennen absolut „startbereit" sein (ausgenommen die Straßenkurse von Monaco und Barcelona), und das trifft für Zolder nicht zu. Weiters verlangt die CSI: Feuerlöscher alle 50 Meter, Feuerbekämpfung ab der 15. Sekunde nach einem Unfall, Eintreffen der Feuerwehr spätestens in der 30. Sekunde. „Aber wir können", sagt Sportkommissär Schmitz, „nur der Zahl nach überprüfen, nicht jedoch den Geist der Leute." Kein Wunder, grollt Max Mosley, „wenn die CSI-Leute die meiste Zeit in den Sponsorzelten saufen."

Dreierlei müßte die CSI tun: Ihre Vorschriften strenger überwachen; die Technik etwas einschränken (etwa die Breite der Reifen, die Kurvengeschwindigkeiten fast schon in Horror-Bereiche erlaubt, limitieren); und veraltete Strecken auf den neuesten Standard bringen (wobei Fanggitter und weite Sturzräume sicherer sind als schlecht montierte Leitplanken). Aber die CSI verteidigt gern den Geist der Vorkriegsstars, die laut Huschke von Hanstein „mit dem Staubkäppchen auf dem Kopf und mit 700 PS um die deutschen Eichen herumfuhren, ohne sich zu beschweren".

Die Veranstalter von Großen Preisen — zusammengeschlossen in der „GPI" — sind durchwegs willig, verdienen aber zweifellos am großen Spektakel, denn 8,5 Millionen Schilling (so hoch waren die Gesamtkosten des österreichischen Grand Prix 1973) riskiert niemand aus christlicher Nächstenliebe. Und die Sicherheit kostet Geld. Die Ge-

meinde von Zolder wendet 6 Millionen Schilling für Asphaltierung und Leitplanken auf; die Zandvoort-Herrschaften treiben auf abenteuerliche Weise 17,5 Millionen auf und bewegen an 50 Arbeitstagen 2,7 Millionen Kubikmeter Sand, um ihren Dünenkurs zu modernisieren; Monte Carlo zaubert noch mehr Kurven in seinen malerischen Stadtkurs, um zusätzliche Tribünen zu bauen, also mehr zu kassieren; und in Monza können die längst geforderten, entschärfenden Kurven nur deshalb nicht gebaut werden, weil keine Bäume geschlägert werden dürfen.

Man sucht und findet Mäzene: Der RAC verkauft seinen „British Grand Prix" für sechs Millionen an John Players; Schweden freut sich über drei Millionen des japanischen Konzerngiganten „Hitachi", der von Kugelschreibern bis 220-km/h-Eisenbahnen alles fabriziert; und der Österreichring über 1,5 Millionen von Memphis.

„Ein Veranstalter", erinnert sich Tim Parnell, „hat uns einmal ‚Bastards' beschimpft, weil wir viel Geld verlangen. Das ist unfair: Entweder er spielt unser Spiel mit — oder er versucht uns auszutricksen." Was aber bei blitzgescheiten Herren wie Ecclestone und Mosley nur schwer möglich ist, grinst Williams. Die Formel-I-Konstrukteure, so hart sie einander bekämpfen, so gern sie gegeneinander protestieren, halten zusammen wie Pech und Schwefel, sobald es ums Geld geht.

Zum Beispiel: Die englischen Grand-Prix-Veranstalter wollen weniger bezahlen, als die Konstrukteure fordern, verlassen sich darauf, „daß John Player ja Lotus zum Starten zwingen wird" — aber Chapman hält zu den anderen, weil er sie für Monza braucht: Wenn dem von der italienischen Staatsanwaltschaft wegen Jochen Rindts Todessturz angeklagten Colin nicht freies Geleit zugesichert wird, dann verzichtet nicht nur Lotus, dann verzichten alle auf den italienischen Grand Prix.

Die Formel-I-Konstrukteure sind eine Rütlischwur-Bruderschaft, gegen die niemand ankommt. Ecclestone und Mosley kümmern sich ums Geld, Tyrrell und Mayer um die Sicherheit, Warr überwacht die Reglements. Der Kuhhandel um Start- und Preisgelder hat längst aufgehört, kein Veranstalter kann mehr mit einzelnen Teams feilschen, Erpressungsversuche wie 1968 von Ferrari in Monte Carlo sind chancenlos — denn der Formel-I-Wanderzirkus hat, wo immer er seine Zelte aufschlägt, seinen fixen Preis: 65.000 Pfund, knapp drei Millionen Schilling, im Jahr 1973; und jedes Jahr um 15 Prozent mehr. Warum ausgerechnet in abwertungsbedrohten Pfunden? „Wir verlieren durch die Abwertung ja nichts, weil wir auch unsere Motoren in Pfunden bezahlen, aber für die Veranstalter werden die Rennen billiger", erklärt mir Mosley. „Außerdem sind Bernie und ich keine Geldwechsler."

Mr. Mackintosh, der Generalsekretär der Konstrukteursvereinigung, kassiert an jedem Grand Prix das 65.000-Pfund-Pauschale und schickt an die Teams — nach genau errechnetem Erfolgs- und Leistungsprinzip — die Schecks. Auch an die neugeborenen Rennställe, die Vollmitglieder erst werden, wenn sie 80 Prozent aller Vorjahrsrennen mitbestritten haben. Charterflüge, zumeist mit der „British Caledonian", halten die Reisespesen in Grenzen.

Was kostet eine Rennsaison mit zwei Piloten? 260.000 Pfund, hat Ford aus der Bilanz dreier Teams (Lotus, Tyrrell, McLaren) als Durchschnittswert errechnet. Die Konstrukteure jammern immer, sie hätten zuwenig Geld. Doch muß ihnen mehr als nur Taschengeld bleiben, wenn Jack Brabham, der als Mechaniker anfing, sich als Millionär zurückziehen konnte; wenn Chapman, der sich, um Lotus gründen zu können, 50 Pfund von seiner späteren Frau Hazel ausgeborgt hat, heute im Reichtum schwimmt; und wenn Enzo Ferrari rund um Maranello Ländereien besitzt. „Oder hat er", fragt der frühere Ferrari-Rennleiter und heutige Starreporter Franco Lini, „vielleicht seine Millionen im Totocalcio gewonnen?"

Ken Tyrrell sagte einmal, er könne sich weder ein Traumhaus noch ein Flugzeug leisten, „weil ich Jackie Stewart bezahlen muß". Damit sind wir bei der „Grand Prix Drivers Association" (GPDA), dem wohl schnellsten und exklusivsten Klub der Welt.

„6. Juli: 50 Franken Mitgliedsbeitrag von Rindt erhalten. 7. Juli: 50 Franken Mitgliedsbeitrag von Amon. 8. Juli: 39,50 Franken Ausgaben, Blumen für Jo Schlesser", las ich in der GPDA-Jahresbilanz 1968. Was damals noch halb wie ein Kameradschaftsbund, halb wie ein Sparverein anmutete, wird heute professionell betrieben. Seit Buenos Aires gibt es keinen einheitlichen Mitgliedsbeitrag mehr: Der Sieger *zahlt von seinem Preisgeld 150 Pfund, der Zweite 120, der Dritte 90 etc., was der sparsame Lauda als echten Fortschritt beklatscht: „Warum auch soll ich genausoviel berappen wie einer, der immer gewinnt?"*

Die pausenlosen Streckenbesichtigungen fressen viel Zeit. Deshalb sucht die GPDA einen hauptberuflichen Inspektor: möglichst ein ehemaliger Pilot, vielsprachig, diplomatisch, juristisch gebildet — ein Job, für den sich Helmut Marko förmlich aufdrängt. Aber er will nicht von Graz nach Genf auswandern.

Neuer GPDA-Präsident ist seit 1. April, als er Stewart ablöste, Denny Hulme, aber Jackie bleibt der Sturmführer in allen Feldzügen für die Sicherheit: „Irgend jemand muß sich darum kümmern, und wenn niemand, dann eben die GPDA." Rennfahrervereinigung — das ist ein Widerspruch in sich. Männer, die Woche für Woche, oft mit letzter Härte, gegeneinander fahren, die sich alle durch gleichlautende Verträge („keine Klage nach einem Unfall, egal, ob fatal oder nicht") ihren Teams ausgeliefert haben, sollen plötzlich gleicher Meinung sein?

Als Stewart einmal in Watkins Glen Unterschriften für den Spa-Boykott sammelte und Tim Schenken schon zum Kuli griff, warnte ihn Peter Schetty: „Denk dran, daß in Spa auch ein Prototypenrennen läuft. Wenn du dagegen unterschreibst, wirft dich Enzo Ferrari 'raus!"

So ist es mit vielen Dingen. „GPDA-Entscheidungen", hänselt der aus dieser Union ausgetretene Jacky Ickx, der genau wie früher Rodriguez und Siffert auf jeder Strecke, bei jedem Wetter zu starten bereit ist, „sind keine Entscheidungen." Und Carlos Pace rügt: „Wir haben den Mut zum Rennfahren, aber nicht den Mut, Beschlüsse zu fassen."

Konferenzsprache ist Englisch. Zumeist übersetzt Cevert für Regazzoni. Hailwood legt seinen Krimi nur weg, wenn er abstimmen muß: bei der Notengebung für den vorhergegangenen Grand Prix.

Was tun sie selbst für ihre Sicherheit? Fast alle Piloten haben fürs 50 Millionen teure fahrbare Grand-Prix-Spital (Louis Stanleys Idee) Geld gegeben. Aber die wenigsten wissen, daß dessen Röntgenapparat altersschwach ist und, weil zu locker, nur verwackelte Bilder gibt. Denny Hulme erschien als erster mit dem „Life-Supporter" im Cockpit, dem Lebensretter für den Fall eines Feuerunglücks, der mit dem (automatischen) Bordfeuerlöscher gekoppelt ist: Sobald dieser losgeht, wird durch einen Schlauch Oxygen in den Sturzhelm des Piloten gesprüht. Niki Lauda übernahm die Hulme-Idee als erster, danach Stewart, Cevert, Fittipaldi. Aber den anderen schien es offenbar zu mühevoll, ein Loch in den Helm zu bohren.

Und obwohl Helmut Markos Steinschlag-Unglück 1972 die Grand-Prix-Familie aufgerüttelt haben müßte, fahren außer Stewart nur zwei, höchstens drei Piloten mit bruchsicherem Visier.

Im ersten Zolder-Training gelingen Fittipaldi, Hailwood und Lauda die schnellsten Zeiten, aber, wie befürchtet, ist die Straße aufgebrochen: Der neue Asphalt schwimmt auf dem alten Asphalt; ein Tritt mit dem Absatz hackt ihn bereits auf. Fünf Piloten, Reutemann, Hailwood, Beltoise, Jarier und Follmer, fliegen wehrlos von der Bahn. „In genau 14 Minuten", vergattert Hulme den Rennleiter, „müssen Sie abwinken. Nachmittags haben wir eine große Entscheidung zu treffen. Entweder ihr bessert den Belag aus, oder wir sagen das Rennen ab. Ja, so schlimm ist das; und so simpel." Mit Fittipaldi und Peterson hockt Denny auf der Boxenmauer, alle drei mit mürrischem Gesicht, und der GPDA-Boß ersucht mich: „Heinz, versuche, ob du Stewart finden kannst. Es ist wichtig." Als ich Jackie in seinem Wohnwagen aufstöbere, ächzt er: „Können sie nicht ihr Business allein machen? Warum muß immer ich den Dreck auf mich nehmen?"

Die Piloten ziehen sich zur Beratung in den „Texaco"-Bus zurück — hermetisch abgeschirmt. Nach einer Stunde winken mich Hulme und Peterson herein: „Hilf uns bitte, ein Kommuniqué zu verfassen, um zu erklären, warum wir nicht fahren können." Die Konferenz währt endlos. „Aber lieber", erklärt Hulme gegen 20 Uhr einem Ungeduldigen, „warte ich hier die ganze Nacht auf einen Beschluß, als am Montag zu einem Begräbnis zu müssen."

Gegen 21 Uhr wirft Jacky Ickx seiner Frau Catherine die Autoschlüssel zu: „Fahr nach Hause." Drinnen im Bus wird dreimal abgestimmt, dreimal die Absage beschlossen, was einige Fahrer erschrocken auffahren läßt: „Um Himmels willen, das können wir nicht tun." Nunmehr entsetzt sich Wilson Fittipaldi: „Ja, haben wir alle schon Helmut Marko und Clermont-Ferrand vergessen?" Ickx sagt offen, er würde fahren, und draußen erklärt auch UOP-Chef Don Nichols, seine Autos wären startbereit.

Als erstem der Konstrukteure reißt Ken Tyrrell die Geduld. Er stürmt in den Bus und verkündet: „Meine beiden Wagen werden starten." Stewart erblaßt: „Dann mußt du aber selbst einsteigen, Ken. Hier hast du meinen Sturzhelm." Darauf weist Hulme Tyrrell die Tür.

Währenddessen spielen Ecclestone und Mayer eine beinharte Poker-partie. Worum es im Zolder-Poker geht, ist leicht erklärbar: Die Piloten wollen sich, sosehr sie im Recht sind, nicht die Verantwortung für den weltweiten Skandal einer Absage aufhalsen lassen; die Konstrukteure wollen nicht absagen, weil sie sonst vertragsbrüchig werden und um ihre 65.000 Pfund umfallen. Längst sind Baggerfahrzeuge in der Arena und versuchen, die bösesten Wunden der Strecke zu verpflastern — kommandiert vom verantwortlichen Straßenbaumeister, der aussieht, als stünde er kurz vor der Hinrichtung.

Samstag wird ab 10 Uhr weiterkonferiert. Der Druck verschärft sich in zwei Richtungen: Konstrukteure gegen Fahrer — und beide gegen die Belgier. John Surtees dringt in den Bus und packt Hailwood am Kragen. Später poltert ein wütender Tim Parnell durch die Tür und herrscht seine Piloten Regazzoni, Beltoise und Lauda an: „Wenn ihr nicht trainiert, muß ich Louis Stanley Meldung machen." Hulme und Stewart werfen den BRM-Rennleiter gemeinsam hinaus.

Die Atmosphäre im GPDA-Bus wird immer nervöser. Bereits hört man, wie Jackie Ickx den 12-Zylinder-Ferrari anwärmt ... und gleich darauf, ein einsamer roter Punkt, der um Zolder kreist, immer schnellere Runden dreht. Tyrrell und Chapman drücken gemeinsam die Stoppuhren: „Noch ein paar Runden, und Ickx hat Pol", tauschen sie einen unheilschwangeren Blick. Im Bus werden die Brasilianer immer zappeliger. Doch erst um 14.08 Uhr unterschreiben die Belgier das Ultimatum: Sie werden selbst den Grand Prix absagen, wenn der Belag im Abschlußtraining wieder bricht — und sie zahlen in diesem Fall den Konstrukteuren die volle Summe von 65.000 Pfund aus. Und wenn es sie bankrott macht? „Jeder hat einmal im Leben ein Problem", sagt Ecclestone, achselzuckend und mitleidlos.

Jetzt können die Grand-Prix-Fahrer zu ihren Waffen greifen. Das Unerwartete trifft ein: Der Belag überlebt die Tortur, und die Teams können wieder ihre eigenen Probleme lösen. Bei BRM hat Laudas Mechaniker, der in der Nacht die Hoteltreppe hinuntergefallen ist, den Arm in Gips; und der BRM-Motorenfachmann mit der piepsenden Stimme, den alle nur „Blizzard" oder „Hurricane" nennen, sitzt mit Brustkorbprellung acht Stunden bei der Polizei. Er hat nach ein paar Bieren vergessen, daß er nicht in England ist, und sein Leihauto nach links verrissen, als ein Bentley entgegenkam ...

Ken Tyrrell hat, durch die Serie von Bremsdefekten längst alarmiert, nach Barcelona die Firma Girling ersucht, ihn aus dem Exklusivvertrag zu entlassen, worauf Designer Derek Gardner die Ärmel hochkrempelte: „Ich mußte drei neue Bremssysteme konstruieren — für Girling, für Lockheed und für außenliegende Bremsscheiben." Stewart rechnet mir vor: „Mit innenliegenden Bremsen kann ich, weil die ungefederten Massen an den Wagenkörper gerückt werden, pro Runde um 0,7 schneller fahren" — aber ist das Risiko so viel wert? Als der Tyrrell erneut zu vibrieren beginnt, genau wie in Barcelona vor dem Bruch, rollt Jackie an die Box: „Wir können nicht schon wieder einen schweren Unfall riskieren." Gardner beginnt sofort das Auto umzubauen. „Mit innenliegenden Bremsen", lächelt Tyrrell stolz, „haben wir das Training begonnen. Und mit außenliegenden werden wir es beenden."

Cevert ist fast durchs ganze Training Schnellster, aber dann passiert Tyrrell ein Fehler: „Ich lasse andere Reifen montieren, von denen ich dachte, sie wären noch schneller — aber sie sind langsamer." Für Goodyear ist Zolder ein „green track", absolutes Neuland; und 800 Reifen auszusortieren frißt eben Zeit. Peterson schnappt Cevert in letzter Sekunde die Pol-Position weg. „Wie groß", fragt Ed Alexander den Schweden, „schätzt du den Unterschied zwischen unseren Qualifikations- und Rennreifen?" Zwei Zehntel, meint Ronnie.

„Peterson ist aufgedreht, übererregt: Pol-Position, den ersten Sieg vor Augen, na du weißt ja", flüstert mir Hulme zu: der Abgeklärte, der alles weiß, alles schon erlebt hat. Auch die Troubles mit den Ferodo-Bremsbelägen, die plötzlich den ganzen Formel-I-Zirkus heimsuchen.

Peterson bekommt neue Bremsscheiben und -beläge, die er Sonntag früh, im inoffiziellen Training, einfahren muß; dazu kalte Reifen. „Und mit all diesen Dingen bremse ich zu spät die Schikane an." Ronnie schlägt Heckflügel und Öltank ab, kommt zu Fuß an die Box,

„Ten minutes for the glory, now nothing" — Reutemann in Barcelona

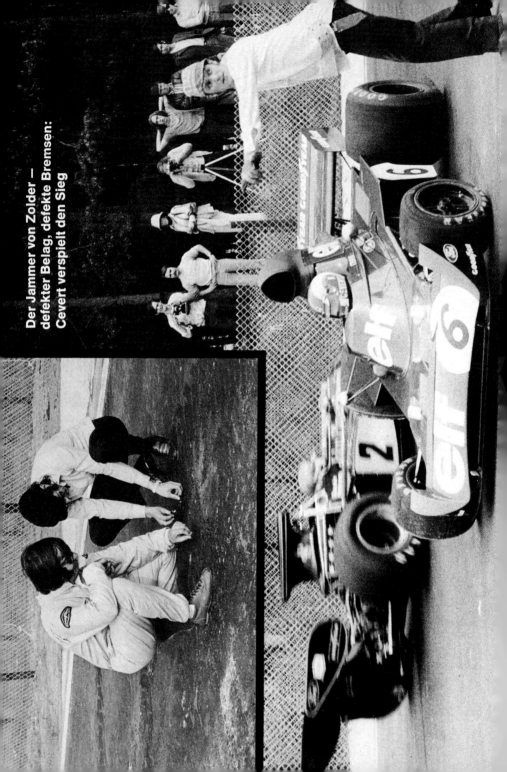

Der Jammer von Zolder — defekter Belag, defekte Bremsen: Cevert verspielt den Sieg

François Cevert — längst mehr als Stewarts Leutnant

Sternstunde in Monte Carlo – Traumvertrag für Niki Lauda (von den Stanleys)

„Racing for fun" — James Hunt und der dicke Lord

Zu lange um seinen ersten Grand Prix-Sieg betrogen — Ronnie Peterson, schnellster Mann des Jahres

und Chapman setzt ihn ins Ersatzauto, das Peterson ein paar Runden um den Kurs treibt, ehe er die Box ansteuert: „Ich grüble, was an meinem Rennwagen alles kaputt sein könnte, und bin unkonzentriert. Zehn Zentimeter weg von der Ideallinie, auf Sand, der wie Glatteis wirkt" — und schon kracht er in der Kurve vor dem Tunnel gegen die Leitplanken.

Fittipaldi bringt den autostoppenden Ronnie an die Box zurück. Auf die Mechaniker wartet Akkordarbeit, und Chapman sagt zu Peterson: „Wenigstens bist du in einem Stück", ehe er sein beiges John-Players-Hemd gegen das weiße Texaco-Leibchen vertauscht, denn für Prominenz und Weltpresse wird der neue Lotus-Formel-II („Texaco Star") präsentiert. Nur Ronnie läßt sich entschuldigen: „Ich muß ein paar Minuten relaxen."

Ken Tyrrell vergattert Stewart und Cevert zum Kriegsrat: „Fittipaldi führt in der Weltmeisterschaft gegen Stewart 31:19, höchste Zeit also, daß wir uns etwas einfallen lassen." Zum erstenmal verabredet die Tyrrell-Truppe Renntaktik: „Sobald ihr beide auf den Drittplacierten 20 Sekunden Vorsprung herausgebolzt habt, kommt ein Signal heraus: nicht mehr gegenseitig überholen, Positionen halten."

Reutemanns Öltank leckt, hastig stopft ihm Bernie Taschentücher unter den Hintern. Wie in Barcelona schießt Peterson, von den beiden Morgen-Dramen unbeeindruckt, sofort in Führung, aber nur für eine Runde: Dann kommandiert Cevert. Ickx ist Dritter vor Hulme, Reutemann, Beltoise, Pace, Stewart, Fittipaldi und Lauda, den die prominente Umgebung offenbar stimuliert: „Gleich am Start fahre ich Regazzoni vor, und Beltoise verliere ich nie aus den Augen." Ickx versprüht Ölfontänen auf die Schnauze von Hulme, Reutemann tut ungewollt Beltoise das gleiche an. Die ersten Motoren sind weidwund geschossen. Ickx muß anhalten und fährt augenblicklich heim, in sein 25 Kilometer entferntes Traumhaus, während Hulme auf der Ferrari-Ölspur ausgleitet und so viel Dreck in den Gasschieber bekommt, daß er minutenlang an der Box parken muß.

Cevert ist bereits auf und davon; Peterson, Fittipaldi und Stewart verbeißen sich ineinander in dem Kampf um Platz 2, den Ronnie, weil seine Bremsen immer mehr nachlassen (und sich auch bald die Kupplung abmeldet), nicht lange behaupten kann. Cevert plagt längst das gleiche Problem: „Ich muß vor jeder Kurve wie ein Verrückter das Bremspedal pumpen, damit ich rechtzeitig verlangsamen kann." In der 19. Runde hilft vor der Haarnadel alles Pumpen nichts. Frontalanprall gegen die Leitplanken oder zu versuchen, den Tyrrell zum Kreiseln zu bringen? François entscheidet sich clever für die zweite Möglichkeit, schlägt nirgends an, steht aber jetzt in der verkehrten Richtung und sieht Fittipaldi-Stewart-Peterson förmlich in die Augen, als sie an ihm vorbeistechen. In der Aufregung findet der Franzose den Retourgang nicht, muß deshalb einen Bogen über die Wiese ziehen und auch Revson, Pace, Regazzoni und Lauda an sich vorbeilassen.

Fittipaldis Führung ist kurzlebig: nur vier Runden, dann stürmt Stewart an die Spitze. Aus dem Hinterhalt erfolgt, wie schon in Spanien, der totale Angriff Ceverts, der in der 24. Runde Lauda, in der 26. Regazzoni, in der 31. Peterson, in der 33. Pace und in der 48. auch Fittipaldi überholt — worauf ihm Ken Tyrrell, den Doppeltriumph vor Augen, das Signal „Stay" hinaushält: Platz halten, greif nicht auch noch Stewart an.

Sie alle fahren wie auf rohen Eiern, mit Samtfingern und Samtfüßen: Längst ist der Belag aufgebrochen; und wer nur zehn Zentimeter von der Ideallinie abweicht, dem droht der Unfall. Zwei Dramen erlebt Lauda aus erster Reihe Mitte: „Unmittelbar vor mir explodiert Regazzonis rechtes Vorderrad; und dann stürzt Peterson vor meinen Augen." In der berüchtigten Termeulen-Kurve, die schon die fünf Freitagsstürze und Petersons Morgen-Ausritt auf dem Kerbholz hat und längst zum Schrottplatz des belgischen Grand Prix avanciert ist: Hailwood, Oliver, Follmer, Revson — und nach Peterson gesellen sich auch noch Jarier und Beuttler hinzu. „Sieben Wracks hängen", wie mir Ronnie erzählt, „im Zaun wie die Raubtiere hinter Gittern. Aber ihre Fahrer hocken unverletzt auf den Leitplanken."

Vorne die Tyrrell-Zwillinge, mit wachsendem Vorsprung auf Fittipaldi, der mit immer ärgeren Benzinaussetzern kämpfen muß — dahinter Pace und Lauda. Aber Paces rechter Hinterreifen wandert um 90 Grad, die fürchterlichen Vibrationen zerprügeln den Surtees und lassen den Heckflügel wegbrechen. Mit Mühe und Glück vermeidet Carlos einen Unfall.

Damit ist Lauda bereits Vierter, nicht alarmiert von den Wracks am

Pistenrand, „denn Unfälle warnen dich und du schaust jedesmal interessiert, wer es ist". Das Boxensignal „+50" beruhigt Niki. Für 20 Runden läßt er nach, bis ihn das Zeichen „+25" erschreckt. Aber die BRM-Box hat sich geirrt, einfach übersehen, daß Hulme mehrere Runden zurückliegt — und sein 25-Sekunden-Guthaben auf de Adamich erhöht Niki rasch auf 35. „Doch am meisten freut mich, daß ich Fittipaldi näher komme." +28, +24 . . . „und dann packt dich der kalte Schweiß. Ehrlich, dich fröstelt wirklich. Du überlegst jetzt fieberhaft alles: was noch brechen könnte, ob du genug Benzin hast usw." Drei Runden vor Schluß, bergauf, hat Lauda plötzlich überhaupt keinen Zug mehr, als ob die Zündung ausgeschaltet wäre — bis wieder Benzin durchkommt und der Motor neue Lebensschreie ausstößt.

Noch zwei Runden. Niki zeigt der BRM-Box die Gebärde des Trinkens: Code-Zeichen für einen Tankstop. Mit dem letzten Tropfen stottert der BRM an die Box. „Ist ja nur noch eine Runde", beruhigt Parnell jovial, läßt aber doch nachfüllen — gerade, als sich de Adamich nähert. Aber dessen Position kann Lauda nicht ahnen, weil ihm BRM stets nur Sekunden, nie jedoch Namen signalisiert hat. Und auch Andrea weiß nichts. „Hätte Niki Zeichen gegeben", sagt er mir später, „ich hätte ihn sofort vorgewunken."

So wird de Adamich Vierter, Lauda Fünfter. Niki freut sich über seine ersten WM-Punkte weniger, als ihn der Tankstop ergrimmt, zumal er Fittipaldi, dem gleichfalls der Sprit ausging, bis zur Ziellinie vermutlich überholt hätte. „Schade, daß du nicht Dritter bist", sagt Stewart zu Lauda, „du hättest Emerson einen wichtigen WM-Punkt weggeschnappt."

Während Chris Amon nach seinem Tecno-Premierenrennen (sechster Platz) völlig erschöpft vom glühendheißen Auto wegtorkelt, fließt bei Tyrrell bereits der Champagner. „Wir hatten", sagen Jackie und François im Chor, „am Ende überhaupt keine Bremsen mehr." Aber immer noch mehr als die Konkurrenz, ergänzt Ken, äußerst happy, „daß dieses Rennen doch noch stattgefunden hat". 24. Grand-Prix-Sieg, Fangios Marke ist erreicht, rufe ich Stewart zu. „Slowly catching the monkey", lächelt er weise zurück — auf Jimmy Clarks legendären Weltrekord fehlt ihm jetzt nur noch ein Sieg.

„Es ging nicht ums Geld", sagt Stewart in seinem Schlußwort zum
Zolder-Streit, „aber wir müssen den Offiziellen trauen können. Und
wer uns austricksen will, mit dem können wir nicht zusammen-
arbeiten." Die Nachricht vom Tod der Motorradchampions Jarno
Saarinen und Renzo Pasolini in Monza ist längst nach Zolder ge-
drungen. „Vielleicht", sagt mir Howden Ganley beim Marlboro-
Dinner, „kapieren die Konstrukteure jetzt endlich, worüber wir drei
Tage lang geredet haben."

MONACO: STEWART SO GROSS WIE CLARK

In den Tagen vor dem klassischen Monaco-Grand-Prix passiert dreierlei. Beim 1000-km-Rennen auf dem Nürburgring negiert Ferrari-Pilot
Merzario alle Boxenbefehle und überholt Jackie Ickx trotz Verbot,
„weil ich es hasse, mit letztem Risiko zu fahren — und andere ge-
winnen zu sehen". Von Rennleiter Caliri aus dem Auto geholt, verläßt
Merzario die Eifel wutschnaubend noch während des Rennens. „Bevor
du nächstes Mal Unsinn machst", rät ihm Ferrari, „denk ein wenig."
Lauda macht auf der Fahrt nach Monte Carlo bei Regazzoni in
Lugano Station. Clay sucht ihm ein Hotelzimmer und zahlt sogar die
Rechnung. „Das ist doch lieb von ihm, oder?" fragt Niki, lehnt aber
Regazzonis Vorschlag, im Konvoi an die Côte d'Azur zu reisen, argwöhnisch ab: „Du fährst deinen Ferrari-Daytona mit 80 Prozent
Risiko, also müßte ich den Capri mit 160 Prozent Risiko fahren; und
das ist mir zu gefährlich." Vor allem, weil sich Niki beim Reifentesten
in Anderstorp eine Grippe geholt hat.
Im Strandhotel „Holiday Inn", dem neuen Grand-Prix-Haupt-
quartier, wartet McLaren geduldig, bis Peter Revson aus Indianapolis
zurückkommt. Mit der Massenkollision 9 Sekunden nach dem Start,
als sich ein Auto siebenmal in der Luft drehte und dabei 300 Liter
Treibstoff in die Zuschauerräume versprühte, hatte „Revvie" nichts
zu tun — aber er prallte später gegen die Mauer. „Ich weiß nicht, ob
Peter in Monte starten kann", zögert Pat McLaren, doch Hulme legt
sein Großmuttergesicht in Falten und knurrt: „Sicher kann er. Mittwoch war sein Unfall, und das Rennen ist erst Sonntag."

Stewart placiert Steine: Millionenschach um seine Zukunft

Massenkarambolage, Abbruch, Schlechtwetter, Warten auf den neuen Start — das hat Jackie Stewarts Terminkalender durcheinandergewirbelt. Er kommt nach Monaco, ohne das Indy-Rennen gesehen zu haben; und er hätte es sehen müssen. Seit Anfang 1973 hat Jackie einen Dreijahresvertrag mit der US-Fernsehgesellschaft „ABC", der ihn zwingt, jährlich 13 bis 15 Rennen zu kommentieren. „Debütiert habe ich als Stock-Car-Reporter in Daytona", erzählt mir Jackie, „natürlich völlig ahnungslos, aber ich ging hin und erkundigte mich nach allem. Was für mich neu ist, dachte ich, ist auch für meine Zuhörer neu." (Ein gutes Reporterprinzip.)

„Im Winter möchte ich mein Programm ausweiten und für ABC auch bei Skirennen arbeiten." Etwa gleich bei der Weltmeisterschaft in St. Moritz? „Ja, am liebsten." Aber St. Moritz kollidiert mit dem Grand Prix von Brasilien, versuche ich Jackie auszuhorchen. „Ich weiß noch nicht . . .", sagt er gedehnt.

Seit Saisonbeginn geistert das Gerücht durch alle Boxen: Stewart wird sich Ende 1973 aus dem Formel-I-Pulverdampf zurückziehen, falls es nichts mehr gibt, das er noch irgend jemandem zu beweisen hat. Indizien gäbe es genug: Ende 1973 laufen Stewarts höchstdotierte Verträge, mit Goodyear (3 Jahre) und mit McCormack (5 Jahre), aus: und Jackie placiert bereits sorgfältig, Zug um Zug, die Steine im Millionenschach um seine Zukunft.

Zuerst: bei Goodyear. Jackie bewirbt sich um die britische Goodyear-Generalvertretung, nachdem er diesem Konzern (neben seinen Siegen) schon genug Liebesdienste leistet. Seine Autobusrunden mit Journalistenfreunden, die er um Rennkurse chauffiert, sind echte Hits. Jackie zerreißt gern (in gespieltem Zorn) Fittipaldi-Plakate, spricht von der „Goodyear Magical Mystery Tour", stellt François Cevert als den „Liebling sämtlicher Mädchen" vor und sagt oft: „So, die Besatzung wechselt jetzt das Geschlecht. Die Männer unter ihnen sind da, um mich über die Strecke reden zu hören, die Frauen, um François anzuhimmeln."

Wie für Goodyear hat Stewart auch für Ford immer Zeit. Von einem Ford-Abendessen auf Schloß Fuschl im Mai rief er (künftiger Skireporter?) bei Annemarie Pröll in Kleinarl an, „ob sie nicht auf einen Sprung herkommen wolle". Jackie Stewart, Ausgabe 1973, ist „un-

egoistischer als je zuvor", gestand mir seine Frau Helen. „Er hat sich komplett geändert. Eine Zeitlang habe ich ihn fast gehaßt, damals, als er immer nur der Superprofi-Rennfahrer war und der Super-Business-mann, du verstehst: fast mit Glorienschein. Jetzt hat er entdeckt, daß Geld nicht alles ist."

Zu tun hat Jackie immer noch genug: An der Wäschefirma „Terrible" (die Stewart-Hemden freilich nur in Spanien verkauft) besitzt er Anteile; er wirbt für „Wrangler"-Jeans, „Rolex"-Uhren, Stewart-Samtkappen und Stewart-Sonnenbrillen. „Ich beschäftige am Genfer See fünf Sekretärinnen", verrät mir Jackie, „für mich und die For-mel I. Sag mir nur einen Rennfahrer, der zwei Sekretärinnen hat."

Freimütig gesteht er: „Ich suche eine Beschäftigung, die mich wirklich interessiert; für später, denn Autofahren ohne Rennen könnte mir nie Spaß machen. Rod Laver spielt in seinen Ferien ja auch nicht Tennis." Doch je mehr Jackie 1973 gewinnt, um so mehr wird der Rückzugs-gedanke — vorläufig — ins Unterbewußtsein verbannt. „Du weißt ja, daß Rennfahrer nie viel vorausblicken", sagt mir Ford-Sportchef Walter Hayes, einer von Stewarts engsten Beratern. „Erinnere dich an Jim Clark: Ihn am Sonntag zu fragen, was er Montag tut, war absolut sinnlos. Er wußte es nie." Clark war ein Extrem. Stewart weiß noch, wie er mit Jimmy im Auto auf den Bermudas vor einer Stopptafel bremste — rechts und links meilenweit Sicht, kein Auto. „Was meinst du, Jackie?" fragte Clark nach minutenlangem Zögern.

Helen Stewart diskutiert mit Jackie nie, ob er aufhören solle oder nicht. „Ich mochte die Rennen nie, nach Jochens Tod noch weniger — aber Jackie mag sie, folglich habe auch ich sie zu mögen." Und Maria-Helena, Fittipaldis Frau: „Wenn Jackie weitermacht, wäre es schade für Emerson — aber wenn Jackie und Helen nicht mehr zum Zirkus kämen, wäre das eine Schande. Sie sind so nett." Emersons Aussprüche, Stewart könne sich „nun bald pensionieren lassen", sorgen für Ge-lächter; Ken Tyrrell überläßt die Entscheidung „Jackie ganz allein, denn er ist ja kein little boy"; und Stewart selbst glaubt, „daß Cevert will, daß ich aufhöre, und ich glaube auch: dann wäre er schlagartig um eine Sekunde schneller". François hofft nur, „daß dann meine Nummer 2 vor mir genausoviel Respekt hat, wie ich immer vor Jackie hatte."

Die intelligenteste Meinung zum Rennfahrerproblem Nummer 1: Wann aufhören? hatte Jochen Rindt; tragisch genug, daß sie für ihn das Schicksal beantwortet hat. „Man soll", sagte Jochen zum Spanier Alex Soler-Roig, „dann aussteigen, wenn deine Freunde und alle, die für dich wichtig sind, darauf böse und traurig reagieren — und man soll nicht warten, bis alle fragen: Wann hört er endlich auf?" (Was Graham Hill oft hören muß.)

Das Problem Giacomo Agostinis, „der jetzt ein so hartes Leben hat, weil er jahrelang konkurrenzlos war und jetzt plötzlich die anderen nachziehen", bleibt Stewart fremd. Nachdem er 1969 und 1971 relativ leicht Champion wurde, muß er 1973 kämpfen, „aber ich glaube, heuer fahre ich technisch besser als je zuvor". Die Ursachen: körperliche Top-Fitness, fabelhafte Mentalität, wachsende Freude am Rennsport. Nach seiner Magengeschichte von 1972 ist Jackie bei allem, was er ißt und trinkt, extrem vorsichtig: Orangenjuice als Aperitiv, Milch zum Essen.

Als auch sein Freund Jean-Claude Killy Magengeschwüre erwischt, arrangiert Jackie für ihn erstklassige ärztliche Behandlung. Am Genfer See heißt ein geflügeltes Sprichwort: „Wer Rennfahrer treffen will, muß nur in der ‚Clinic Cecil' in Lausanne vorbeischauen. Irgend jemand ist immer zu Besuch." Die Privatstation gehört Dr. Sarah Norris; und man erinnert sich, daß Stewart die ganze Saison 1971 einen eigenen Arzt an allen Rennen hatte, Dr. Marti, der für den Notfall immer im GPDA-Hospital bereitstand. Nach diesem Jahr schenkte Dr. Marti dem Operationsgehilfen Dr. Purrell eine goldene Uhr.

An den einzigen Autounfall, den er in der Schweiz hatte, erinnert sich Stewart noch heute lächelnd — fast vergnüglich: „Einer meiner ersten Winter am Genfer See, der erste Schnee in den Alpen, aber ich fahre noch Sommerreifen und fliege prompt aus einer Kurve, genau auf die Tankstelle zu. Ich kann mir schon die Riesenkatastrophe ausmalen: Das brennende Benzin wird nach unten fließen, also muß ich bergauf rennen, Helen und die Buben aus unserem Haus retten ... aber ich verfehle um Millimeter die Zapfsäule und krache in ein anderes Auto."

Weil kein Mensch da ist, reversiert Jackie blitzartig und stellt sein

Auto so hin, „daß man glaubt, ich will tanken". Sodann sucht Stewart das arme Opfer, das gerade zahlt, und entschuldigt sich in einem Französisch, das keiner versteht. Aber der unschuldig Gerammte erkennt ihn: „Oh, Monsieur Stewart, welche Ehre." Jackie nötigt ihn zur Tür hinaus, zeigt ihm das demolierte Auto, aber der Mann reagiert kaum, überglücklich, den berühmten Stewart einmal persönlich zu sehen. „Mein Fehler, daß ich geparkt habe", bittet er Jackie sogar noch um Verzeihung.

Das „Clayton House" ist das Refugium des gehetzten Champions. Dankbar dafür, „daß er mir ein Leben ermöglicht, von dem ich nur hätte träumen können", macht Helen Jackie das Zuhause so bequem wie möglich (und mit vielen Blumen). Als Lynn Oliver einmal meint, „wegen eines Grand Prix ist unser Kind an seinem Geburtstag allein", kann Jackie mitfühlen: „Paul hatte schon acht Geburtstage, und nur an einem war ich bei ihm." Paul und Mark, gewohnt, von ihren Schul- und Kindergartenfreunden um Stewart-Autogramme bestürmt zu werden, sind laut Helen „mehr Skifans als Rennfans, und sie würden nie eine WM im Kopf mitrechnen. Gewinnt Jackie — phantastisch für die Boys. Verliert er — macht auch nichts."

Eine Einstellung, zu der sich Helen erst durchringen mußte: „Als Jackie 1966 Monte Carlo gewann, war ich ‚high' vor Stolz und Freude. Er versprach mir: ‚Wenn ich auch noch Indianapolis gewinne, kaufe ich dir das Haus in Helensborough'; unserem Nachbarort in Schottland. Doch hatte Jackie, in Führung liegend, 20 km vorm Ziel Motorschaden. Die Vision: verloren, kein Geld, kein Haus — das war zuviel für mich. Ich konnte tagelang nichts essen. Er kaufte das Haus trotzdem. Und ich lernte schnell, ‚high' und ‚low' gleichzeitig zu sein. Ich erwarte von einem Rennen nie etwas; das schützt vor Enttäuschungen. Und seltsam: Seit Indy 1966 ist Jackie in diesem Punkt genauso."

Wie immer ein Rennen ausgeht — Stewart schläft immer schlecht; davor und danach. „Deshalb haben wir, genau wie Emerson und Maria-Helena, auf Reisen immer getrennte Betten. Nicht, daß Jackie wegen eines Rennens nervös wäre, aber sein Körper und Kopf arbeiten, er fährt im Schlaf Rennen oder macht Business, ich weiß nicht . . . und du würdest nicht glauben, wie viele Male ich schon auf dem Fußboden geschlafen habe, nur damit Jackie seine Ruhe hat."

Anders als Fittipaldis Frau, fühlt sich Helen Stewart „niemals verpflichtet, an die Rennen zu kommen". Aber dem Zauber Monte Carlos
erliegt sie jedes Jahr. Es ist Stewarts liebster Grand Prix. Und 1973
will er — zum erstenmal — Monaco und Nürburgring im gleichen
Jahr gewinnen.

Jackie wärmt sich durch Prominenten-Interviews für sein ABC-
Programm auf: mit Fürst Rainer III., mit Roman Polanski, mit dem
Millionenreeder Niarchos, „nur Gunther Sachs verpasse ich, weil ich
zu spät komme". Für seinen Bericht dreht Stewart ein paar Monaco-
Runden, die aus einem Porsche gefilmt werden. Cevert lenkt ihn, und
er gehört einem neuen, pittoresken Formel-I-Team, das sich keinen
besseren Premierenplatz als Monte Carlo hätte aussuchen können —
der Truppe des Lord Alexander Hesketh.

„Racing for fun, Rennen zum Vergnügen" ist das Leitmotiv, das diese
Vereinigung extremer Typen zusammenschweißt. Lord Hesketh,
22jährig, dickbäuchig und total unsportlich, ist der Boß. Er hat 70 Mil-
lionen Pfund geerbt und damit zunächst vier kleine Spielzeuge ge-
kauft: einen Tanker (weil ihm so fad ist), einen handbemalten Rolls
Royce (mit dem er durch Monte Carlo spazierenfährt), eine Executive-
Jet (als standesgemäßes Privatflugzeug) und einen March-Formel I
(zunächst nur ausgeliehen, aber mit der Option, ihn im November
ganz zu erwerben, weil er ein eigenes Auto bauen und dazu March-
Teile verwenden will). Für James Hunt, den Bürgerssohn.

Heskeths eigenes Fahrtalent ist limitiert, und auch die goldenen
Schuhbänder machen ihn nicht schneller: „Einmal trat ich in Silver-
stone gegen Jackie Stewart an, er im Ford-Capri, ich im Porsche;
trotzdem hat er mich geschlagen." Über den kaum weniger dicken
Bubbles Horsley, der früher Formel III und Motorrad gefahren hat,
traf Hesketh mit James Hunt zusammen.

James hat eine Serie von spektakulären Formel-III-Stürzen hinter
sich; und weil sie zumeist im Rahmenprogramm zu Formel-I-Läufen
passierten, nannte man ihn alsbald „James Shunt". Er war, erinnert
sich Max Mosley, „nicht zuverlässig genug für einen Werkvertrag".
Unbestritten talentiert, hat der blonde Hunt gegen seinen Ruf anzu-
kämpfen, aber die ersten Formel-II-Versuche mit Hesketh im Früh-
jahr 1973 waren abenteuerlich: in Goodwood ein Salto beim Testen;

und in Thruxton schaffte Bubbles das Kunststück, den 140-Kilo-Lord
zu übersehen und ihm das Auto über den Fuß zu rollen. Sir Alexander
humpelte tagelang.

Der Mann, der am Formel I feilt, ist Harvey Postleswhaight, wegen
seines komplizierten Namens vereinfacht „der Mann mit den Augen-
gläsern" genannt — direkt von March gekommen, wo er ohne Vertrag
arbeitete, also vogelfrei war. Harvey qualifiziert sich fürs Hesketh-
Team problemlos: Immer, wenn er ein paar Gläser getrunken hat,
glaubt er, er sei ein Hund und fängt tatsächlich an zu bellen.

Hunt vor seinem ersten Grand Prix, Graham Hill vor seinem 150.,
genau 15 Jahre und 16 Tage nach seinem Debüt in Monaco: So ist die
Ausgangsbasis fürs Training, das mit 40minutiger Verspätung beginnt,
weil die Formel-III-Autos zu viele Ölspuren gezogen haben und der
zentimeterhohe Zementstaub zusätzliche Gefahr heraufbeschwört.
Saarinens Tod von Monza hat aufgerüttelt. Die Wagen warten also
in Zweierreihen aufs Kommando, in der ersten Reihe Stewart und
Lauda. „Niki hat Pol-Position", grinst mich Jackie an und sagt zum
Wiener: „Du weißt ja, daß Stanley dafür die vierfache Prämie bezahlt . . . im voraus natürlich." Der danebenstehende „Big Lou" lächelt
gequält, denn bereits hat sich herumgesprochen, daß Regazzoni seit
Buenos Aires auf sein Geld wartet.

Um so rascher haben nach dem Bremsdebakel von Zolder die Lockheed-
Ingenieure reagiert und die Bremsscheiben für Tyrrell und McLaren
von 0,8 auf 1,1 Zoll verstärkt: die Maße für die Can-Am-Autos.
Stewart ist, von seiner geliebten Monaco-Ambiance aufgeputscht,
Schnellster mit 1 : 28,5, Fittipaldi durch einen gebrochenen Schalt-
hebel aber auf den 14. Rang zurückgeworfen. Abends lädt Ehepaar
Stanley seine Piloten zum Galadinner ins „Hotel de Paris". Wieviel
kannst du morgen fahren, wird Regazzoni gefragt. 1 : 25, knurrt der
über den schlechtgefederten BRM ergrimmte Tessiner, aber dann direkt
in die Leitplanken. Lauda muß sich in die Zunge beißen, „weil lachen
darf man da nicht".

Im Freitagmorgentraining kommt Jacky Ickx zu Fuß an die Box
zurück — mit blockierenden Rädern in Mirabeau geradeaus ge-
schlittert. „Da war Öl", entschuldigt Lauda den Belgier, „ich habe es
glitzern gesehen." Ickx steigt kurzfristig auf den zweiten Ferrari um,

das Merzario-Namensschild wird mitleidlos zugeklebt. Bei Lotus häufen sich Fittipaldis Probleme, dafür scheint Peterson zu fliegen. „Sie behexen einander gegenseitig", sagt mir Colin Chapman, „es ist wie mit den Zigeunerflüchen: Kaum läuft ein Auto, macht uns das andere Kopfweh." Follmers Heckflügel fliegt wie ein Schrapnell in die Fürstenloge — hätte Rainier III. bereits Platz genommen, er hätte zumindest seine Golfpartie mit Stewart absagen müssen.

Trotz falscher Reifen, falscher Gänge und Stirnhöhleneiterung, aber mit äußerstem Einsatz und zweimal die Leitschienen berührend, peitscht Lauda den BRM an die sechste Trainingsstelle vor. „Niki kann gewinnen", verkündet Stanley spontan. Die Wiener Kämpfernatur avanciert zum neuen BRM-Darling, während Regazzoni still und resigniert in der Garage hockt. Mit Clay ist eine bemerkenswerte Wandlung vor sich gegangen. „Er hat den Kyalami-Feuerunfall noch immer nicht überwunden", glaubt Chefmechaniker Challis, während Lauda darauf tippt, „daß sein Targa-Florio-Schock jetzt erst richtig 'rauskommt". Nach mehreren Überschlägen ist Regazzonis Alfa 40 Meter tiefer in einem Schlammloch gelandet. Private Sorgen? Ein seelisches Tief? Mutlos geworden? fühle ich bei Clay vor. „Nein, aber mich macht innerlich fertig, daß das Auto nicht läuft. Damit viel zu riskieren wäre sinnlos."

Im Abschlußtraining fährt Niki nach Cevert zweite Zeit. Auf verzweifelter Jagd nach seinem Teamkameraden zertrampelt Beltoise auf der Gasometer-Bodenwelle seine Halbachse. Petersons Unternehmen „Pol-Position" schlägt fehl, weil sein zweiter Gang bricht. Und weil die Lotus-Mechaniker nicht so unverfroren clever sind wie McLaren-Chefmonteur Alistair, der in solchen Fällen die Böschung hochklettert, ein Fahrrad stiehlt, damit ins Fahrerlager strampelt und auf gleiche Art, den Bolzen in der Hand, an die Box zurückkommt, muß Ronnie lange zuschauen, ehe er doch noch Hulme aus der ersten Startreihe werfen kann.

Am Casinoplatz krachen Merzario und Follmer aneinander. Der Shadow ist schon fast vorbei, als der Ferrari (wegen kalter Reifen langsam bewegt) unvermutet hinüberrutscht. Follmers Schnauze fliegt in hohem Bogen vors Portal des „Hotel de Paris"; und als sich Muskelpaket George aus dem Trümmerhaufen schält, macht er Anstalten, den spindeldürren Merzario zu verprügeln. Doch Arturo ist längst im Laufschritt geflüchtet, etwas hinkend, einen Stoßdämpfer in der Hand.

Fittipaldi, durch einen geplatzten Tank in Benzin gebadet, ist zum erstenmal langsamer als sein Bruder Wilson, der vor Freude überschäumt: „Endlich habe ich bewiesen, daß ich mehr kann, als nur Emersons Bruder zu sein. Alle Brasilianer glauben, nur er hat mich in die Formel I gestoßen, er ist der Champion und ich bin der Nichtsnutz."

Mitgenießer des Stewart-Rummels wird ein berühmter amerikanischer Boxreporter, der mit Jackie und Helen nach dem Training zum „Hotel de Paris" hochspaziert. Immer wieder: Zwangsrast für Autogramme. „Ich habe meine Autogrammfotos schon verteilt", läßt der Amerikaner aufhorchen. Und immer wieder: Sprechchöre für Jackie und Helen. Dem US-Starreporter wachsen die Ohren aus dem Kopf, als er einmal auch seinen Namen hört. „Ein Emigrant aus Brooklyn", schreibt Jackie später einen witzigen Brief an ABC, „hat ihn erkannt."

Abends sieht sich Stewart (mit Regazzoni) die Boxweltmeisterschaft Griffith-Monzon an und tritt auch dort als Reporter auf — worauf der amerikanische Star fluchtartig Monaco verläßt. Jackie wandert noch auf einen Schlummertrunk zum Grimaldi-Palast hoch, als ihm die hohen Marlboro-Herren begegnen: „Wir waren beim Fürsten eingeladen, aber er war gar nicht da, sondern beim Boxen." Stewart, ein Grace-Kelly-Fan, verbeißt sein Lachen: „Aber die Fürstin war zu Hause — ist das nichts?"

In der Garage durchschuften die Mechaniker eine lange, dunkle Nacht. Stewarts Getriebe wird gewechselt, was Roger Hill und seine Crew „ab jetzt vor jedem Grand Prix tun, denn das Kegel- und Tellerrad, das zwei Rennen durchhalten sollte, bricht zu oft". Hulme analysiert mir am Rennmorgen: „Das Nummer-1-Problem heißt: Getriebe. Nummer 2: Krach nirgendwo gegen die Leitplanken." Und er rät mir: „Setz dein Geld heute auf Cevert — 6 : 1 ist ein guter Kurs, und er wird Stewart verblasen." Es wären „nur 78 kurze Runden", vergattert Parnell seine Piloten.

Petersons Hoffnung auf einen Blitzstart verraucht in blauem Reifenqualm: Zu starkes Durchdrehen der Räder. So führt Cevert, bis er sich in der zweiten Runde (an der Leitplanke vor dem „Hotel de Paris") den linken Hinterreifen von der Felge reißt. „Ich schaffe es gerade bis Mirabeau — und rolle dann langsam an die Boxen." Auf Rang 25 abgesackt, muß Cevert (wieder einmal) durchs ganze Feld nach vorne stürmen. Damit führt Peterson vor Regazzoni, Stewart, Fittipaldi und Lauda — die Stoppuhr zerhackt Ronnies Vorsprung nach fünf Runden bereits in fünf Sekunden! Eine Runde später hat Regazzoni in der Schikane totalen Bremsdefekt, schlittert in den Notausgang „und zehn Runden lang", kann Lauda riechen, „stinkt die ganze Schikane von seinen Bremsen".

Doch auch Peterson funkt bereits SOS: Seine mechanische Benzinpumpe ist durch ein Loch im Filter plötzlich dreckverschmiert, der Motor setzt aus, als Ronnie gerade schaltet — und bei stillstehendem Motor funktioniert kein Hewland-Renngetriebe. Also: neu starten, Gang einlegen, aber da haben Stewart, Emerson, Lauda, Ickx und Wilson Fittipaldi bereits zum Lotus aufgeschlossen. In der Gasometer-Kurve wiederholt sich Ronnies Drama, und der Pulk schießt an ihm vorbei. Jetzt schaltet der Schwede die elektrische Pumpe ein, kann das Gas aber nur bis 9500 Touren öffnen, „weil der Motor sonst zuviel Benzin frißt". Ronnie will wenigstens ankommen, aber gewinnen kann er nicht mehr; auch heute nicht.

Stewart gegen Fittipaldi, das Duell zweier Champions — aber in ihrem Schlagschatten funkelt 25 Runden lang der neue Grand-Prix-Stern Niki Lauda. Er fährt „mit frohem Herzen", widersteht der Verlockung, Jackie und Emerson kopfüber nachzuhetzen, kontrolliert statt dessen Ickx mühelos im Rückspiegel und fährt dem Ferrari langsam weg. Nur einmal, als sich der BRM fast querstellt, erkennt Lauda, wie der Wiener Rennfotograf Alois Rottensteiner ängstlich die Arme hebt: „Mach jetzt kan Bledsinn." Ein Getriebedefekt — der erste bei BRM seit 1969, aber vermutlich am gleichen Getriebe wie damals — reißt Lauda aus der Jagd; der Applaus der Zuschauer begleitet ihn wie ein Blumenregen. „Ich hab' mich trotzdem gefreut: zum erstenmal vorne in einem Grand Prix mitgegeigt", sagt er leise.

Der dritte Platz bringt heute niemandem Glück: Ickx verliert ihn in der 45. Runde durch eine gebrochene Antriebswelle, der erstaunliche Wilson Fittipaldi, längst ohne Kupplung fahrend, durch einen Defekt im Benzinsystem — und so erbt, als kleinen Trost, Peterson vier WM-Punkte, wenngleich eine Runde zurück; gefolgt von Cevert, Revson und Hulme. François kann mühelos Stewarts Tempo halten, „was mir zeigt, daß ich siegen hätte können. Aber eines Tages werde auch ich Glück haben."

Jackies 15-Sekunden-Vorsprung auf Emerson schmilzt erst im Finish, als der Lotus-Star seine letzten Reserven einsetzt. Beweis: Während des ganzen Rennens schaut „Fitti" kein einziges Mal auf die Armaturen. „Aber Jackie fährt so phantastisch, daß er mir keine Chance läßt." In der Box spürt Helen Stewart „Magenschmerzen, mir wird richtiggehend schlecht. Polanski, einer unserer besten Freunde, redet mich mehrmals an, aber ich bringe kein Wort heraus, unmöglich, und nachher muß ich mich bei Roman entschuldigen. Aber ich bin so mit Jackie zusammengeschweißt . . . durch die Uhr in meiner Hand." Dabei fährt Jackie „gar keines meiner härtesten Rennen, im Finish nur mit acht Zehntel — ich hätte mir alles viel schlimmer vorgestellt". Wenn Stewart siegt, sieht es immer so leicht aus.

„Hast du daran gedacht, daß es dein 25. Grand-Prix-Sieg wird?" frage ich ihn später.

„Ja, das war mir während des Rennens sofort klar. Aber oberstes Prinzip mußte bleiben: keep going, ankommen — du mußt gewinnen."

1,3 Sekunden vor Emerson kassiert Stewart triumphierend die Zielflagge. Und plötzlich zerreißt, ungewöhnlich für Monte Carlo, das Spinnennetz der Konzentration, das ihn fast zwei Stunden gefangengenommen hat. Auslaufrunde, vor dem Tunnel: Jackie nimmt bereits Helm und Handschuhe ab, erkennt im Rückspiegel den Peterson-Lotus, glaubt fälschlich, es ist Emerson — und übersieht den Brasilianer, der backbord zu Jackie vorfährt, um ihm zu gratulieren. Ein Schlenker, und der Lotus, vom Tyrrell torpediert, steigt auf, balanciert auf zwei Rädern und rutscht in die Leitplanken.

Jackie ist der Vorfall peinlich. „Komplett mein Fehler, ich nehme alle Schuld auf mich", formuliert er sein „sorry" für die Lotus-Box. Die Reparatur des Lotus kostet nicht nur eineinhalb Tage Akkordarbeit, sondern auch 160 Pfund. „Natürlich", spaßt Teammanager Peter Warr, „werde ich die Rechnung an Stewart adressieren, aber eine Fußnote anhängen: Statt Geld kannst du uns auch deine goldene Rolex überweisen."

Lorbeerbekränzt, kann Stewart bei der Siegerehrung mit Rainier III. nur kurz fachsimpeln, wird aber später im Hotel vom Fürsten angerufen. Jackie Stewart — so groß wie Jimmy Clark, oder größer? Wo rangiert Juan Manuel Fangio? Und wo Rudolf Caracciola, der für Alfred Neubauer heute noch „der Beste aller Zeiten sein muß, weil er der Universellste war"? Stewart brauchte 91 Starts für 25 Siege, Clark nur 72 für 25 und Fangio gar nur 58 für 24. Aber: Fangio hatte noch nicht so harte Konkurrenz; und Clarks Lotus war materialmäßig zumeist überlegener, als es heute Stewarts Tyrrell ist.

Doch wichtiger als dürre Statistik finde ich jene Story, die mir Jackie Stewarts Vater schon 1969 anvertraute: Zwischen Clark und Stewart besteht direkte Verwandschaft. „Jackies Großmutter war eine Clark, und es waren die gleichen Clarks, von denen Jimmy abstammte: die Farmer aus der Grafschaft Fife ... die gleiche Familie, das gleiche Blut."

Wo Stewart Sonntag nachts mit dem Fürstenpaar tafelt, dorthin hat auch Stanley Niki Lauda zum Dinner eingeladen: ins „Hotel de Paris". Nur gut, daß Niki seinen Leih-Smoking vom Marlboro-Fest noch besitzt. „Plötzlich sind alle so freundlich zu mir", freut er sich über Stewarts und Fittipaldis ehrliche Glückwünsche.

Im Auto-Roulette von Monte Carlo hat Niki zwei Glücksnummern erzwungen: Erstens gibt ihm BRM einen Traumvertrag, zweitens entflammt (was er noch nicht wissen kann) schlagartig das Ferrari-Interesse an Lauda, „weil er Ickx so mühelos weggefahren ist". Um zwei Uhr früh unterschreibt Niki den Dreijahreskontrakt, der ihm, bei monatlichen Zahlungen, angeblich eine Million pro Jahr garantiert — aber zum Glück ist der Vertrag ein loser Zettel, in Monaco gekritzelt, weit weg von der englischen Gerichtsbarkeit: Nur durch diese Falltür wird Lauda BRM und Stanley wieder entkommen, später, als Ferrari mit der größten Herausforderung seiner Karriere lockt.

Clay Regazzoni verheizt in dieser heißen Nacht im Piratenklub von Menton, zusammen mit Zigarettenleuten, etwas Mobiliar im offenen Feuer. Sein flackernder Blick verrät, daß ihn das Heimweh nach Maranello bereits gepackt hat: Ferrari-Nostalgie.

ANDERSTORP: EINE RUNDE ZUVIEL FÜR RONNIE

„BRM und Ferrari", grübelte Tim Parnell, „haben so viel Potential, daß es doch gelacht wäre, könnten wir nicht die Ford-Maschinen verblasen." Doch BRM lügt gern in den eigenen Sack. Als Niki Lauda einmal auf Werkbesuch war, führte man ihn stolz zum Prüfstand: „Dieser Motor läuft schon seit 26 Stunden und gibt 460 PS." Warum? fragte Lauda. Weil eine zweite Ölpumpe angeschlossen war ... Als ich Parnell fragte, warum BRM keine Ford-Motoren ankaufe (was für 7500 Pfund jeder tun kann), meinte er: „Louis Stanley kannst du nichts einreden." Und „Big Lou" war über die Idee allein so wütend, daß er mir beim Essen fast seinen Teller aufgesetzt hätte: „Welch unverschämte Beleidigung! Kein Wort mehr über diesen stinkenden amerikanischen Motor! Ich würde ihn nicht einmal dann kaufen, wäre er um 100 km/h schneller ... wir sind und bleiben all-british." British till the end, sagte Bernie Ecclestone einmal: britisch bis zum bitteren Ende.

Worin aber liegen die Ferrari-Probleme? Von den Voraussetzungen her müßte die „Maßschneiderei für Rennwagen" jeden Grand Prix mit Rundenvorsprung gewinnen. Ferrari hat seine eigene Teststrecke, vom Werk gleich über der Straße, mit raffiniertester Zeitmessung, Fernsehkameras, Video-Recordern (die dem Testpiloten den minimalsten Fehler beweisen) ... und sogar mit eigener Köchin, die dem Commendatore, einer Pfarrerswirtin ähnlich, täglich seine geliebten „Tortellini" kocht.

Ferrari scheitert 1973 an Brems- und Chassisproblemen, ursächlich deshalb, weil wegen der üblichen Streiks zuwenig getestet wird — aber dafür schieben die Italiener Jacky Ickx die Schuld zu, „weil er zuwenig Zeit zum Testen hat". Ein Vorwurf, den mir Jacky anhand seines Tagebuchs beim schwedischen Grand Prix entkräftet: „1972 stand ich Ferrari für Test- und Trainingsfahrten bis Mitte Juli 54 Tage zur Verfügung, heuer, bis zum gleichen Zeitpunkt, 59; also sogar fünf Tage mehr." In einer italienischen Zeitung klagt Enzo Ferrari den Belgier an: „Er ist schuld an unserem Formel-I-Desaster und auch an der Niederlage in Le Mans."

Jacques-Bernard Ickx, der Rennfahrer mit dem Kindergesicht und den

großen Augen, reagiert gekränkt, enttäuscht und sehr, sehr traurig:
„Man hat mir das Messer an den Rücken gesetzt, mich verurteilt und
an die Wand gestellt, ohne mich anzuhören", klagt er mir. „Ich habe
mich auch nie beschwert, wenn ich konkurrenzunfähige Autos fahren
mußte, wenn ich wegen Materialdefekten Rennen verlor." Was Jacky
traf, war weniger der Vorwurf, sondern die Flucht in die Öffentlich-
keit. „Ich habe Ferrari oft Privatbriefe geschrieben, mit Änderungs-
vorschlägen fürs Auto — und der Commendatore gab sie an die
Zeitungen weiter. Da ist kein Vertrauen mehr. Ferrari kann das mit
Merzario tun, der noch strammsteht und weint — aber nicht mit
mir."

Ickx antwortet mit einem offenen Telegramm an Ferrari, den er einer
Nachrichtenagentur übergibt. „Immerhin fahre ich schon das fünfte
Jahr für Ferrari, und so lange hat es dort noch kaum jemand aus-
gehalten."

Warum immer Ferrari? hat auch Lauda einmal Ickx gefragt. „Weil ich
in all den Rennen ein einziges Mal Materialbruch hatte", war Jackys
Antwort. Möglich, daß des Belgiers Einstellung dem Rennsport gegen-
über eine eher fatalistische ist, aber dieser still-freundliche, etwas scheue
Pfadfindertyp braucht jemanden an seiner Seite, dem er voll vertrauen
kann (wie früher Peter Schetty). „Peter war der einzige, der um die
Wahrheit kämpfte. Seine Nachfolger sagen zum Teil nur Halb-
wahrheiten, und das ist schlimmer, als würde jemand lügen: Denn
plötzlich weißt du nicht mehr, woran du bist. Voriges Jahr waren die
Ingenieure schuld an allem, heuer die Fahrer; es läuft bei Ferrari
offenbar immer in Wellen."

Manchmal gleicht das Werk in Maranello einem Wetterhäuschen: Hat
man Erfolg, zeigen sich fröhliche Ferrari-Leute; werden Rennen ver-
loren, so kommen auf der anderen Seite die Fiat-Männer heraus: je
nachdem, ob es regnet oder die Sonne scheint. Seit 1972 ist Mauro
Forghieri, der technische Chef, wieder „nach Sibirien geschickt"
(Stewart) oder „in den Kühlschrank gelegt worden" (Ickx). Nunmehr
kämpfte der Fiat-Ingenieur Colombo gegen die in Italien stets drohen-
den Streiks. Der weißhaarige Colombo, auch in der Box immer korrekt
gekleidet, mit Anzug und Krawatte, hat früher Geoffrey Dukes be-
rühmte Gilera-Motorräder konstruiert, später die Lambretta-Autos

bei „Innocenti" und wurde 1972 von Fiat „für drei Monate" zu Ferrari dirigiert. Jetzt ist der kleine Mann, der wie ein Alchimist wirkt, immer noch in Maranello; assistiert von Ing. Giorgio Ferrari, der mit seinem jungen, ernsten Gesicht aussieht, als stünde er kurz vor der Priesterweihe.

Inmitten aller Ferrari-Hektik erweckt Ickx manchmal ungewollt den Eindruck, er sei der König, und alle anderen wären Bauern. Jacky lebt, strenggenommen, zwei Leben: Donnerstag bis Sonntag Rennfahrer, dazwischen Privat- und Geschäftsmann mit vielerlei Ambitionen. Einmal flog sein Schwiegervater, der Baumillionär Blaton, für eine Monster-party in seiner Strandvilla zwei Orchester ein, arrangierte acht Bars und zehn Restaurants. Im Morgengrauen stoppte die belgische Polizei sämtliche wegfahrenden Autos. Die meisten Gäste konnten sich nur dadurch retten, daß sie beim Alkotest durch die Nase bliesen. Mit seinem Schwiegervater verbindet Ickx auch vielfaches Business. Die Motormagazine, die Jacky einmal abonniert hat, belegt Monsieur Blaton mit Beschlag, „denn sie", grinst Jacky, „sind für ihn die einzige Möglichkeit, sich über den Rennsport zu informieren, denn was immer er mich über die Rennen fragt — ich sage ihm nichts". Erst wenn er den Overall anzieht, ist Ickx wieder Rennfahrer. Vorher nicht.

Die Stimmung im Ferrari-Team ist in Schweden ungut. Die Mechaniker wissen nicht mehr, wem sie trauen sollen — und daheim, in Maranello, arbeitet Forghieri „als fünfte Kolonne" bereits am Reiß-brett. Ickx ist entschlossen, „bis Saisonende meinen Vertrag zu erfüllen, aber dann muß ich wohl Ferrari verlassen. Vielleicht wird das meine große Chance."

Der letzte Ferrari-Sieg (Ickx vor Regazzoni am Nürburgring) liegt bereits zehn Monate zurück. Seither haben nur Lotus und Tyrrell Große Preise gewonnen: fünfmal Stewart, fünfmal Fittipaldi. „Höchste Zeit also, daß jemand gegen diese Jackie-Emerson-Show etwas unternimmt", grollt Denny Hulme. Alle Piloten wohnen in der Wildwestranch „Chapparral". Großer Preis von Schweden auf der „Scandinavian Raceway", das heißt: 1500 km südlich der Mitter-nachtssonne, aber auch in Anderstorp ist es bis 23 Uhr taghell; und schon drei Stunden später ist die Nacht zu Ende.

„François und ich brauchen Schlafbrillen", verrät mir Stewart beim

98

Abendessen im „Asen"-Restaurant, worauf Jackies McCormack-Agent
Bud Stanner gequält lächelt: „Ich fang' immer schon um vier Uhr früh
zu arbeiten an, weil ich nicht mehr schlafen kann." Prompt plustert
Jackie los: „Da haben wir die Lösung. Ich beantrage, daß alle
McCormack-Büros nach Schweden verlegt werden, damit ihr endlich
pro Tag 20 Stunden für mich arbeiten könnt."

In „Expressen" hat Jackie eine Peterson-Story geschrieben: „Mich
wundert, wie wenig Image Ronnie in Schweden hat, obwohl er nie
etwas Falsches tut. In Brasilien dagegen ist Fittipaldi ein Gott." Auch
Stewart wirft die Frage auf, warum Peterson immer noch ohne Grand-
Prix-Sieg dasteht — jetzt, vor seinem bereits 38. Start. Jochen Rindt
hat 48 Große Preise gebraucht, um endlich einen zu gewinnen. Und
Ronnie?

*Bengt-Ronnie Peterson — der pausbäckige, blonde Bäckerssohn findet
sich Mitte 1973 haargenau in der gleichen Situation wie Jochen Rindt
1969: anerkannt schnellster Mann im Feld, andauernd Trainingsbester,
zumeist in Führung, aber immer wieder durch Defekte um den Sieg
betrogen. „Ich war immer ein großer Jochen-Fan", gestand Ronnie
einmal Colin Chapman, „und damals, 1969 in Silverstone, ziemlich
bös auf dich, weil du Jochen zuwenig Benzin eingefüllt hast." Ronnies
aggressiver „Sideways"-Stil hat sich rundgeschliffen, „denn bei March
war es immer fürchterlich viel Arbeit, das Auto auf der Straße zu
halten, aber im Lotus habe ich Zeit, zu schauen, was das Auto
macht".*

*Auch Petersons „Räuberzivil" hat sich gewandelt: Bei Lotus trägt er
plötzlich seltener Pullover, dafür öfter Anzüge. „Über den Winter hat
eine schwedische Kleiderfirma mit mir Reklame gemacht, und zum
Dank durfte ich die sechs synthetischen Anzüge gratis mitnehmen",
grinst er. Bei March ist Ronnie vom Gesellschaftsleben verschont geblieben, aber jetzt, bei Lotus, häufen sich die Auftritte und Präsenta-
tionen. „Er haßt es noch immer, aber er kapiert, daß er manches tun
muß", sagt seine Braut Barbro Edwardsson.*

*Über Ronnie, den Rennprofi, macht sich Louis Stanley Sorgen, „weil
er nicht den kühlen Kopf und die Unfallangst von Stewart hat; nicht
die eiskalte Berechnung von Hulme; nicht das Naturtalent von Fittipaldi; und nicht das technische Gespür von Hill". Über ein paar gute*

Eigenschaften muß Ronnie aber offenbar doch verfügen, sonst hätte Stewart nicht angekündigt: „Peterson wird 1973 zumindest zwei Große Preise gewinnen." Nett von ihm, das zu sagen, bedankt sich der Schwede, der immer nachdenkt, warum er noch sieglos ist: „Wenn ich weiß, was die Probleme waren, dann ist es nicht mehr meine Schuld. So vieles ist eine Frage von Glück oder Pech. Zum Beispiel: 1971 hatte ich sechsmal en suite Formel-II-Pol-Positions, bis ich endlich einmal gewann, und plötzlich siegte ich fünfmal en suite. Im letzten Lauf, als es um den Europameistertitel ging, sogar trotz gebrochener Schaltgabel. Ich mußte Dritte-Fünfte schalten, was niemand für möglich hielt, aber ich kam durch und gewann. Es war pures Glück." Barbro tröstet: „Er ist schon so lange im Business und weiß, daß Pechsträhnen passieren können; doch irgendwann treffen sie jeden."

Niemand kann dauernd verlorenen Siegen nachtrauern; auch Ronnie nicht. Er arbeitet viel in seinem Maidenhead-Haus, malt und tapeziert, und hat seit April (als Trotzreaktion auf den spanischen Grand Prix) sogar ein 150-Liter-Salzwasser-Aquarium mit sechs Meeresfischen eingerichtet. „Das Problem ist nur, daß die Fische zweimal täglich gefüttert werden müssen — aber zum Glück haben wir eine sehr nette Nachbarin." Die Golfschläger, die ihm einmal schwedische Freunde geschenkt haben, benützt Ronnie dagegen nie, weil er, sagt Barbro, „immer jemanden braucht, der ihn zu etwas zwingt. Allein käme er nie auf die Idee, etwas zu tun."

Für Chapman ist Peterson der Idealpilot, ein Profi, der im Cockpit seine Emotionen abschalten kann und immer „flat out" fahren wird. Noch existiert bei Lotus keinerlei Stallregie, auch wenn die Mechaniker bereits befürchten, „daß Emerson und Ronnie jetzt anfangen, einander Siege und Punkte wegzunehmen". Er dürfe gewinnen, sagt Ronnie, dessen Eltern vom 300 km entfernten Örebro nach Anderstorp gereist sind, um ihren Sohn zu feiern. „Ich versuche ganz fest zu vergessen, daß es Schweden ist", verspricht Ronnie, „aber wenn mir ausgerechnet hier der Premierensieg gelingt, dann werde ich sehr glücklich lächeln."

Vom Halsweh, das ihn trotz seines „Vick"-Sponsorvertrages regelmäßig befällt, bleibt Ronnie trotz des windigen Wetters verschont, und der Kurs ist problemlos: alle Kurven mit gleichem Radius. „Aus dem Cockpit", ergänzt Stewart, „schaut es freilich anders aus."

Stewart und Cevert beginnen das Training mit geborgtem Lotus-Benzin, weil der elf-Tankwagen zu spät kommt: genau wie Beltoise, dessen Uhr eine Stunde zurückhinkt. Peterson fährt Bestzeit vor Cevert — und kann sie am Samstag verteidigen. Regazzoni muß wegen Motorschadens wieder ein Abschlußtraining versäumen und schleicht, wie ein deprimierter Tiger, wortlos durch die BRM-Box. Längst sind Clay und Niki verschworene Freunde, die stets nur paarweise auftreten: weltmännisch-abenteuerlich der eine, wie ein extrem frühreifer Sohn der andere. Doch während Clay langsam resigniert, klettert Niki auf die Barrikaden: gegen die Mechaniker, die vergessen haben, ihm den Bordfeuerlöscher anzuschließen („Soll ich verbrennen, nur weil ich 'rausflieg?"), und gegen die Reifen. Wann immer Lauda mit rotem Kopf in den Firestone-Caravan stürmt, rettet sich der BRM zugeteilte Ingenieur Tim Hung blitzartig durch die zweite Tür ins Freie. „Niki creates problems", wird Firestones geflügeltes Wort.

Follmer zerschmeißt zwei Shadows; Beuttler kreiselt vor den Boxen in die Leitplanken, „was meinen Stolz empfindlich verletzt"; und Carlos Pace bricht links hinten das Mel-Mag-Rad, das, unters Auto gerutscht, den Surtees meterhoch in die Luft katapultiert. Der dichtauf folgende Revson muß notbremsen. „Diese Leute sind ja verrückt", tobt Pace in der Box, „ich hätte mich überschlagen, mir weh tun können." Surtees ist blaß geworden: „Aber Mel-Mag hat mir versprochen, daß so etwas nicht mehr passiert, und rede seit Wochen mit dieser Firma . . . well, Carlos, wenigstens hattest du von dort oben einen guten Blick zum Himmel, zu den Wolken. Kommt Regen?"

Unvermutet, aber wie auf Kommando, rennen plötzlich die Lotus-Mechaniker los, zum Anfang der Boxenzeile, wo Fittipaldi gestoppt hat. Hastig wird sein Auto mit einer Plache zugedeckt: ein untrügliches Lotus-Indiz. „Rechts hinten ist der Radträger gebrochen", raunt mir Emerson zu, ehe er ins Ersatzauto umsteigt und damit — im Abschluß-training — Peterson rundenlang wie ein Schatten folgt . . . bis er zu Fuß an die Boxen kommt, erst langsam spazierend, dann im Lauf-schritt. Die Aufregung in der Lotus-Box ist fast körperlich spürbar. „Same thing, other side", verrät mir Fittipaldi: diesmal ist der linke Radträger gebrochen, „einfach gebrochen, ohne daß ich irgend etwas tat: beim Beschleunigen aus der Zielkurve."

Da es aber laut Chapman im Rennsport keine Mysterien gibt, sondern für alles, was passiert, eine präzise Erklärung — hier ist sie: „Peterson hat in Zolder drei Radträger beschädigt, Fittipaldi in Monaco sogar sieben, also wurden sie bei uns etwas knapp. Vor Zolder testeten wir neue Radträger: aus Magnesium, nicht mehr aus Stahl. Aber auf allen vier Autos die Radträger auszutauschen blieb nicht genug Zeit." Eine Erklärung, die Fittipaldi akzeptieren kann — oder auch nicht. Was die Felgen betrifft, so ist Lotus mittlerweile zu den (verstärkten) „Mel-Mags" zurückgekehrt, „weil auch unsere von Brabham gekauften Räder Sprünge hatten", wie Peter Warr enthüllt.

Peterson ist „etwas beunruhigt, weil mein Lotus plötzlich stark übersteuert", bleibt aber Trainingsbester vor Cevert. Ronnies erster Grand-Prix-Sieg? ist erstes Diskussionsthema bei der Cocktailparty, zu der Prinz Bertil, früher selbst Autorennfahrer, eingeladen hat. „Wie du wieder angezogen bist", rügt der wie zu einem Staatsempfang gekleidete Jackie Stewart den pullovertragenden Frank Williams, ehe er ins Privatgemach einer schwedischen Familie zieht, bei der auch Giacomo Agostini immer wohnt. Die zwei Kilometer zur Rennstrecke geht Jackie am Sonntag zu Fuß.

„Stewart wird vorn wegfahren, bis sein Getriebe bricht", weissagt Peter Warr. „Denn er hatte im Training Probleme mit dem Kegel- und Tellerrad, es aber nicht auswechseln lassen." Ein anderer hat es getan: der schlaue Hulme. In der Reifen-Lotterie setzen Peterson, Stewart und Hulme diesmal auf völlig verschiedene Nummern. Der Start verzögert sich, weil Denny erst Fotoreporter aus gefährlichen Positionen verjagen muß. „Warum erschießt du sie nicht?" fragt ihn Teddy Mayer ungerührt.

In der Aufwärmrunde reißt Reine Wisell, einem Kurz-Heimkehrer der Formel I, bereits in der dritten Kurve die Aufhängung. Peterson und Fittipaldi werden von Chapman mit dem Auftrag „Vollgas und bleibt vorne" ins Rennen geschickt und erfüllen den Befehl vom Start weg. Ronnie führt; und 58.000 Schweden schwenken jede Runde begeistert Hüte, Transparente und Flaggen, ja sogar ihre Hemden.

Fünf Sekunden hinter dem Lotus-Tandem kreisen Cevert, Stewart und Hulme als geschlossene Phalanx, dahinter, allein fahrend, Reutemann, Ickx und Revson. Monoton plätschert der schwedische Grand Prix dahin, ohne nennenswerte Boxenstops, ohne Platzverschiebungen — wie die neutralisierte Phase eines Sechstagerennens. Motto: Überholen verboten. Peterson und Fittipaldi fahren „so schnell wir können, ohne von der Straße zu rutschen", aber sie bekämpfen einander nicht. Nur einmal, als Ronnie in der Zielkurve weit nach außen gerät, liegt Emerson fast neben ihm — und manchmal wundert sich der Schwede über Emersons „lustige Driftwinkel in meinem Rückspiegel. Er fährt genauso hart wie ich. Aber er wird mich wohl nur überholen, wenn er dazu von anderen gezwungen wird. Sonst nicht."

In der 33. Runde: erster Positionswechsel. Cevert kann wegen heftiger Vibrationen das Tempo nicht mehr halten, kameradschaftlich winkt er Stewart nach vorn. Fast gleichzeitig beginnen die Überrundungsmanöver. Peterson/Fittipaldi sind im Achterpulk kurz eingesperrt, ihr Vorsprung auf Stewart/Cevert schmilzt: statt 5 nur noch 2 Sekunden. Und Denny Hulme fürchtet, sein Rennen sei, wieder einmal, zu Ende, als Oliver beim Überrunden in den Sand gerät, Fontänen von Dreck hochschleudert — die Hulmes Gasschieber blockieren: Vollgas nonstop. Denny muß den McLaren durch Ein- und Ausschalten der Zündung um den Kurs bewegen, verliert in dieser 47. Runde 15 Sekunden, fürchtet: „Das wird mein üblicher Boxenstop", und bereitet seine Mechaniker schon darauf vor. „Aber plötzlich, wie durch ein Wunder, läuft der McLaren wieder richtig."

„Mein Auto ist, wenn ich allein fahre, schneller als zuvor im Windsog der Tyrrells", registriert Denny der Bär und bekommt neuen Mut. 61. Runde, noch 19 zu fahren: Hulme kämpft Cevert nieder und ist schon Vierter. Peterson/Fittipaldi kommandieren weiter, aber Stewart sitzt den Lotus bereits im Nacken und merkt: „Emerson hat vor den Spitzkehren Bremsprobleme." Die langweilige Prozession muß noch zum Herzschlagfinale ausarten.

65. Runde: Peterson ahnt zum erstenmal, daß er auch heute nicht gewinnen kann, „denn plötzlich verschlimmert sich das Handling drastisch, der Lotus ist kaum mehr auf der Straße zu halten". (Etwa bei Halbzeit hat sich Ronnie links hinten in der Zielkurve einen Stein eingefahren; und langsam strömt die Luft aus.) Fittipaldi wird Ronnie

heute gegen Stewart abschirmen, kein Zweifel, aber was macht Hulme? 15 Runden vor der Zielflagge hat er noch 9 Sekunden Rückstand. „Eine Sekunde pro Runde, das gibt mir noch 4 Runden mit dem Führungsrudel, um sie alle zu überlisten", kalkuliert Denny.

Längst stehen wir alle da wie die Idioten — denn ausgerechnet in Anderstorp liegt der Start-Ziel-Strich nicht in Sichtnähe der Boxen, sondern ein paar Kurven entfernt. Das dramatischste Finale seit Monza 1969, wo Stewart Rindt um Reifenbreite schlug, bahnt sich an; aber wer kann es sehen? Fast unbeachtet rollt Lauda an die Box, weil im BRM-Benzinsystem immer noch der Teufel steckt.

Noch 10 Runden: Fittipaldis Lotus fängt an zu rauchen und zu qualmen, fast gleichzeitig sind sein Bremsschlauch und sein fünfter Gang gebrochen. „Weiter, weiter!" peitscht ihn Chapman mit hektischen Armbewegungen voran, aber da sind Stewart und Hulme schon an Emerson vorbei. Jetzt steht Ronnie allein da, mit einem schwer angeschlagenen Lotus. Noch drei Runden: Stewart brechen sämtliche Bolzen der hinteren Bremsscheiben, ein so totaler Defekt, daß die Mechaniker später die Scheibe drehen können.

Für Peterson fliegt das Signal „+1 HULME" an den Pistenrand. Fittipaldi und Stewart sind aus Ronnies Rückspiegel verschwunden, doch jetzt wird der McLaren größer, immer bedrohlicher, und der Schwede weiß: „Denny wird mir noch große Sorgen machen." Fünf Kilometer vor dem Ziel stimmt Pat McLarens Einlaufwette: 1. Peterson, 2. Hulme, 3. Cevert noch haargenau, auch wenn François bereits mit angeknackten Bremsbolzen fährt. Hulme kämpft im Finish mit unerhörtem Punch. Sein Opfer ist weidwund, Denny hat den Finger am Abzug, bedarf aber dennoch eines Tricks, um Ronnie zu erledigen: In der vorletzten Runde, beim Beschleunigen auf die Gerade, wartet Denny kühl ab, bis Peterson schaltet, klemmt dann seinen Drehzahlbegrenzer ab, jagt den Motor weit über 11.000 Touren — und schießt am wehrlosen Peterson vorbei. Der Fangschuß.

Hulme gewinnt vor Peterson, Cevert, Reutemann, dem bremsenlosen Stewart und Ickx. „Unglaublich", wundert sich Ronnie an der Box. Als er den Helm abnimmt, bricht Applaus von allen Seiten los. „Du kommst näher und näher", lacht ihm Chapman zu, Ronnie sagt sein übliches: „Next time", und dann muß auch er lachen: „Daß es so schwer ist zu gewinnen?" Wenige Minuten später steht der Lotus mit Plattfuß da. Ein paar Boxen daneben zieht sich Stewart still und leise um: „Heute hätte ich gewonnen", sagt er. Ganz am Ende der Boxenzeile fragt jemand Tim Parnell, was eigentlich mit Regazzonis neuntplaciertem BRM gewesen sei. „Fahrerproblem", sagt Parnell böse. Es wird offenbar Mode, bei Versagen des Teams die Piloten zu beschuldigen.

Nur einer blinzelt glücklich in die Abendsonne von Anderstorp — Denny Hulme.

Bei der Preisverteilung nuschelt Graham Hill ins Mikrofon: „Es ist eine Schande, daß Ronnie seinen Heimat-Grand-Prix verloren hat — aber du wirst es selbst zugeben: Wenn außer dir jemand heute den Sieg verdient hat, dann nur Hulme." Denny war 1973 schon so oft Opfer von Reifenschäden; heute hat er nur deshalb gesiegt, weil es einen anderen traf: „Good luck for me, bad luck for Ronnie." Und er tröstet den Schweden: „Mach dir nichts draus, ich habe bei mir daheim auch nie den Großen Preis von Neuseeland gewonnen . . ."

Denis Clive Hulme, Sohn eines hochdekorierten Weltkriegsfliegers, hat seine ersten Europa-Rennen barfuß gefahren. Heute, mit Schuhen, ist er knorrig, direkt geblieben: oft wortkarg. Immerhin trinkt er neuerdings zum Essen ein Glas Wein. „Denny wird zivilisiert", meint man im Zirkus. Seine größte soziale Tätigkeit ist, zu Hause den Garten umzustechen. Und eines kann der ochsenstarke Mann aus Te Puke, Neuseeland, nicht ablegen: seinen Haß, im Regen zu fahren. Ist die Bahn naß, dann trainiert er einfach nicht. Womit er schon oft genug sein Team verärgert hat — und das muß bei McLaren schwer genug sein.

Bereits zu Bruces Lebzeiten war das McLaren-Team das erste, das seine Autos nach Checklisten wie im Flugzeugwesen kontrollierte. McLaren wird, hat man mir verraten, 1974 auch das erste Formel-I-Team sein, das während der Rennen mit Funk arbeitet! Schon in Indianapolis fuhren Peter Revson und Johnny Rutherford mit Sendern im Sturzhelm, was optimale Information garantierte, denn bei 350 km/h sind Indy-Boxensignale nur schwer zu entziffern. Die Operation kostete 11.000 Dollar und wurde mittlerweile längst auf die USAC-Rennen ausgeweitet.

Teddy Mayer, Hauptaktionär von McLaren, hatte diese Idee. Er hat früher die gleiche Universität besucht wie Peter Revson — Cornill, nahe Watkins Glen. Unerkannt verbringt Teddy seit zehn Jahren jeden Winter in Lermoos, Tirol, beim Skifahren. Wenn seine Rennboxen von Fans gestürmt werden, dann vergißt Teddy jedoch alle Gastfreundlichkeit und hängt ein Schild aus: „Wir laufen nicht durch eure Wohnungen, also trampelt bitte auch nicht in unsere.“

Das Schauobjekt ist der McLaren M 23, den Gordon Coppuck (der genau wie Robin Herd oft seinen Paß vergißt) konstruiert hat. Als Hulme damit im Winter schon in seiner sechsten Goodwood-Testrunde schneller gefahren war als je zuvor mit einem Formel I, strahlte er: „Wir wissen von Anfang an, welche Bombe wir da gebastelt haben.“ Der Haltbarkeitsrekord der McLaren ist sprichwörtlich: 1972 etwa kamen sie bei 25 Starts 22mal ins Ziel, und 1973 werden die Motoren von einem neuentdeckten Genie gewartet: Nicholson. Coppuck schützt zusätzlich die Kühler durch ein Gitter gegen Steinschlag, und er hat auch ans Überleben gedacht: Am M 23 war vom ersten Einsatz an das Lenkrad samt Lenksäule abnehmbar; einen Kippschalter umzulegen genügt bereits. Und die Kühlung des M 23 ist komfortabel.

Jetzt hat der neue „Yardleymac“ sein erstes Rennen gewonnen und Hulme nach 15 Monaten Sieglosigkeit (seit Kyalami 1972) wieder zum Lorbeerkranz verholfen — seinem siebenten bis jetzt. „Ein Sieg pro Jahr“, stöhnt Denny, „Boy, da muß ich ja steinalt werden, um Stewarts 25 Siege zu egalisieren.“

Der Schweden-Triumph fällt mit Dennys 37. Geburtstag zusammen. Er feiert beides in für ihn geradezu sensationellem Stil: „Ein Freund von uns namens McDonald, der als Schrott- und Altwarenhändler Millionen verdient, besitzt einen Rolls-Royce mit Spezialkarosserie, Bar, Stereo und Fernsehapparat“, erzählt mir Denny. „Dieser Mann war mit dem Auto in Schweden, wo er sich leider den Fuß brach. Also fuhren Phil Kerr und ich das Auto zurück nach England. Um sieben Uhr früh erwischten wir die Fähre in Göteborg, dann kreuzten wir den Ärmelkanal, waren insgesamt 20 Stunden auf dem Schiff, sind am Pool gesessen und haben getrunken ... es war beinahe wie früher in Neuseeland. Nur ohne Lagerfeuer.“

Am folgenden Wochenende hat Hulme Pause, aber er hört alle Nachrichten: Beim Formel-II-Lauf in Rouen stirbt Gerry Birrell, ein junger Schotte auf dem Weg in die Formel I, durch eine unglaubliche Schlamperei: Die Leitplanken waren derart locker im Sand montiert, daß sie von Kindern verschoben werden konnten. Offizielle verhindern mit Brachialgewalt, daß sich Fittipaldi die Unglücksstelle ansieht — die Cevert vor der GPDA bereits scharf kritisiert hat. François selbst wird an diesem Tag beim Prototypenlauf in Zeltweg, grippegeschwächt, Zweiter, und nimmt nach dem Heimflug von Orly die französischen Reporter im Auto nach Paris mit: „Wir stoppen zehn Sekunden an der Kreuzung, und plötzlich fährt mich ein Idiot mit Vollgas an." Lauda verletzt sich beim Tourenwagenrennen am Nürburgring einen Halsmuskel und steigt in Frankfurt irrtümlich ins Flugzeug nach Hamburg. Peinlich, weil ihn Montag früh BRM zu Testfahrten in Zeltweg erwartet.

„Wenigstens ist Regazzoni dort", tröstet sich Niki, irrt jedoch: Clay folgt an diesem Montag einem Geheimkommando. In seltsamer Verkleidung — roter Overall, weißer Helm — probiert der BRM-Pilot auf der Fiorano-Teststrecke den Formel-I-Ferrari; mitten in der Saison! Überraschend, daß sich Ickx durch diesen Ferrari-Schachzug nicht brüskiert fühlt: „Clay fährt oft nach Maranello. Er ist bei BRM nicht glücklich, du weißt, er ist überhaupt nicht glücklich, will zu Ferrari zurück — und so bekam Ferrari die Chance, mir zu beweisen, daß unsere Zusammenarbeit nicht klappt."
Parnell fragt Regazzoni Tage später nach seinen Ferrari-Eindrücken. „Fantastischer Motor, fantastisches Getriebe, hoffnungslose Fahrer", grinst ihn Clay an. Seinem Chef gegenüber verschweigt Parnell das Abenteuer seiner Nummer 1: „Stanley hätte wohl der Herzschlag getroffen", vermutet er.
Ickx hat von Ferrari seit Anderstorp nichts mehr gehört. „Wahrscheinlich habe ich jetzt Amnestie", lächelt Jacky, fragt mich jedoch: „Weißt du für mich ein gutes Formel-I-Auto für 1974?" Lotus, wenn du materialschonend fährst. „Und wenn ich keinen Lotus fahren will?" Dann vielleicht den Tyrrell. „Der McLaren", sagt Ickx spontan, „ist ein phantastisches Auto, das, glaube ich, sogar noch schneller gefahren werden kann. Warte ab, was Scheckter in Frankreich aufführt."

LE CASTELLET: FAST EINE STERNSTUNDE

Das McLaren-Team hat nur ein Problem: um einen Fahrer zuviel. Hulme, der alte Haudegen, hat gezeigt, daß er immer noch der Schnellste ist; und seine Formel-I-Fronterfahrung kann jederzeit Motorschlachten gewinnen. „Wer ist Nummer 1 eines Teams?" fragt mich McLaren-Chefmechaniker Alastair mit einem Seitenblick auf Peterson und Fittipaldi, „wohl der Schnellste. Nummer 2 ist der Zweitschnellste, und das wäre bei uns Jody. Peter Revson ist im Training zumeist schneller als im Rennen und gewinnt nichts; also würde ich ihn fallenlassen."

Ständig drei Autos einzusetzen ist laut Alastair „nicht um 50, sondern um 100 Prozent komplizierter. „Und außerdem eine Frage des Geldes" (das McLaren nicht hat).

Jody David Scheckter — mit erst 23 ist der kraushaarige Südafrikaner, den sie bei McLaren den „Baby-Bär" nennen, noch jünger als Lauda. Sein Vater ist Autohändler in Johannesburg. Jody fing mit Touren-wagenrennen an (Renault und Mazda), wechselte in die Formel-Ford über und gewann 1971 ein Stipendium für London, wo er mit nichts in der Tasche ankam, außer der Telefonnummer des Reporters Mike Doodson: „Jemand hat mir gesagt, ich könnte eventuell bei dir auf dem Fußboden schlafen", klingelte ihn Jody aus dem Bett. Vom Fuß-boden avancierte er in Fittipaldis einstigen Merlyn, von dort in die Formel III, und für 1972 konnte er bereits zwischen zwei prominenten Teams würfeln: Lotus und McLaren.

Peter Warr wollte Scheckter für die Formel III anheuern, doch Jody wollte Formel II fahren — und dafür hätte Lotus ein eigenes Team ausrüsten müssen. „Es hätte nur 20.000 Pfund gekostet", kratzt sich Warr heute nachdenklich den Kopf, „und inzwischen ist Jody 50.000 Pfund wert." Blieb McLaren, das sich, vor der Wahl, entweder Jochen Mass oder Scheckter zu verpflichten, für den Jüngeren entschied. Jody bedankte sich mit einem Formel-II-Premierensieg in Crystal Palace (wo schon 1964 Jochen Rindts Stern aufgegangen war) und debütierte noch 1972 im Großen Preis der USA: Viertplaciert, warf ihn ein plötzlicher Regenschauer von der Bahn. In seinem zweiten

Grand Prix, zu Hause in Kyalami, führte er bereits — bis ihn Stewart austrickste.

„Natürlich", sagt mir Jody, „hätte ich viel lieber eine volle Formel-I-Saison gefahren, aber du bekommst eben nicht immer, was du willst. Hulme und Revson zählen zu den sechs Besten der Welt: Warum wegen mir einen von ihnen hinauswerfen? Ich bleibe bei McLaren: nicht wegen des Vertrags, nicht aus Dankbarkeit, weil sie mich als erste genommen haben — sondern ganz einfach, weil das Team gut ist." Die Konkurrenz war längst Sturm gelaufen; auch BRM. Aber Ken Tyrrell riet Jody: „Besser nur fünf Rennen mit McLaren als zehn Jahre mit BRM." Und Hulme meinte dazu: „Vergiß bei uns das Geld, bau dir lieber eine saubere Karriere auf."

Hulmes Verhältnis zu Scheckter ist fast väterlich. Nie und nimmer hätte er früher seine Trickkiste geöffnet, einen Teamkameraden unterrichtet — keinen Gethin, keinen Redman, keinen Revson. Aber Jody erteilt er regelrechten Unterricht. „Er steht mir näher als Revson", gab mir Denny freimütig zu. „Wahrscheinlich, weil er genauso tolpatschig und hilflos nach Europa gekommen ist wie früher ich aus Neuseeland . . ."

Einmal hockte Jody mit zwei Wiener Reportern in der Sauna des Berliner „Kempinski"-Hotels, als plötzlich ein Mädchen in die Schwitzkammer trat, ihr Badetuch fallen ließ und sagte: „Das ist eine Familiensauna." Jody wurde rot. „Er ist ein guter Boy", lobt ihn Hulme, „und er hat die Begabung, sehr, sehr schnell zu fahren. Nur braucht er jemanden, der ihn kontrolliert, ihm hilft. Sonst geht er eines Tages den gleichen Weg wie Dave Walker bei Lotus: steil bergab." Und Denny erweckt sogar den Eindruck: Es würde ihn nicht stören, wenn ihn Scheckter schlägt.

Doch dazu hat Jody 1973 nur noch viermal Gelegenheit. In der Zwischenzeit verbläst er in der amerikanischen Formel-5000-Serie arrivierte Stars wie Mark Donohue und spielt seinem Team 87.000 Dollar ein. Mit den ersten 10.000 Dollar in der Tasche fragt er Hulme: „Denny, was kann man mit soviel Geld anfangen? Ich wüßte es nicht."

Längst loben ihn alle zum „Weltmeister von morgen" hoch. „Ich würde gern genauso denken", sagt mir Jody, „aber Champion zu werden, das verlangt Intelligenz und Glück fürs ganze Jahr." Zunächst darf er — weil Revson ein USAC-Rennen in Pocono fahren muß — für den französischen Grand Prix ins Formel-I-Cockpit. Und die meisten verschlafen die Wette des Jahres, denn die englischen Buchmacher legen einen Scheckter-Sieg in Le Castellet 50:1.

500 DM ist dafür dem deutschen Motorsportbaron Huschke von Hanstein die Wette wert, daß sich ein echter Formel-I-Debütant „die ganze Saison für keinen einzigen Grand Prix wird qualifizieren können": Er meint Rikki von Opel und dessen laubfroschgrünen, durch keinerlei Reklame verunzierten Ensign, dessen Konstruktion Rikki finanziert hat — „ein Fahrer also", meint Frank Williams etwas neidisch, „von dem ich fünf Jahre lang geträumt habe".

Rikki von Opel, braungebrannt, bebrillt, drahtig, sensitiv — das ist eine neue Nummer im Formel-I-Zirkus. Sein Urgroßvater Adam war der Opel-Gründer, sein Vater der berühmte „Raketen-Fritz", der 1928 auf der Berliner Avus Schlagzeilen machte. Geboren in New York, der Vater Deutscher, die Mutter Spanierin, Schweizer Wohnsitz, Liechtensteiner Paß, Büro in London: Rikki ist ein echter „Mr. International". Um die Familie nicht zu erschrecken, fuhr er seine ersten Formel-Ford-Rennen unter dem Pseudonym „Antonio Bronco". 1972 war er bereits englischer Formel-III-Meister.

Ob der Sprung in die Formel I nicht zu groß ist? „Ich weiß ja gar nicht, wie die Formel I ist." Ob er, der heute das Opel-Vermögen verwaltet, im Gotha steht? „Mir wäre lieber, du könntest mir sagen, wo ich noch eine halbe Sekunde gewinne." Als Grand-Prix-Fahrer will Rikki „langsam ins Mittelfeld promovieren, aber das Überleben spielt auch eine Rolle. Von Stewart möchte ich mir sein Konzentrationsvermögen abschauen, von Fittipaldi das Glück." Und was erwartest du für deinen ersten Grand Prix? frage ich den neuen Formel-I-Aristokraten. „Letzter", sagt Rikki von Opel.

Im ersten Training auf der baum- und strauchlosen Paul-Ricard-Piste findet es Rikki „schön, wie mir Peterson im Rückspiegel langsam näher kommt". Die Lotus laufen mit um 30 Zentimeter zurückversetzten Heckflügeln, was die Tyrrell-Mechaniker erschreckt: „Das sind ja bereits zwei Autos geworden." Bestgelaunt kleiden sich Stewart und Cevert im elf-Wohnwagen um, doch als Benoit für

François eine Dose mit „Basler Läckerli" mitbringt und der Franzose spontan zu trommeln anfängt, mimt Jackie den Entsetzten: „Das geht jetzt das ganze Wochenende so. Diese junge Fahrergeneration wird mir langsam zu laut. Am besten, ich ziehe zu einem ruhigen, älteren Herrn — Graham Hill."

Auf der überlangen Mistral-Geraden trifft der Fahrtwind die Köpfe der Piloten wie eine Welle von Ohrfeigen, beutelt sie durcheinander. „Nur ganz verschwommen", sagt Lauda, „kann man die Bremssignale ablesen." Auf der ersten wirklich schnellen Grand-Prix-Strecke des Jahres werden die BRM-Motoren schonungslos entlarvt: um 50 PS zu schwach. Lauda vergißt immer, wenn er wütend aussteigen will, daß sein Kopf ja am Schlauch des „Lebensretters" hängt; und weil er geträumt hat, der Schlauch habe gebrannt, zündet er ihn zur Probe an: er ist tatsächlich feuerfest. Regazzoni schwellen nach dem ersten Motorschaden die Gesichtsadern furchterregend an — untrügliches Zeichen, daß er stocksauer ist. „Terrible", knurrt er gezählte zehn Mal, „schrecklich". Beltoise, der Franzose, erhält den relativ stärksten BRM-Motor. Jacky Ickx klagt mir: „Ich weiß nicht, aber ich kann den Ferrari nicht mehr spüren."

Und die Tyrrells kommandieren: Erster Stewart, Zweiter Cevert; wie hier schon 1971, beim ersten Tyrrell-Doppelsieg, „nur werden wir Sonntag die Reihenfolge umkehren", glauben die Mechaniker. „Was ich hoffe?" strahlt mich Cevert an. „Daß ich Jackie schlage. Aber was ich glaube: daß Jackie mich schlagen wird." Die Mitternachtsparty von „elf" im Viersternehotel „Isle Rousse" ist sehr ausgelassen. „Im Moment haben wir keine Sorgen", atmet Ken Tyrrell auf, während die Mechaniker Stewart in voller Tracht in den Swimmingpool werfen — doch faszinieren mich Jackies Blitzreflexe: In den Zehntelsekunden zwischen Abwurf und Untertauchen reißt er sich noch die Schuhe von den Füßen und schleudert sie an Land. Auch Cevert muß unfreiwillig köpfeln, sein himmelblauer Jeans-Anzug sieht aus, als käme er direkt aus der Waschtrommel. „Hau ab", prusten Jackie und François zu mir herüber, „wir glauben, heute kommt jeder dran. Auch du."

Samstag werden die Tyrrells nicht mehr schneller, und Ken macht mea culpa: „Meine Fahrer wollten einen längeren zweiten Gang, aber

ich habe ihn irrtümlich kürzer übersetzt. Sorry, es ist meine Schuld."
In der Aufregung schmeißt Ken zwei Ölwannen um. „Was machst du
noch alles falsch", rügt ihn Stewart mit gespielter Strenge, „zuerst die
falschen Gänge und jetzt noch Lärm. Raus aus unserer Box."
Fittipaldi kann das Tyrrell-Duo aufsplittern, nicht jedoch Peterson,
den schon tagelang der Benzindruck im Stich läßt. Dafür zaubert
Jody Scheckter die zweitbeste Zeit — von allen kommt er Stewart am
nächsten, ganz allein fahrend, ohne Windschattenhilfe.
Tyrrell, McLaren, Lotus bevölkern die erste Startreihe, die BRM
stehen nur in der vierten, sechsten und siebenten; worauf Niki Lauda,
Parnell und Pilbeam beim Abendessen Standgericht über Stanley
halten: „Er kommt um 22 Uhr im Hotel an. Wir gehen sofort zu ihm,
werfen ihm alles an den Kopf und verlangen, daß er endlich einen
Motorenfachmann einstellt. Entweder er tut endlich etwas, oder ich
glühe auch nur noch halb." Doch Stanley hat den Braten offenbar
gerochen: Um Mitternacht ist er immer noch nicht sichtbar (immerhin:
nach diesem Rennen engagiert BRM den Schöpfer des Coventry-
Climax-Motors, Wally Hassan).
Der Renntag zieht brütend heiß herauf; die Luft scheint stillzustehen.
Dem Genie Chapman gelingt es, mit einem Trick Petersons Benzin-
zufuhrprobleme zu lösen: Er wechselt einfach ein Tankventil aus.
„Die letzten drei Großen Preise", wundern sich die Tyrrell-Mechaniker, „waren für uns immer so leicht. Die Probleme kamen immer
erst im Rennen." Stewart klebt Schwarzfolien auf sein Visier, döst
in seinem Campingsessel, die Beine auf Ceverts Reifen gelegt, und
schickt ab und zu, durch halbgeschlossene Lider, einen stechenden Blick
in die benachbarte McLaren-Box — zu Jody Scheckter.
„Was ich heute tun kann? Das hängt vom Auto ab", sagt mir Jody.
„Gewinnen kann jeder der ersten sechs. Aber alle anderen fünf haben
soviel mehr Erfahrung als ich; in all den vielen seltsamen Dingen, die
in einem Grand Prix passieren können, speziell mit vollen Tanks. Ich
rege mich nicht auf, ich muß ja nicht gewinnen. Also gehe ich einfach
hinaus und warte ab, was passiert."
Als er seinen Rückspiegel einstellt, zerbricht das Glas. Fieberhaft
montieren die Mechaniker einen Ersatzspiegel. Und am Startplatz sitzt
Jody ohne Handschuhe — im Transporter vergessen. Phil Kerr holt sie

rasch, und Hulme lacht dröhnend: was bei ihm immer wie nach Reißnägeln klingt. Stewart wartet bis zuletzt im Schatten. Fittipaldi tratscht mit Fürst Metternich, Peterson mit Prinz Bertil. In der letzten Reihe kann von Opel das Startzeichen kaum erwarten: „Endlich geht es los, jetzt beginnt für mich etwas Neues, Großes."

Polizei scheucht die Mechaniker vom Scheckter-Auto weg. „Starte, sobald hinter dir Cevert losfährt", brüllt Alastair ihm zu, worauf Ralph Bellamy von Lotus korrigiert: „Falsch — wenn Cevert losfährt, ist schon Beltoise bei ihm."

Kaum hat der Starter die Tricolore gesenkt, verkrallen sich fünf Autos zu einem derart eng geschlossenen Pulk, daß man alle fünf mit dem berühmten Badetuch zudecken könnte: Scheckter-Peterson-Stewart-Hulme-Fittipaldi, während Cevert von mysteriösem PS-Schwund befallen wird und bald hinter Reutemann zurückfällt. Scheckter kommandiert das Geschehen mit verblüffender Kaltschnäuzigkeit und Cleverness und trotzt den härtesten Attacken. „Wir alle fahren am Limit, und ich muß höllisch achtgeben, daß mir nicht der geringste Fehler passiert: Denn die Champions in meinem Nacken sind jederzeit zum Zuschlagen bereit", erzählt mir Jody später sein Gefühl in führender Position.

Die fünf donnern dahin wie ein Auto mit zwanzig Rädern. Ihr Kampflärm ist ebenso zu hören, wie man den Pulverdampf des Rad-an-Rad-Kämpfens wittern kann. „Riechst du das Führungsrudel?" fragt mich Tyrrell-Chefmechaniker Roger, als der Pulk mit Jody an der Spitze aus der zweiten Zielkurve rumpelt und gleich darauf wie ein Geschwader im Tiefflug an den Boxen vorbeibraust — mit nur langsam abebbendem Lärm. Mit seinen schalldämpfenden Kopfhörern und seinem harten Gesicht sieht Roger aus wie ein Bordfunker auf Feindflug. Er hat recht: Es riecht bei jeder Boxenpassage wie auf dem Schießplatz. Aber Rogers Nase registriert noch ein Aroma: „Irgendwo, in einem der fünf Autos, braut sich ein Getriebedefekt zusammen."

Das Spektakel dauert 16 Runden, dann fällt die Fünfer-Seilschaft auseinander, wird der Führungspulk zerrissen: Hulme schert an die Boxen aus, muß den linken Hinterreifen wechseln und stürzt sich mit einer Runde Rückstand zurück in den Verkehr, in nunmehr 19. Position. Drei Runden später: gleiches Malheur für Stewart, gleichfalls der linke Hinterreifen, und Aufregung bei Lotus, weil Stewart den Motor laufen läßt. Jackie fällt auf den 13. Rang zurück. „Wenigstens ein Trost", sagt mir Roger, als er nach getaner Arbeit an die Steinmauer vorkommt: „Es ist nicht unsere Gearbox, die stinkt."

„Zu diesem Zeitpunkt", sagt Ken Tyrrell später, „hätte ich jeden Scheck der Welt unterschrieben, hätte mir jemand verraten, daß wir noch Zweiter und Vierter werden ... und daß Fittipaldi nicht gewinnt."

Draußen hat Ronnie Emerson vorgewunken: Jetzt hat der Weltmeister Feuer frei auf Scheckter. Fittipaldi arbeitet langsam seinen Schlachtplan aus: „Im Innenteil der Strecke kann ich, sobald ich an Jody vorbei bin, um eine Sekunde schneller fahren — aber überholen kann ich ihn nur in der Haarnadel vor der Zielkurve, die ich 20 Meter später anbremse als er." Prompt wittert Hulme die Gefahr für Jody, hantelt sich im Windschatten in die Spitzengruppe zurück und müht sich rundenlang, seinem jungen Teamkameraden mit Handzeichen klarzumachen: „Paß in der Zielkurve auf, dort will Fittipaldi innen durchtauchen und dich überrumpeln." Plötzlich streckt Denny für die McLaren-Box den Daumen hoch. Jody hat begriffen, soll das wohl bedeuten.

Zwei Distanzdrittel sind zurückgelegt, und Scheckter führt immer noch. Sollte er einen neuen Rekord aufstellen und bereits seinen dritten Grand Prix gewinnen — etwas, das Fittipaldi erst im vierten Anlauf geschafft hat? Die Pulsschläge in den Boxen verdoppeln sich. Scheckter ist so nahe dem Sieg ... und doch so fern.

In der 42. Runde fallen die Würfel — doch anders, als alle glauben. Der Pulk läuft auf Beltoise auf, um ihn zu überrunden, wird aber von der Langsamkeit des BRM überrascht. Beltoise bremst früh, folglich muß auch Scheckter früh in die Bremsen springen, aber Fittipaldi wittert die Chance, innen durchzustechen. Ein chancenarmes Unterfangen, denn aus dem Windschatten heraus hätte der schnellere McLaren den Lotus am Ende der Geraden vermutlich wieder überholt. Oder vertraute „Fitti" darauf, daß ihn Peterson abblockt? Das Problem: Scheckter (gegen Beltoise) und Fittipaldi (gegen Scheckter) wollen gleichzeitig überholen. Jodys rechtes Hinterrad tanzt über

Emersons linkes Vorderrad, beide Wagen kreiseln von der Bahn. Der Lotus bleibt mit drei demolierten Radaufhängungen im Sand liegen, der McLaren hinkt noch eine Runde um den Kurs, danach steigt Jody aus: Seine Sternstunde ist vorbei, die Sensation geplatzt. „Ich bin nicht schuld, denn ich wurde ja gestoßen", sagt Scheckter, während sich Fittipaldi ärgert: „Jody ist plötzlich herübergerutscht und hat mir die Tür zugemacht. Mit einem erfahrenen Piloten wäre so etwas nie passiert." Die Schuldfrage ist wohl geteilt — aber wenn jemanden mehr Verschulden trifft, glaubt der Zirkus, dann Emerson.

Als Stewart nach der Karambolage die Boxen passiert, kriecht er tief ins Cockpit und wedelt, mit nach oben gestreckten Händen, ein paar Kraultempi: „Jetzt komme ich", annonciert er, während sich die Tyrrell-Boys stumm anblicken: „Jackie hat noch nie während eines Grand Prix Spaß gemacht." Stewart hat Rekordrunden gedreht, de Adamich überholt, sich binnen vier Runden durch die ineinander verbissene Kampfgruppe Wilson Fittipaldi-Merzario-Lauda-Hill gesaugt, Hunt niedergekämpft, und der sinkende Rückstand auf seinen Erzrivalen Ickx wirkt bereits wie Adrenalin.

Die Kollision der beiden Führenden hat unvermutet dem chronischen Pechvogel das Tor zum Sieg meterbreit aufgestoßen — Ronnie Peterson, der schon so lange seinem Premierensieg nachläuft, führt plötzlich 40 Sekunden vor Cevert. Aber heute kann François gegen Ronnie nichts ausrichten: zuwenig PS und ein von Steinschlägen bombardierter, leicht verbeulter Tyrrell. Stewart wird nicht mehr gefährlich: Er zwingt zwar Ickx, jetzt um eineinhalb Sekunden schneller zu fahren, und treibt den Ferrari an Reutemann heran — aber Jackie kann nur noch Ickx niederringen, nicht mehr den Argentinier, weil jetzt auch einer seiner Vorderreifen bereits Luft verliert.

Über die letzten Runden bewegt Peterson den Lotus wie ein rohes Ei: 42 Runden im Schatten des „Kometen" Scheckter hergefahren, überlegt Ronnie jetzt als einsamer Spitzenreiter, „was noch alles passieren kann, bei meinem Pech, und tatsächlich höre ich bei hoher Drehzahl plötzlich Motoraussetzer". Aber dann kommt die Zielflagge heraus — Ronnie ist am Ende seines Opferganges angekommen.

„Es hat sich ausgezahlt, darauf zu warten", strahlt der Schwede. „Du hast es lang verdient", küßt ihn Pat McLaren ab, doch Ronnie gibt zurück: „Ich bin ja so sorry für Jody." Typisch Peterson, daß er sich fast noch entschuldigt. Dein erster Sieg, dein erster Champagner, sagt Bernard Cahier in der Goodyear-Koje, schenkt ein, die früheren March-Freunde gratulieren herzlich — und ein Blick auf die Ergebnislisten zeigt dreierlei: Erstens ist Rikki von Opel, wie gewünscht, tatsächlich Letzter aller Angekommenen geworden; zweitens führt Stewart erstmals in der Weltmeisterschaft; und drittens liegt Tyrrell erstmals im Konstrukteurbewerb in Führung.

„Die Grand-Prix-Rennen verlaufen heuer dramatischer denn je, wo wird Ähnliches geboten?" fragt Ken Tyrrell, während Tim Parnells größte Sorge während des Rennens war, seine Mechaniker um Trinkwasser für seine Frau zu schicken.

Grand-Prix-Sieger Peterson fällt gegen ein Uhr morgens, mit dem Charterflugzeug nach England zurückgekehrt, in Maidenhead hundemüde in sein Bett, steht aber Montag zeitig auf, um gemeinsam mit seinem Vater die Küche aufzuräumen. Geschirrabwaschen, das erstickt jedes Stargefühl; sogar freiwilllig.

SILVERSTONE: DIE HÖLLE VON INDIANAPOLIS

Das erste, das mir auf dem umgebauten RAF-Kriegsflughafen von Silverstone auffällt, ist die umkonstruierte Zuschauerbrücke über der Zielgeraden (der Pfeiler wurde nach außen, jenseits des Auffangzauns transferiert), das zweite die Traurigkeit in den Augen der Brasilianer: Das Flugzeug aus Sao Paulo ist abgestürzt; unter den Toten sind Tonio Scavone, der die Formel I nach Brasilien gebracht hat, Fernsehleute und Dutzende Rennfans. „Manche", sagt Fittipaldi, „waren Freunde von mir."

In den Starterlisten: vier Formel-I-Debütanten. March hat überraschend Jarier gegen Roger Williamson ausgetauscht; Brabham hat dem Iren John Watson für 7000 Pfund einen BT 37 verkauft; Graham McRae, das „Großmaul" vom fünften Kontinent, das stets verächtlich auf Grand-Prix-Piloten herabblickt, sitzt im zweiten Iso-Marlboro; und Jochen Mass im dritten Surtees.

Jochen Mass — das ist Deutschlands neuer Rennliebling: dunkel-

blondes, gewelltes Haar, blaue Augen, dazu ein unbändiger Freiheits-drang (der alles erklärt, was er jemals tat). Zwei Jahre lang war er Matrose, kam auf Bananendampfern und mit der Handelsmarine rund um die Welt, doch kann man sich nicht vorstellen, daß Jochen jemals Matrosenflüche gelernt hat: Er spricht leise, artikuliert, fast vornehm. „Ich werde irr, wenn ich länger als fünf Minuten eine Wand anstarren muß ... und ich werde, wenn ich mit dem Rennfahren aufhöre, ganz bestimmt ein Segelschiff kaufen und ins offene Meer hinausfahren; wo mich kein Mensch mehr sieht." Wenn er von Meer, Wind und Wellen hört, bekommt Mass immer glasige Augen, und er kann tagelang Schiffe betrachten; speziell im Hafen von Monte Carlo.

Dort bestätigte sich 1972 auch das Sprichwort: „Unglaublich, wie gutes Aussehen vielen Leuten oft weiterhilft." Nina Rindt und Helen Stewart entdeckten als erste den Charme des Deutschen, Helen lief sogar mit einem T-Shirt „I like Jochen Mass" durch Monte Carlo und wollte sich unbedingt das Formel-III-Rennen ansehen; wegen Jochen Mass. Wegen wem? fragte Jackie verblüfft, Jochen Mass? Nie gehört. Weil aber Helen darauf beharrte, schaute Jackie zu. Jochen fuhr sehr gut. Und tags darauf kannte auch Fürst Rainier III. schon Jochen Mass — weil Helen immer von ihm sprach. Später promovierte Stewart den Deutschen in die GPDA: als Vertreter jener Fahrer, die sich noch nicht in die Formel I durchgeboxt hatten.

Mike Kranefuß von Ford-Köln legte den heißen Draht zu Surtees. In der Formel-II-Europameisterschaft 1973 gab sich Mass nur Jarier geschlagen, oder besser: dem BMW-Motor, „denn mit ihm wären außer Jarier noch zehn andere Europameister geworden", glaubt Mosley. Ford-Boß Walter Hayes beobachtet längst Mass „sehr auf-merksam, und ich helfe ihm weiter, denn wir wollen wieder einen Deutschen in der Formel I". Ken Tyrrell sah sich wegen Mass zwei Formel-II-Rennen an — aber Jochen hat ja seinen Surtees-Vertrag.

Ob „Big John" schwierig ist? „Er muß jemanden mögen", glaubt Mass, „um mit ihm bestens auszukommen. Und mich mag er." Viel-leicht, weil Surtees eine deutsche Großmutter hat; „außerhalb von Karlsruhe, aber ich weiß jetzt nicht, wie sie heißt. Frag nicht solche Details, während ich das Auto umbauen muß", sagt mir John. Die

Moral des Teams (noch ohne WM-Punkte 1973) ist tief. „Kein guter Zeitpunkt, um hineinzukommen", fürchtet Mass.
In Goodwood schießt er sich für sein Formel-I-Debüt ein. In Silverstone kuriert Rikki von Opel die Kinderkrankheiten des Ensign, die man ihm aber erst glaubt, als Peter Gethin 1:25,8 fährt — und Rikki 1:19,7. In Teddy Mayers Londoner Wohnung, wo er regelmäßig logiert, packt Peter Revson seine Renntasche und ist amüsiert, weil ihn das Ladbroke-Wettbüro für den englischen Grand Prix nur zum Kurs 14:1 anbietet. „Revvie" setzt 100 Pfund auf sich selbst, kann also später 1400 Pfund kassieren — wenn er gewinnt.

Peter Jeffrey Revson — noch ein Rennpilot mit dem Profil eines Filmstars. Ich traf ihn erstmals 1965 in einem Pariser Restaurant, als Rindt seinen Le-Mans-Sieg feierte. „Peter ist mit 10.000 Dollar aus Amerika gekommen, um Grand-Prix-Fahrer zu werden", verriet Rindt. Zusammen mit Amon und Hailwood teilte „Revvie" damals eine Junggesellenbude in Surbiton, in der es nur zwei Gesprächsthemen gab. Erstens: Girls, zweitens: Wann werden wir Weltmeister? Peter war „etwas neidisch auf Amon, weil ihm mit 21 alle Welt und alle Chancen offenstanden, was Chris aber nicht kapierte" — und an Hailwood mißfiel ihm, „daß sich Mike nie richtig von seinen Motorrädern losreißen konnte".

Revson, der Playboy und Millionärssohn aus New York (später Kalifornien), war der Gewissenhafteste der drei, von denen, bis Sommer 1973, noch keiner einen Grand Prix gewonnen hat. Aber auch „Revvie" erlebte sein Auf und Ab. Die Formel-I-Verbindung mit Tim Parnell ging daneben. Ein McLaren-Werksauto für die CanAm 1966 scheiterte, weil sein amerikanischer Sponsor, als er auf dem Londoner Flugplatz ankam, an Herzschlag starb. Revson fand über Umwege zu McLaren zurück: 1970 verunglückte Bruce, Denny erlitt Brandwunden, und Amon kam mit dem Indy-McLaren nicht zurecht. Peter sprang ein. 1971 gewann er für McLaren die CanAm. 1972 fragte ihn Teddy Mayer: „Willst du lieber Formel I oder die CanAm fahren?" Revson entschied sich für den Grand-Prix-Wagen, Mayer verpflichtete Stewart für die CanAm, aber dann wurde Jackie krank, und Revson fand sich plötzlich als Doppelarbeiter: „Von Juni bis Oktober mußte ich aus dem Koffer leben."

Revson ist weltgewandt, elegant, hat viel Stil und trägt zumindest 90 Prozent des Yardley-Team-Flairs, denn Typen wie Hulme und Scheckter sind als Mannequins für Herren-Kosmetik nur schwer vorstellbar. Doch Denny gewinnt, Jodys Stern funkelt — sieht Revson seine Position bedroht? „Nein, Jody übt auf mich keinen Druck aus." Revson wirkt immer zuversichtlich, wenig beeindruckt und vollkommen unabhängig. „Ich brauche kein Team, das für mich die Flagge schwingt", sagt er, „ich tu das besser für mich selbst." Erst fünf Amerikaner — Murphy, Phil Hill, Gurney, Ginther und Andretti — haben Große Preise gewonnen. Revson fühlt sich „seit Zeltweg 1972, wo ich Dritter war, dazu fähig: wenn das Auto gut ist. In Monaco war es schlecht, in Schweden war ein Stoßdämpfer defekt." Revson hat sich zwei Ziele gesetzt: Weltmeister werden und Indianapolis gewinnen. „In Indy zu siegen bedeutet für einen Amerikaner so viel, wie nach einer Serie verlorener Schlachten einen Krieg zu gewinnen. Entweder ich schaffe das in den nächsten zwei, drei Jahren . . . oder eben nie. Wenn nie, würde ich mich nur weiterquälen, in diesem Fall also besser aufhören." Und ins Traumhaus nach Redondo Beach zurück — oder auf die Yacht.

Das Bild der Formel-I-Saison 1973 verrückt sich auch in Silverstone nicht: Lotus, Tyrrell und McLaren allen anderen weit voran, doch der brettlebene Flughafenkurs mit den lithurgisch klingenden Kurvennamen bevorteilt eher die „Yardleymacs": Copse verträgt 180 km/h, Maggot 260, Beckett 150, Chapel 240, Stowe und Club je 185, Abbey 270 und die Woodcote-Zielkurve sogar 256 km/h, fast voll im vierten Gang! Wenn es noch einen Beweis braucht: Die Kurvengeschwindigkeiten sind zu groß geworden.

Und die fahrerische Ausgeglichenheit in den drei Spitzenteams führt dazu, daß die Piloten „einander gegenseitig in Regionen peitschen, in die man nicht mehr vordringen sollte" (fällt Niki Lauda auf). Die BRM sind die einzigen Autos, die Stewart auf der Geraden ohne alle Probleme überholen kann. „Special engine", sagt Lauda — „special desaster", knurrt Regazzoni, dessen um angeblich 27 PS stärkerer Wundermotor nach bereits 16 Runden eingeht. Wie üblich, hat BRM kein Ersatzauto da, also schon zum drittenmal den Vertrag gebrochen.

Wie man ein Drei-Auto-Team dirigiert, zeigt McLaren vor: alles funktioniert sauber, ohne Hektik, auch wenn alle drei Wagen gleichzeitig in der Box stehen. Gordon Coppuck wetzt mit Aktenordnern zwischen seinen Piloten hin und her. Binnen 45 Minuten wird Scheckters defekte Benzinpumpe gewechselt. Danach verursacht Jody, etwas hitzig, in der schmalen Boxenstraße um ein Haar eine Kollision mit Lauda. Revson hat Reifenprobleme. Aber Hulme ist Schnellster am ersten Tag, gefolgt von Peterson, Stewart, Fittipaldi, Revson und Scheckter. Nur Cevert ist durch einen müden Motor zurückgefallen, außerdem fühlen sich beide Tyrrells „nie wie ein Stück Ganzes an, sondern so, als wären Vorderteil und Heck zwei verschiedene Autos".

Die WM, tippt Stewart, „wird ein Kopf-an-Kopf-Rennen mit Fittipaldi bis ans Ende, und wichtiger als je zuvor wird es sein, anzukommen." In der Box sitzt Helen mit Indianerstirnband, „das ich zu Hause einmal probiert habe — und Jackie mag's". Benachbart ist die McLaren-Box, die niemand mehr aus den Augen lassen darf. Revson egalisiert Hulmes 1:16,5 vom Vortag: zwei McLarens also voran.

„Jetzt bist du dran", sage ich zu Scheckter. „Ich weiß nicht", klagt der „Baby-Bär", der die Krallen zeigt, „ich komme nicht unter 1:17." Lauda und Regazzoni riskieren mehr als vernünftig ist. „Wie wir, so soll und darf man nicht oft fahren", sagt Clay mit wundem Blick: Dreimal hat er sich gedreht, in der Woodcote-Zielkurve ist er quergestanden.

Woodcote — eine der kritischsten Kurven des ganzen Grand-Prix-Sports. Peterson fährt sie mit spezieller Technik: „Ich tippe ganz leicht die Bremsen an, um das Auto zu stabilisieren, und gehe sofort voll aufs Gas, was den Wagen zum Driften bringt; ziemlich aufregend bei 256 km/h." Selbst dem unbeeindruckten Ronnie gibt Woodcote „jedesmal einen Schreck, weil man zuerst nur den Scheitelpunkt sieht — und dann lange, lange Zeit nichts mehr". Und Stewart: „Ich muß mich für Woodcote jedesmal überwinden, jede Runde mein Herz voll in beide Hände nehmen." Aber heraus kommen die Piloten, als hätten sie den Mount Everest bezwungen.

Und plötzlich — eine Staubwolke: Stewart gerät in Woodcote zu weit nach außen, aufs Gras, zerknittert seine Frontpartie, knickt

einen Querlenker. „Zuviel riskiert", sagt Tyrrell und läßt reparieren.
Später stellt Jackie wegen Handling- und Bremsproblemen das Training
ein. Um 15.15 Uhr, 45 Minuten vor dem Ende, hat immer noch
Revson Pol, aber dann fällt offenbar jemandem ein, daß das Rennen
„John Players Grand Prix" heißt, und daß John Players Lotus
finanziert. Folglich zieht Goodyear die schnellsten Reifen aus allen
Boxen ab, „weil sie heißlaufen und Blasen ziehen". Nur Lotus darf
eine Garnitur behalten. Prompt teufelt Peterson in den letzten Minuten über die Piste und schnappt McLaren die Bestzeit weg. „Verdammt, schon wieder Politik", entfährt es Revson.
Auch Beltoise flucht. Weil er im Frühjahr mit 180 km/h auf der
Kriechspur der M 1 überholt hat, wird ihm jetzt eine Gerichtsvor-
ladung in die Hand gedrückt. Nächstes Mal in England — und für
den armen Jean-Pierre schnappen die Handschellen zu.
Der Renntag dämmert neblig. Das Privatflugzeug, das „Vick" für
Peterson geschickt hat, kann nicht starten. Ronnie steigt in Maidenhead ins Auto und rast nach Silverstone. Im Aufwärmtraining testet
Regazzoni, ob er wenigstens kurz den Windschatten der Lotus halten
kann, aber die beiden schütteln ihn ab wie ein Insekt.
Chapman beharrt um jeden Preis auf den schnellen Freitagreifen.
Langsam klart der Himmel auf, es wird wärmer: für die Reifen-
ingenieure eine immer kritische Grenzsituation. Aber erst 30 Minuten
vor dem Start ist Colin bereit, umzumontieren. Scheckter bekommt
einen neuen (also kalten) linken Hinterreifen. Und Roger Williamson
ist vor seinem Grand-Prix-Debüt so nervös, daß er noch im letzten
Moment zur Toilette stürzt . . . und beinahe den Start verpaßt.
Unmittelbar hinter Scheckter, in der vierten Reihe, bricht Lauda
beim ersten Kupplungloslassen, nach 20 Zentimetern, die rechte
Halbachse. Sofort alarmiert, reißt Niki den Arm hoch. 18 Kameraden
weichen ihm aus, nur einer nicht: Oliver. Er fährt über Laudas linkes
Hinterrad, demoliert damit auch die zweite BRM-Halbachse und
steigt zwei Meter auf. Hastig, in panischer Eile, schieben die Streckenposten die havarierten Autos fort, weil schon 1:20 später der Pulk aus
der ersten Runde zurückkommen muß — und so übersehen sie
etwas:
In Woodcote ist mehr als der übliche dicke Gummiabrieb. Da ist, von

den Startvorbereitungen, auch etwas Wasser und (wie eine Kommission Monate später feststellen wird) etwas Öl; aus Olivers Tank getropft . . .

Sie kommen. Stewart 50 Meter voran, dahinter Peterson, Reutemann, Scheckter, Hulme, Cevert, Hunt, Revson, Regazzoni, Fittipaldi. Kurz vor Woodcote ist Hulme zur Seite geglitten, hat Scheckter vorgewunken. Sekunden später bricht die Hölle los: der schwerste Massenunfall der gesamten Grand-Prix-Geschichte, und nur deshalb keine Katastrophe, weil an diesem Tag offenbar sämtliche Schutzengel ausgeschwärmt sind.

Mitten im Pulk, mitten in der Kurve bricht Scheckters McLaren aus, steht plötzlich quer, mit dem Heck nach links. Jody fightet wie verrückt, um das wild gewordene Auto wieder einzufangen, fast gelingt es ihm, doch dann gerät er auf die Wiese, und nun ist der McLaren nicht mehr zu bändigen. Jody schleudert, quer über die Fahrbahn, auf die Boxenmauer zu — links kommt Fittipaldi, rechts kommt Ickx „gerade noch vorbei, aber zwischen mir und Jody, zwischen mir und der Mauer waren höchstens Millimeter Platz".

In diesem Moment betet Phil Kerr, „daß Jody nur leicht gegen die Mauer schlägt, daß er nicht auf die Bahn zurückgeworfen wird" — aber er wird, quer zur Fahrtrichtung, preisgegeben zum Abschuß durch die anderen Piloten.

Hast du Angst gehabt? frage ich Jody später. „Ich dachte: Jetzt ist dieser gefürchtete Moment da: alles vorbei, verspielt, verloren, die schlimme Seite unseres Sports. Aber mich richtig zu fürchten, nein, dazu bleibt keine Zeit." In Panik reißt Jody beide Arme hoch, dann verkriecht er sich ganz tief ins Cockpit.

Sein Heckflügel, der an der Boxenmauer losgeschlagen worden ist, pfeilt wie ein Torpedo durch die Luft, auf die Meute der heranjagenden Wagen zu. Und damit beginnt die unheilvolle Kettenreaktion: Revson verreißt sein Auto mehrmals, um vom Flügel nicht voll getroffen zu werden, Hunt streckt beide Arme hoch, um das Schrapnell abzuwehren, und auch Beltoise fährt Schlangenlinien. Der Flügel schlägt Hunt die Airbox ab, direkt über dem Kopf des Fahrers, und streift die Autos von Revson und Beltoise. Das gefährliche Autobillard bei 280 km/h nimmt seinen Lauf, und die Staubwolke raubt den

Piloten jedwede Sicht. Beltoise karamboliert mit Mass, Fotos zeigen beide Autos zwei Meter in der Luft. Follmer kracht gegen Graham Hills Heck. Williamsons March wird zum Trümmerhaufen.

„Das ist Indianapolis!" brüllt Tim Parnell entsetzt. Auch in vielen anderen keimt die beklemmende Erinnerung an die gefürchteten Indy-Massenkarambolagen auf.

„Aber nicht alle bremsen", sagt mir Wilson Fittipaldi, „viele versuchen, sich durchzuschlängeln." Wilson findet die Bahn bereits völlig blockiert, weicht aufs Gras aus, bleibt stehen — und wird von Pace, der sich pausenlos dreht, überholt. Der McLaren mit dem im Cockpit gefangenen Scheckter hat sich inzwischen weiter nach links bewegt, und Jody registriert drei Einschläge, „der zweite war der stärkste". Von einem Surtees-Piloten, wahrscheinlich. Hailwood glaubt, durchs Inferno schon durch zu sein, da rempelt ihn jemand von hinten. Mikes Benzineinspritzung fängt Feuer. Beltoise dreht sich schon wieder (oder noch immer), als de Adamich aus der Kurve kommt.

„Ich sehe den Staub, gehe sofort vom Gas, bremse und schalte Vierte-Dritte", erzählt mir der Italiener später. „Ich bin schon bereit, anzuhalten, da erspähe ich eine Lücke, durch die ich durch kann — glaube ich." Wieder Gas, dann prallt de Adamich gegen Beltoise und voll gegen die Mauer.

Dies alles hat nur wenige Sekunden gedauert. Als sich die Staubwolke lichtet, als der Motorlärm verstummt, weil längst die Abbruchflaggen herausgekommen sind, zählt man acht Wracks: Scheckter, Williamson, Beltoise, Follmer, de Adamich und alle drei Surtees von Hailwood, Pace und Mass, „weil da irgend jemand einen Grand Prix schon in der ersten Runde gewinnen wollte", wie Surtees tobt. Das Beltoise-Chassis ist so eingedrückt, daß man die Tanks mit bloßen Fingern spüren kann. 2000 Liter Superbenzin in demolierten Autos — aber kein Tank platzt: wie durch ein Wunder kein Feuer! „Noch vor einem Jahr", sagt mir Beltoise, „hätte hier eine Flammenhölle gezüngelt, und dann gnade uns Gott."

Jody Scheckter schleppt sich wortlos zur Boxenmauer, für Stunden unansprechbar. Erst nach Minuten schält sich Wilson Fittipaldi aus seinem heil gebliebenen Brabham: „Ich hatte solche Angst, daß mich jemand, sobald ich aussteige, niederfährt."

Nur einer kann sich nicht selbst befreien: Andrea de Adamich. Er ist voll bei Bewußtsein, aber seine Beine sind eingeklemmt. Ein Streckenposten hat sofort die Zündung ausgeschaltet, fünf Feuerwehrleute in Asbestanzügen stehen da, Geräte im Anschlag, denn Andrea hat panische Sorge wegen der Benzinleitungen. Und die Bergung ist kompliziert — mittels Preßluftsägen wird Andrea aus dem Brabham geschnitten, 46 lange Minuten. Als ein Streckenposten gleichzeitig eine elektrische und eine Benzinleitung durchschneidet, sprühen Funken ...

De Adamich erhält vom Rennarzt schmerzstillende Tabletten. Von einem kleinen Cut über dem Auge (Andrea ist Brillenträger) rinnt eine dünne Blutspur. Mehrmals bittet de Adamich die Streckenposten, „die Leute wegzudrängen, denn ich bekomme nicht genug Luft". Sauerstoffflaschen helfen. Mit matter Stimme gibt er den Leuten mit den Brechwerkzeugen Anweisungen: „Zuerst das Armaturenbrett abschneiden, es tut weh."

Er hat starke Schmerzen. „Ein Mann wischt mir immer den Schweiß vom Gesicht. Aber jedesmal, wenn die Fernsehkamera auf mich zeigt, dränge ich den Mann weg. Niemand soll sehen, wie ich leide. Ich will tapfer sein." Auch seine Frau Donatella ist gefaßt und sehr, sehr ruhig.

Im GPDA-Spital stellt der Arzt später einen Knöchelbruch rechts fest, übersieht aber die gebrochene linke Kniescheibe. „Andrea hatte trotz allem großes Glück", sagt sein Stallgefährte Wilson Fittipaldi, „aber das hatten wir alle, jeder einzelne von uns." Andreas größter Glücksfall war, daß er in einem Brabham saß (der als einziger Formel-I-Wagen einen doppelten Stahlgürtel hat), aber das Ausbleiben der Katastrophe ist vier Tatsachen zu danken: den seit 1. April gültigen Sicherheitsvorschriften mit Knautschzonen und Sicherheitstanks; der Versetzung des Brückenpfeilers; der kühlen raschen Reaktion der Streckenposten; und am meisten wohl den Schutzengeln.

Während de Adamich ins Northampton-Spital gefahren wird; während der Surtees-Transporter still und leise Silverstone über die große Brücke verläßt und immer noch Trümmer eingesammelt werden, heißt es: den zweiten Start vorbereiten. „Vielleicht dauert es noch lang, laß von Beltoise die Halbachsen abmontieren und auf mein Auto geben, damit ich starten kann", verlangt Lauda von Parnell. Peterson kommt zur Ehren-, Fittipaldi zur Fernsehtribüne: Die Eltern sollen sehen, daß ihre Söhne gesund sind. Die Piloten reagieren extrem verschieden: Stewart findet es schwierig, sich ein zweites Mal voll zu konzentrieren; Reutemann hat, seit er de Adamich im Auto sah, Mut verloren; und Revson sagt: „Ich bin nicht irritiert, ich habe schon schlimmere Unfälle gesehen — ich kenne ja Indianapolis."

In der neuen Startaufstellung bleiben acht Plätze frei. Lauda nützt den luftleeren Raum vor ihm (wo Scheckter gestanden wäre) zu einem Blitzstart. Fast Seite an Seite mit dem führenden Peterson bremst er die erste Kurve an, sehr früh, weil auch Ronnie früh aufs Bremspedal steigt — wegen neuer Bremsbeläge. Ein Manöver, das Lauda überrascht. „Ich hätte den Lotus ausbremsen und die Führung an mich reißen können", ärgert er sich nachher. Eine Runde lang trotzt Lauda Stewart, dann geht Jackie auf der Geraden an ihm vorbei. Lauda hält sich noch sieben Runden vor Fittipaldi, dann überfällt ihn der BRM-Getriebesalat mit klemmenden Gängen, vom linken Vorderreifen fliegen Gummistücke weg, zusammenbrechende Elektrik zwingt ihn zum Stop auf offener Strecke, um zwei Drähte neu anzuschließen, und schließlich geht ihm noch das Benzin aus.

Vorne tobt rundenlang der Zweikampf Peterson—Stewart — ehe Jackie sein zweiter Fehler des Weekends passiert; beim Anbremsen der Stowe-Kurve: Stewart schaltet nicht Fünfte-Vierte, sondern irrtümlich Fünfte-Zweite. Im Rückspiegel sieht Peterson, wie sich der Tyrrell auf die Wiese hinausdreht, mit viel Geschick einem Fotoreporter ausweicht, und wundert sich, „was Jackie da eingefallen ist". Auf Rang 13 zurückgefallen, hält Jackie vier Runden später an der Box, läßt die gelockerte Schnauze befestigen, den Reifendruck überprüfen und kehrt, in aussichtsloser Position, zurück ins Rennen.

Fittipaldi ist jetzt Zweiter. Hinter ihm zirkuliert das McLaren-Tandem Revson und Hulme, gefolgt von Hunt, Cevert, Reutemann und Regazzoni, während Ickx mit Ganley um den letzten Platz raufen muß. „Der Ferrari-Motor ist auf den Geraden sehr schnell", beobachten die Mitstreiter, „aber in den Kurven liegt das Auto miserabel."

Wenn Fittipaldi fertigfahren kann, erobert er die WM-Führung zurück, denn das Punktematch mit Stewart steht 42:41 für Jackie. Es ist ein Duell, in das Ford nicht eingreift. „Nie würden wir versuchen, den Titelkampf zu beeinflussen", sagt Walter Hayes, dessen V-8 bis jetzt in allen Saisonläufen zumindest die ersten vier Plätze herausgedonnert hat, „weil uns von Anfang an klar war: Wir wollen nichts Exotisches, sondern eine einfache, haltbare Maschine." Und wer immer heute gewinnt — es wird Fords 60. Grand-Prix-Sieg, und fünf Mann haben die Chance: Peterson, Fittipaldi, Revson, Hulme und Hunt liegen nie mehr als fünf Sekunden auseinander.

Revson fürchtet Peterson nicht — nur Fittipaldi: „Emerson wird im Finish der Mann sein, den es zu schlagen gilt." Beide, der Brasilianer und der Amerikaner, holen den Schweden langsam, aber sicher ein und ziehen das Kampfduo Hulme-Hunt mit sich. 36. Runde, knapp nach Halbzeit: Fittipaldi muß mit defekter Kraftübertragung aufgeben. Die Maschinengewehrsalven, die Vater Fittipaldi hinter mir fürs brasilianische Radio in den Äther feuert, knattern ab jetzt spärlicher — Revson ist seines größten Gegners entledigt.

Noch führt Peterson. Aber wie schon im April gegen Stewart (als ihn ein Schneeschauer von der Bahn warf) verliert Ronnie auch heute ein Silverstone-Rennen wegen Wetterunbill: Als leichter Regen einsetzt, übersteuert der Lotus mehr und mehr. Binnen zwei Runden ist Revson an Peterson heran, überholt auf der Geraden mühelos und öffnet rasch einen 5-Sekunden-Vorsprung. Ronnie aber wird jetzt von Hunt angegriffen. Der milchweiße Hesketh-March dreht momentan die schnellsten Runden. „Ich kann gewinnen", träumt Hunt, „wenn ich nur an Peterson vorbeikomme. Ich warte, daß er einen Fehler macht, wie früher manchmal in der Formel II." Ronnie macht keinen, dafür fällt Hunt wegen zweier Probleme (Bremsen und linker Vorderreifen) hinter Hulme zurück.

Revson plant, „das Rennen so langsam fahrend wie nur möglich zu gewinnen", aber: „So viel Zeit ich mir auch lasse, es sind immer 4 Sekunden Vorsprung." Nur im Finish zwingt das Trio Peterson-Hulme-Hunt den Spitzenreiter, mehr Gas zu geben. Bei einer letzten Attacke gleitet Peterson in der Becketts-Kurve aus. Damit sind die Würfel gefallen.

Revsons Glücksgefühl, als die Zielflagge herauskommt, „ist sofort da, weil ich kapiere, was dieser Sieg für mich wert ist". 3,4 Sekunden decken die ersten vier auf dem Zielstrich. 36,6 Sekunden später kommt Cevert an, 44,7 später Reutemann ... Und eine Runde später Stewart.

Der meiste Champagner fließt am Abend beim Hesketh-Team. Lord Alexander schenkt für alle aus. Weiter daneben, im Fahrerlager, philosophiert Phil Kerr von McLaren: „Ein Auto verloren, ein Rennen gewonnen, so ist unser Sport." Die Schrecksekunde vom Nachmittag wird wieder lebendig. „Jody hat einen Irrtum begangen, so früh in seiner Karriere, nachdem er auf die harte Art nach oben gekommen ist. Aber, verdammt, das hätte eine blutige Lernstunde für ihn sein können." Mit hängendem Kopf, Hände in den Hosentaschen, steht Scheckter da: der begossene „Baby-Bär". Jetzt, da er den Schock überwunden hat, diskutiert er den Unfall mit dem McLaren-Team mehr und mehr; verzagt und etwas ratlos.

Nur in Amerika erregt Revsons Erfolg mehr Aufsehen als die Massenkarambolage. Peters Vater, der 1958 den „Revlon"-Konzern verlassen und seine eigene Kosmetikfirma aufgebaut, der anfangs so scharf gegen Peters Rennkarriere gewettert hat, gibt begeisterte Zeitungsinterviews. Grand-Prix-Sieger Revson, leicht angesäuselt vom vielen Feiern, verläßt Silverstone um 22 Uhr und fällt eineinhalb Stunden später todmüde ins Bett. Genau zu dieser Zeit startet die Privatjet des Lord Hasketh, mit dem verletzten de Adamich an Bord, von Northampton in Richtung Mailand. Andrea weiß, daß er monatelang auf Krücken wird gehen müssen: als einziger, den der Massenunfall verletzt hat.

„Es war", wird de Adamich Wochen später sagen, „Roger Williamsons größtes Pech, daß er sich in Silverstone nicht den kleinen Finger gebrochen hat."

ZANDVOORT: ... EINFACH STERBEN LASSEN

Der Autorennsport wird heute professioneller denn je betrieben. Nur die im Alarmfall wichtigsten Leute sind zumeist die letzten Amateure: die Strecken- und Feuerlöschposten. Idealisten, die für 50 Schilling

Taggeld die Fahne schwenken und oft nur gewohnt sind, Zimmer-
brände mit Wasser zu löschen. Mit einem plötzlichen Rennwagenbrand
konfrontiert, packt sie die Schrecksekunde — verständlich für jeden,
der sich schon einmal die Finger verbrannt hat.
Natürlich existieren Ausnahmen. Die englischen Rettungsposten sind
perfekt geschult, genau wie die amerikanischen. Als sich Helmut
Marko 1971 in Daytona bei 300 km/h im Steiloval drehte, sah er
noch während des Unfalls, daß ein Feuerwehrauto losfuhr und die
Posten gelbe Flaggen schwenkten. In Salzburg gibt es den Manfred-
Kessler-Klub, der pausenlos den Notfall trainiert: Autowracks an-
zünden, hinein ins Feuer, Rennfahrer-Puppen herausholen.
Zur Feuerbekämpfung gibt es zwei grundverschiedene Ansichten.
Einerseits vom „Jo-Siffert-Council", das Louis Stanley nach Seppis
Erstickungstod gegründet hat, andererseits die RAC-Methode. Die
einen wollen jedem Streckenposten einen 20-Kilo-Rucksack mit zwei
Flaschen (eine mit BCF-Flüssigkeit, die andere mit Lightwater-
Schaum) auf den Rücken binden — die anderen rüsten ihre Posten
abwechselnd mit Monnex-Trockenpulver-Löschern und Lightwater-
Schaum aus. Einig sind sich beide Methoden, Stanley und RAC, nur in
der Zeitspanne: 30 Sekunden, dann hat das Feuer gelöscht zu sein.
Eine Minute lang schützt die feuerfeste Kleidung den Fahrer.
Feuerlöschhubschrauber sind umstritten. Erstens: Wer zahlt das? Und
zweitens: Würden nicht andere Piloten gefährdet werden?
Ideal wäre eine internationale Postentruppe, die zu jedem Grand Prix
kommt und — wie die Fahrer, Konstrukteure und Mechaniker — den
vollen Zirkus mitmacht. Doch das beschwört nationale Probleme
herauf, weil die Eitelkeit der Veranstalter, der Stolz auf ihre eigenen
Leute, nie auszurotten ist. Ich weiß Fälle, in denen der Arztgehilfe des
fahrbaren GPDA-Spitals, Purrell, an verunglückte Rennfahrer nicht
einmal herankam, weil es ihm die nationale Ärzteschaft verwehrte
(Jochen Rindt in Monza!).
Die CSI bejaht die Tendenz, von der stationären auf die bewegliche
Sicherheit überzugehen. Und dafür existiert bereits eine optimale
Truppe: die ONS-Feuerschutzstaffel des früheren Porsche-Versuchs-
piloten Herbert Linge, die aus Sportfahrern und geschulten Feuer-
wehrmännern besteht. Die 16 Einsatzfahrzeuge sind eine Spende der

„Baby-Bär" zeigt die Krallen —
Jody Scheckter in Le Castellet

Scheckter kontrolliert drei Weltmeister im Rückspiegel . . .

. . . bis er beim Überrunden von Beltoise mit Fittipaldi kollidiert . . .
. . . und wie Emerson aufgeben muß. Verschulden: beiderseitig.

Die Hölle von Silverstone — Indianapolis liegt plötzlich in Europa. Nur de Adamich verletzt sich.

Zweiter Versuch — Sieg für Revson nach Blitzstart von Lauda (21)

**Regentraining in Zandvoort — Lauda (mit Tim Parnell) fährt
sensationelle Bestzeit, die Fittipaldi vergeblich jagt**

Die Angst ist wieder da — Fittipaldi nach seinem schweren
Samstag-Unfall

Großer Preis von Holland — Start in ein schicksalhaftes Rennen

Roger Williamson — hilflos verbrannt, weil die Streckenposten erbärmliche Feiglinge waren. Nur David Purley (beim Interview mit Heinz Prüller) kämpfte heroisch um das Leben seines Freundes. Die Reifenspur beweist: Williamson hatte einen Defekt.

Automobilindustrie und voll ausgerüstet: sämtliche denkbaren Bergungswerkzeuge, eine Halon-Löschanlage und sogar Streumittel (gegen Öl) an Bord. In manchen Wagen sitzt zusätzlich ein Arzt. Die Staffelfahrzeuge werden an verschiedenen Punkten der Strecke aufgestellt, sind — bei laufendem Motor — während des ganzen Rennens alarmbereit und über Funk pausenlos mit der Einsatzzentrale verbunden.

Die ONS-Staffel steht jedes Wochenende im Einsatz. Binnen zwanzig Sekunden ein umgekipptes Rennauto auf die Räder zu stellen und mit einem einzigen Strahl Halon sogar ein Benzinfeuer zu löschen ist für die Linge-Truppe kein Problem, das weiß jeder — auch Stewart. Beim 6-Stunden-Tourenwagenrennen auf dem Nürburgring sah Jackie die ONS-Staffel erstmals an der Arbeit. „Ich hätte gern, daß ihr auch nach Zandvoort kommt", schlug Jackie dem Einsatzleiter Ernst Harmening vor. „Rede mit den Holländern und sage ihnen, ich wäre unbedingt dafür."

Harmening entwickelt seinen Einsatzplan: Die 230-km/h-Kurve beim Osttunnel zeichnet er auf der Zandvoort-Streckenskizze rot an. „Dorthin gehört unbedingt ein Staffelauto." Fernschriftlich bietet Harmening seine Truppe an, die Holländer antworten erst Tage später; und negativ: „Wir brauchen euch nicht, wir haben unseren Militärschutz." Bis Freitag mittag wartet Harmening marschbereit mit vier Autos, die Kosten wären 2595 DM, spottbillig für die Holländer, die 17,5 Millionen Schilling in Streckenumbauten investiert haben. Die Absage an die ONS-Staffel kommt, wie man 48 Stunden später wissen wird, einem Todesurteil gleich.

Auf der Fahrt zum holländischen Grand Prix macht Roger Williamson im „General Hospital" von Northampton Station: Krankenbesuch bei seinem Kameraden David Brodie, der — dank sofortigem Rettungseinsatz — einen Feuerunfall überlebt hat. Fittipaldi und seine Frau kommen von Kurzferien aus Cap Ferrat; Lauda reist via Kanada an, wo ihm beim Testen bei 240 km/h ein Fuchs in den BRM gerannt ist. Fürs 24-Stunden-Rennen von Spa kampfunfähig, hört Lauda am Telefon, daß dort sein Alpina-Copilot Joisten tödlich verunglückt ist. Aber was für die Profis zählen muß, ist immer das nächste Rennen.

„Firestone gibt uns eine Garnitur sehr schneller Reifen", vertraut mir

Tim Parnell an, „und ich reserviere sie für Niki. Sag aber den anderen Piloten nichts davon." Die Sekundenbruchteile, die sich Lauda bis jetzt gegen Regazzoni und Beltoise hart erkämpfen hat müssen, bekommt er ab nun fast gratis: durchs bessere Material.

In den Nordseebadeort Zandvoort nehmen viele Piloten, darunter Hulme und Oliver, ihre Kinder mit. Prompt empfängt sie Holland, während in England die Sonne strahlt, mit Kälte, Wind und Regen. Peterson hat bereits eine Grippe erwischt. Im „Bouwes"-Hotel, dem Stammquartier des Formel-I-Zirkus, dampft heißer Tee. Die Wände sind mit den Gesichtern sämtlicher Teamchefs und Fahrer bemalt. „Deine Nase ist viel zu groß gezeichnet, Amore", sagt Maria-Helena zu Emerson, während Parnell unter Stanleys Ebenbild fast salutiert: „Sieht er nicht aus wie Winston Churchill?" fragt er Regazzoni, doch Clay gibt zurück: „Eher wie Hitchcock."

Als eine Autobusrunde Journalisten um den modifizierten Dünenkurs chauffiiert wird, bedankt sich Graham Hill namens aller Fahrer bei den Holländern, „daß ihr uns den Dutch-Grand-Prix zurückgegeben habt". Das Regentraining kommt nur schleppend in Gang. Stewart hat den ersten Schreck, als auf der Zielgeraden sein Bordfeuerlöscher explodiert: „Ich habe nichts mehr gesehen, nicht mehr gewußt, wo ich bin, es war horribel", gesteht mir Jackie. Dieser Freitag bringt den Aufstand der Geknechteten, vom Material Gedemütigten, der 12-Zylinder- und der Firestone-Piloten: Niki Lauda ist, erstmals in seinem Leben, Trainingsschnellster vor Regazzoni und Amon; obwohl sich Pace auf dem spiegelglatten Terrain zweimal vor ihm dreht.

Diese Tat bringt Niki zum zweitenmal ins Notizbuch Enzo Ferraris, der (erstmals seit Monaco 1968) seine Autos vom Start zurückgezogen hat, was Jacky Ickx ein Ferienwochenende im Seebad Knokke ermöglicht. Parnell überlegt, Ickx für Zandvoort auszuborgen, aber Jacky meint: „Mit einem Ferrari bin ich wenigstens ans Ziel gekommen ... mit einem BRM nicht einmal das." Heute lacht die BRM-Truppe nach langer Zeit zum erstenmal. „Schaut her, da kommt der rote Baron", trompetet Parnell, als Regazzoni, feuerrot bedreßt, die Hotelstiegen herunterkommt. Marlboro arrangiert eine Bootsfahrt durch die Grachten. Auf dem Heimweg rammen Lauda und Regazzoni fast einen Autobahnpfeiler.

Samstag kommt die Sonne heraus — und mit ihr auch die Wahrheit über BRM: Nach spätestens fünf Runden überhitzen die verbesserten Motoren, weil das Öl schlecht abgesaugt wird. Um die erste Startreihe duellieren sich Lotus und Tyrrell. Plötzlich fehlt Cevert: auf der Strecke liegengeblieben. Sein Mechaniker Jo, ein Mexikaner, eilt mit Werkzeugen und Stangen davon. Fittipaldi-Peterson kreisen in 20-Meter-Abstand, als sie, im vierten Gang voll, die kritische Zielkurve anfliegen. Sie ist für die folgende lange Gerade extrem wichtig: 2 km/h schneller — und man gewinnt bis zu einer halben Sekunde. Aber die Fliehkraft zerrt an den Aufhängungen ...

Da beide die gleiche Geschwindigkeit fahren, sieht Peterson wie in Zeitlupe, was seinem Kameraden passiert: Emerson bricht das linke Vorderrad, natürlich wieder Marke „Mel-Mag", und er hat „nicht einmal Zeit, den Fuß vom Gas zu nehmen", wie er mir später verrät. „So schnell erfolgt der Anprall." Peterson betet, daß das Auto nicht auf die Bahn zurückgeworfen wird, und gibt seiner Box sofort Signale. Fittipaldis Hinterrad rollt quer über die Straße.

Beunruhigt stoppt Reutemann an der Box und sagt zu Wilson Fittipaldi: „Drüben, die Zielkurve, Emerson hat einen schweren Unfall." Wilson, in Panik geraten, rennt sofort los, ruft Pace ein paar Worte zu, und plötzlich scheint der halbe Formel-I-Zirkus zu laufen, jeder, so schnell ihn seine Beine tragen: das Bild beklemmender Furcht. Wilson muß sich mit Absperrposten herumprügeln, ehe er durch darf, und Maria-Helena klammert sich an mich: „Was ist los, warum rennen alle, bitte sag mir, was ist passiert?" Ein Auto mit weißer Fahne und gelbem Warnlicht kommt uns entgegen, lädt uns auf, aber an der Unfallstelle ist nur noch der zerknitterte Lotus.

Wer hat Emerson befreit? Nicht die untätig herumstehenden Streckenposten, sondern wieder einmal Mike Hailwood, der schon in Kyalami Schutzengel für Regazzoni gewesen ist — Mike, gemeinsam mit dem Cevert-Mechaniker Jo.

Fittipaldi ist bereits in der Ambulanzhütte und wird später mit dem Rettungsauto (um den Zaun herum) ins fünf Meter entfernte GPDA-Spital gebracht. Dr. Purrell diagnostiziert Schürfwunden, Sehnenzerrungen an den Knöcheln und Verstauchungen. Emerson braucht sechs Nähte. „Er ist komplett in Ordnung", sagt Chapman, etwas verlegen aus dem fahrbaren Spital kommend, „und hat mich sogar ersucht, ihm das Ersatzauto startklar zu machen."

Eine Stunde später bricht auf der Haupttribüne spontaner Applaus los: Emerson kann weder auftreten noch gehen, schleppt sich aber ins Cockpit. „We try it again", sagt Maria-Helena tapfer, rückt ihre Stoppuhren zurecht und betastet ihre Halskette — mit den unzähligen Amuletten.

Die Schmerzen verbeißend, qualifiziert sich Fittipaldi für die 16. Startposition, danach helfe ich dem armen Kerl in den Wohnwagen. Den Tyrrell-Piloten jagt Lotus mit einem erneuten Reifentrick die Polposition ab: Goodyear hat, wie in Silverstone, die superweichen Qualifikationsreifen zurückgezogen, aber Chapman organisiert für Peterson eine Garnitur, ohne sie jedoch direkt zu klauen: typisch Colin. Stewart und Cevert sind stockböse. „Man hat mir meine erste Pol-Position weggenommen", klagt François zu Recht.

Fast unter geht, daß Hailwoods Elektrik auf der Strecke Feuer fängt. Mike rollt weiter bis zum nächsten Posten, der den Kabelbrand mit viel Mühe löscht. Nach dem Training bedankt sich Maria-Helena bei Mike herzlich für die Hilfe. Emerson wird auf einer Tragbahre ins „Bouwes"-Hotel zurückgebracht, bekommt schmerzstillende Pulver, Massagen (weil ihm auch das Genick weh tut), Salben und dann Bandagen. „Ich glaube kaum, daß ich morgen starten kann", sagt er und versucht einen Scherz: „Wenn du auf der Strecke mit Hailwood zusammenkommst, dann heißt es immer aufpassen, weil die Unfälle immer in seiner Nähe passieren." Und Lauda sagt mir bei einer indonesischen „Rijstafel" am Abend: „Am besten wäre, wir schnallen Hailwood Löschkanonen und eine Magirusleiter aufs Auto. Dann sind wir am sichersten."

Gnade Gott, wenn Emerson im Wagen so eingeklemmt gewesen wäre wie 13 Tage zuvor de Adamich in Silverstone und der Lotus Feuer gefangen hätte. Denn selbst wenn die „Feuersalamander" rechtzeitig herbeigeeilt wären: In allen Löschkanonen von Zandvoort befindet sich die falsche Flüssigkeit — die niemals ausreichen würde, um ein Benzinfeuer zu löschen! Aber diese groteske Tatsache, den Beginn des Skandals von Zandvoort, wird man erst Wochen später wissen. Im Rückspiegel betrachtet, ist sie auch der Grund dazu, daß mir Emerson zu Saisonende gesteht: „Ich werde wahrscheinlich viel früher abtreten, als die meisten Leute glauben. Es passieren einfach zu viele Schlampereien."

Vor dem „Bouwes"-Hotel verstrickt sich Lauda in einen sinnlosen Zank mit dem Portier, der ihn nicht parken läßt. „Laß ihn", sagt Mariella, „am Abend vor einem Rennen ist er immer angespannt." Wie die meisten — und auch die March-Fahrer Williamson und Purley, die mit ihren Mechanikern in ein kleines Hotel in Bloemendahl gezogen sind. Die beiden Engländer sind Freunde und gemeinsam den langen Weg bis zur Formel I gegangen.

David Purley — 27jährig, sehr sportlich, ein offenes, feingeschnittenes Gesicht, wie es für englische Traditionsfamilien typisch ist. Sechs Jahre lang war er Fallschirmjäger der englischen Armee und hatte den gleichen Kommandeur wie Max Mosley, der ein halbes Jahr bei den „Paratroops" war — aber das werden David und Max erst am Nürburgring herausfinden, wo plötzlich Brigadier Walsh zu ihnen tritt. Purley lebt in Bognor Regis, einem kleinen Ort bei Chichester, nahe Goodwood, und hat zwei Kinder.

In der Formel III wurde Purley zumeist von Williamson geschlagen, doch 1971, im Lombard-Trophy-Finale von Brands Hatch, gewann er. Auf der gleichen Strecke debütierte Purley 1972 beim „Rothman"-Rennen in der Formel I, auf einem geliehenen March: erstaunlich schnell im Training, vierter Platz im Rennen, dann Boxenstop, und schließlich fing das Auto bei voller Fahrt Feuer. „Ich drückte den Feuerlöschknopf, gurtete mich los, stieg auf den Sitz und sprang ab, sobald es vernünftig war."

Für 1973 hat sich Purley um 20.000 Pfund für fünf Rennen bei March eingekauft. Das Geld kommt aus Vaters Kühlschrankfabrik namens „Lec", wie vom Purley-March leicht abzulesen ist. „Kühlschränke sind in England momentan ein gutes Business", erzählt mir David, „bis Sommer 1973 hat Vater den Profit verdreifacht, auf eine halbe Million Pfund. Wegen der Reklame, die ich durch meine Grand-Prix-Starts mache, habe ich ihm lächelnd gesagt."

In Monaco platzte Purleys Tank, in Silverstone war er nach einem Trainingsdefekt nicht am Start. Zandvoort wird sein dritter Grand Prix; und für Williamson der zweite.

Roger Williamson — der rotblonde, sommersprossige 25jährige ist nicht reich. Sein Vater hat eine kleine Garage und eine (noch kleinere) private Autobuslinie. Manchmal chauffiert Roger vornehme Kundschaften in Miet-Rolls-Royces zu Taufen oder Hochzeiten. Er ist scheu und eher still, an der technischen Seite des Rennsports kaum interessiert, aber voll entschlossen, sich nach oben zu arbeiten.

Begonnen hat er als 11jähriger mit Radrennen, „aber meine Beine waren zu kurz, um Erfolg zu haben". Danach wechselte er zu den Go-Karts, gewann 1968 mit einem Mini 14 von 18 Rennen, aber das zu frühe Abenteuer mit einem alten Formel-III-Cooper ging völlig daneben: das Geld ging ihm aus. 1971 raffte die Familie sämtliche Ersparnisse zusammen, damit sich Roger einen neuen Formel III kaufen konnte. Wieder: Hunger und kein Geld.

Das große Los zog Williamson in Monte Carlo, als ein reicher Gentleman in seine Garage trat: „Hast du einen Ersatzmotor? Nein? Dann besorge dir einen und schick mir die Rechnung." Der Gentleman, der wie aus dem Märchen kam, war Tom Wheatcroft, Besitzer des berühmten „Donington"-Rennwagenmuseums und durch geglückte Spekulationen mit Grund und Häusern längst Pfundmillionär geworden. Wheatcroft lebt, wie Williamson, in Leicester.

Die Assoziation Wheatcroft-Williamson wurde die erfolgreichste der Formel III. Mit dem besten Auto und den besten Motoren, alles bezahlt von Tom, stürmte Roger durch die Ranglisten. Als der Formel-III-March gegen den GRD ins Hintertreffen geriet, kaufte Wheatcroft blitzschnell die neue Waffe. 1972 war Williamson Englands hoffnungsvollster Nachwuchsmann, kurz vor dem Sprung in die Formel I. BRM testete ihn in Silverstone, offerierte ihm einen Werkvertrag, aber Roger lehnte dankend ab: „Ich glaube, ich bin noch nicht reif genug, ich brauche eine volle Saison Formel II."

Und wieder die alte Story: Der GRD war bald langsamer als der March-BMW, worauf Wheatcroft erneut das Scheckbuch zückte. Prompt bedankte sich Williamson mit einem Formel-II-Sieg in Monza. Von dort fuhren Wheatcroft und Williamson nach Le Castellet, um in einem Kaffeehaus mit Mosley zu reden.

Die „Ehe" March-Jarier war bereits getrübt; wegen Geld natürlich. „Jariers Sponsor, der Möbelfabrikant Arnold, zahlte nur für die

Formel II, aber das Formel-I-Geld (weniger als 20.000 Pfund) kam nie", verrät mir Mosley. „Es war ein mündliches Abkommen, und Arnold vertröstete mich immer, er würde schon etwas finden. Nun aber mußten w i r etwas finden."

Mosley fand automatisch Wheatcroft und Williamson. Die Anfangsidee war: Jarier muß wegen seiner Formel-II-Läufe ohnehin zwei Große Preise (Zandvoort und Monza) auslassen, dort kann also Williamson einspringen. Doch Wheatcroft beharrte darauf, daß Roger schon in Silverstone, zu Hause in England, anfangen müsse (nachdem sein Bemühen um den dritten Tyrrell gescheitert war), und March ging in die Knie. Der ausgebootete Jarier reagierte erbost und traurig, die französische Presse schlug Alarm. „Aber wir sind ja gewohnt", gestand mir March-Konstrukteur Robin Herd, „daß bei uns immer alles kritisiert wird — egal, was und warum wir es tun."

Die Entscheidung spaltete sogar die March-Truppe. „Ich habe jetzt genug von unserer Politik", resignierte Chefmechaniker Pete Kerr; er und March-Rennleiter Pete Briggs klagten mir sowohl in Silverstone als auch in Zandvoort: „Wir wünschen nur, wir hätten unseren kleinen Franzosen hier."

Womit klar war, daß Williamson unter Druck stehen mußte: Der Zwang, besser abzuschneiden als Jarier und mit dem 480-PS-Auto zurechtzukommen, war ein doppelter. „Roger wurde nervös", gab Mosley zu. Den Kopf kampfentschlossen geduckt, etwas rot im Gesicht, ging Williamson an die Arbeit. Im Silverstone-Training nur 22., schob er sich in der Zandvoort-Startaufstellung auf den 18. Rang vor.

Samstag gehen Mosley, Wheatcroft und Williamson gemeinsam zu Abend essen, um weitere Möglichkeiten abzutasten. „Tom hat viel Geld, viele Möglichkeiten, aber er will mit Roger zu Tyrrell", verrät mir Max. „Was March betrifft, so sage ich ihm: Vielleicht kann ich für 1974 etwas tun. Aber ich bin nicht sicher, daß ich es will."

Später am Abend klopft Pete Kerr an Williamsons Zimmertür, um Roger zu sagen: „Wir haben deine Kupplung auswechseln müssen, weil du deinen linken Fuß nicht richtig abgestützt hast. Aber jetzt ist sie okay." Pete Kerr war (als Jochen Rindts jahrelanger Formel-II-Monteur) das Siegen gewohnt; die March-Arbeit schmeckt, weil man

nichts gewinnt, weniger süß. Pete stottert leicht: die Folge eines Ver-
kehrsunfalls in Neuseeland, bei dem sein bester Freund gestorben
ist. Aus Pflichtgefühl kümmerte sich Pete um dessen Witwe, die immer
dann auftauchte, wenn Pete im Begriff war zu heiraten, und damit
diese Pläne durchkreuzte — bis sie Pete Kerrs Ehefrau wurde. Daher
auch Kerrs Seitenblick auf Williamsons Braut Jackie: „Das Girl muß
'raus, Roger, vor einem Grand Prix schläfst du besser allein." Prompt
zieht Jackie allein ins Nebenzimmer.

Im Sonntagfrühtraining entdeckt Rikki von Opel (schneller als
Williamson) eine angeknackste Radaufhängung — und zieht seinen
Start augenblicklich zurück: „Den Teil bloß zu schweißen oder auszutauschen wäre verbrecherischer Leichtsinn. Wir müssen ihn neu konstruieren." Fittipaldi merkt, „daß ich unmöglich Zwischengas geben
kann und jede Kurve 100 Meter früher anbremsen muß": Er schleppt
sich ohne jede Illusion an den Startplatz; nach zwei Injektionen.

In der siebenten Reihe fragt Williamson seinen Mechaniker: „Was
glaubst du, Pete?" Kerr muntert Roger auf: „Hill steht neben dir,
versuch, ihn gleich am Start zu überholen. Sonst blockiert er dich
rundenlang." Die letzten Worte sagt Williamson zu Mosley: „I won't
let you down — ich enttäusche dich heute nicht, zähl auf mich." Erstes
Fanal ist Hulmes Reifendefekt in der Aufwärmrunde; ein 19 cm
langes Drahtstück steckt im Gummi.

Peterson nimmt sofort die Spitze, gefolgt von Stewart, Pace und
Cevert. Oliver rutscht von der Bahn; Ganley rammt Lauda; und
Fittipaldi streckt schon in der zweiten Runde, schmerzgeplagt, die
Waffen: „Schnell könnte ich vielleicht fahren, aber schnell *und* sicher
unmöglich." Aus der Box sieht Emerson, wie Reutemann ein Reifen
explodiert, wie die Gummifetzen Hunderte Meter hoch in die Luft
wirbeln ... und erst Sekunden später niederfallen. Im Mittelfeld
haben Williamson-Purley Hill und Follmer niedergekämpft und
liegen, dicht hintereinander, in 13. und 14. Position — bis sie zum
achtenmal in die lange Folge von Kurvenkombinationen einfahren,
in der niemand, dessen Auto halbwegs balanciert ist, bremst. Es ist
die Stelle, an der 1970 Piers Courage tödlich verunglückt ist.

Die Morsezeichen-Spur im Beton (entweder ein Reifen- oder Aufhängungsschaden) muß Williamson von jedem Verdacht eines Fahrfehlers

befreien. Purley sieht mit an, wie sein Freund Roger links gegen die Leitplanken prallt. Wie der March, sich mehrmals überschlagend, quer über die Bahn zurückgeworfen wird, eine dünne, rasch verlöschende Brandspur mitzieht (an den Leitplanken eingerissener Tank). Und wie er an der rechten Leitschiene verkehrt, Räder nach oben, liegenbleibt; mit ganz leicht brennendem Cockpit. Aber das ist nicht das Flammenmeer, das 1970 über Courage oder 1971 in Brands Hatch über Siffert hereingebrochen ist. Anfangs sind die Flammen schwächer als um Regazzoni in Kyalami.

Purley hat als einziger den Unfall in seiner vollen Heftigkeit miterlebt. Er bremste sofort, brüsk und scharf, fährt links auf die Wiese, gurtet sich los und rennt, so schnell er kann, zu Rogers Auto hinüber, unmittelbar vor den folgenden Piloten, die nichtsahnend heranrasen.

David sieht, „daß sich Roger bewegt. Daß er verzweifelt versucht, die Gurten zu öffnen". Verzweifelt müht er sich, den Wagen umzukippen (wobei er sich Hand und Schulter verletzt). David Purley: ein kleiner Mann allein gegen ein 600-Kilo-Auto, aus dem jetzt immer stärkere Flammen züngeln, und niemand hilft ihm. Purley rennt zurück über die Bahn, packt einen Feuerlöscher, ein Streckenposten erklärt ihm, wie er funktioniert — kaum ist der Feuerlöscher leer, lodern die Flammen neuerdings auf. Mit bloßen Händen stürzt David zurück ins Feuer, muß einem Streckenposten, der ihn zurückhält, die Faust ins Gesicht knallen ... ohnmächtig vor Zorn, in hilfloser Agonie stößt Purley drei Feuerwehrleute zum Wrack, „denn drei von uns genügen, um das Auto wieder auf die Räder zu stellen" — die „Lebensretter" weichen in erbärmlicher Feigheit zurück.

Die March-Boxen hat das Ausbleiben ihrer Piloten längst beunruhigt. Purley-Mechaniker Dave Sims (der 1968 mit Clark in Hockenheim war und 1970 mit Randt in Monza) erblaßt. „Roger und David sind zusammengestoßen", glaubt Mosley, bis ihn jemand packt und zu einem Fernsehapparat zerrt: gemeinsam mit Wheatcroft und mit Rogers Vater. „Alle denken, daß Purley sein eigenes Auto löschen will, nur mir wird sofort klar, daß hier Furchtbares, ganz Schlimmes passiert ist." 50 Millionen Fernsehzuschauer in Europa und Amerika erleben Purleys einsamen, heroischen Kampf um Williamsons Leben, aber die Piloten wissen mit Davids flehentlichen Signalen, um Himmels willen anzuhalten, nichts anzufangen. Sie sehen, alle 1:30 Minuten, die Unfallstelle nur für kurze Sekunden. Rauch und Qualm, bereits hundert Meter weit ausgebreitet, rauben jedwede Sicht. Wer in diesem Nebel stoppt, gefährdet unweigerlich sich und die anderen. Und das Fahren auf geänderter Linie verlangt erhöhte Konzentration.

Stewart sieht im Qualm einen dunklen Sturzhelm und denkt sofort an Pace, „der sein eigenes Auto retten will" (Paces Helm hat zwei gelbe Pfeile, Purleys Helm einen rot-weißen Streifen). Aber die Kameraden sehen die Strecken- und Feuerlöschposten in Nähe des Wracks, glauben den Fahrer, wer immer es sei, in besten Händen und vertrauen der Rennleitung — ein für Williamson tödlicher Irrtum.

Hulme passiert den Rennleiterturm zwei-, dreimal ganz langsam, ganz nahe an der Mauer, gibt erregte Signale, man möge um Himmels willen endlich die Feuerwehr losschicken, das Rennen abbrechen — aber Rennleiter Huijsman glaubt, „daß die Fahrer, falls es schlimm ist, von selbst stehenbleiben werden". Nur Purley kämpft immer noch, winkt Zuschauer heran, die prompt über den Zaun klettern, um zu helfen — Polizisten mit Schäferhunden jagen sie zurück. Nur 50 Meter von der Unfallstelle, in Fahrtrichtung, wartet ein vollbesetztes Feuerwehrauto. Die Männer im Asbest, genauso gelähmt wie alle anderen Rettungsposten, warten auf ihr Einsatzkommando. Aber erst nach 3:40 Minuten greift einer der jämmerlichen Posten zum Streckentelefon, nach 3:40 Minuten, als im March Nr. 14 bereits alles Leben erloschen ist.

David Purleys Tränen versickern im Nomex-Gesichtsschutz, als er sich langsam, ein völlig gebrochener Mann, zu seinem March zurückschleppt und an die Box zurückrollt. Hinter dem Transporter muß er sich übergeben, aber seine Fäuste ballen sich noch immer. „Ich hätte diese Leute dort umbringen können ... sie haben ihn sterben lassen. Ganz einfach sterben lassen."

Langsam dämmert den meisten Piloten, die noch sechzigmal am verschmorten, schaumüberkrusteten Wrack vorbei müssen, die Wahrheit: Nach vierzig glücklich verlaufenen Großen Preisen wieder ein tödlicher Unfall. Als Stewart jetzt die Boxen passiert, schüttelt er den Kopf.

„Wahrscheinlich stimmt mit seinem Auto etwas nicht mehr", glaubt Chefmechaniker Roger Hill, ahnungslos. Stewart-Cevert liegen nun weit hinter Peterson, der vor dem Unglück um 0,6 pro Runde davongezogen ist, ab der 8. Runde aber um 1,0 Sekunden. „Weil Ronnie", sagt Stewart, „die Unfallstelle jedesmal in größerem Tempo passiert, als ich für sicher und vernünftig halte. Und wenn ich dadurch das Rennen verliere, ich würde jederzeit wieder das gleiche tun."
Schon 15 Sekunden Differenz. Aber Stewart forciert und irritiert Ronnie mit neuer Taktik: Jede zweite Runde gleich schnell mit dem Führenden, die Runden dazwischen um 0,5 schneller. Zehn Runden vor Schluß hat Peterson zwei Chancen, zu verlieren, aber keine mehr, zu gewinnen. Zuerst fällt sein vierter Gang aus, dann sein zweiter; auch der Motor nähert sich dem Ende. Schon während des ganzen Wochenendes war aufgefallen, daß Peterson seinen Motor jedesmal, in jedem Gang, beim Schalten bis ans Drehzahllimit jagt, bis er fast aussetzt. „Sagt das bitte Ronnie direkt", schlägt Peter Warr allen vor, die gleiches hörten, „denn mir glaubt er ja nicht."
Petersons Ausfall läßt die Tyrrells ungefährdet allein an der Spitze. Da James Hunt als Dritter, weil seit der 45. Runde ohne Kupplung fahrend, schon mehr als 20 Sekunden zurückliegt, befiehlt Kens Boxensignal: „Positionen nicht mehr tauschen." Cevert kann nicht mehr, selbst wenn er wollte: Reifenschaden acht Runden vor Schluß, mit Plattfuß wird François Zweiter.
„Another one-two, schon wieder ein Doppelsieg", sagt Tyrrell-Konstrukteur Derek Gardner leise, emotionslos. Stewart hat seinen 26. Grand Prix gewonnen, den Clark-Rekord endgültig übertroffen, aber er ist heute ein freudloser Sieger. „No hymn, bitte keine Hymnen", fleht er die Holländer an, aber die Zandvoort-Leute bringen nicht einmal dieses Taktgefühl auf. Mit erstarrten Gesichtern erdulden Stewart, Cevert und Hunt die unvermeidliche Siegerehrung.
„Warum habt ihr nicht abgebrochen, damit Williamson gerettet werden kann?" fragt Hulme den Rennleiter Huijsman. „Und überhaupt, warum hat seine Rettung nicht geklappt?" Huijsman meint, man habe alles Menschenmögliche getan. Hulme lacht grimmig und höhnisch auf. „Ihr habt ihn umgebracht", sagt er und schlägt die Tür zu. Draußen im Dünensand, über der Unfallstelle, segeln die Möwen. Peterson

erfährt erst 10 Minuten nach dem Rennen, daß Williamson tot ist, und reagiert erschrocken: „Das ist doch nicht möglich." David Purley spricht leise mit englischen Journalisten: „Eure Story, bitte, ist diese: Er war sofort tot, denkt an seine Familie." Aber durchs Fahrerlager pflanzt sich, fassungslos aufgenommen und weitergetragen, der Satz: „Er hat noch gelebt . . ."

Zandvoort gerät völlig zu Recht ins Kreuzfeuer, je mehr neue, unfaßbare Details über den weltweiten Skandal durchsickern. Die holländische Staatsanwaltschaft droht eine Untersuchung an. Aus Amerika sperrt STP-Chef Granatelli dem March-Team sämtliche Sponsorgelder. „Mein Rennwagenmuseum", sagt Wheatcroft, „nenne ich ab jetzt ‚Roger's Memorial'."

David Purley, der einzige Tapfere von Zandvoort, wird mit Tapferkeitsmedaillen, Ehrungen und Auszeichnungen überschüttet. Ein Reisebüro schenkt ihm (samt Familie) zwei Wochen Gratisferien auf Teneriffa, die David aber nie konsumiert. Statt dessen überlegt der Mann aus Bognor Regis tagelang, „ob ich aufhören oder weiterfahren soll, denn ich muß auch an meine Familie denken". Dann entscheidet sich Purley für den Rennsport.

Eine Katastrophe wie jene von Zandvoort läßt den Kameradenkreis näherrücken. Man redet aber recht wenig über den Menschen, der sein Leben verloren hat — vielmehr wird diskutiert, wie man Unglücksfälle künftig vermeiden oder zumindest: wie man besser helfen könnte.

Auf Zandvoort folgen mehrere bemerkenswerte Beschlüsse:

Erstens findet die GPDA, daß die Kurvengeschwindigkeiten zu hoch geworden sind, daß die Reifenbreiten deshalb limitiert gehörten. Prompt läßt Goodyear-Rennchef Ed Alexander von den Formel-I-Konstrukteuren eilig ein Bulletin unterschreiben: „Die heutigen Rennreifen sind sicherer denn je . . ." Mir fällt ein, was mir Eds Vorgänger, Leo Mehl, 1970 über die Reifenentwicklung gesagt hat: „Jeder will immer schneller sein, aber niemand sicherer."

Zweitens wird Louis Stanley von den GPDA zum „Generalinspektor für Feuerbekämpfung" bestellt: Er hat künftig alle Sicherheitsmaßnahmen auf allen Grand-Prix-Strecken zu überprüfen und, falls er nicht restlos überzeugt ist, sogar die Macht, einen Großen Preis kurzweg abzusagen *(weil Stanley aber zu Formel-I-Trainings, wenn überhaupt, immer zu spät kommt, wählen ihn die Piloten später wieder ab).*

Drittens schlägt Hulme vor, einen RAC-Techniker als permanenten Formel-I-Inspektor anzuheuern. „Denn ich weiß", vertraut mir Hulme an, „daß manche Leute betrügen, bloß Blech auf ihre Autos getan haben, damit sie größer ausschauen — ohne daß sie den neuen Bestimmungen entsprechen" *(ein RAC-Inspektor wurde 1973 noch nicht bestellt).*

Und viertens übernehmen Hulme und Stewart aus Amerika die Idee des „Pace-Cars": eines Schrittmacherautos, das sich, mit einem erfahrenen Mann am Steuer, im Fall eines Unglücks sofort in den Rennverkehr mengt und von keinem Rennwagen überholt werden darf, also das Renntempo bestimmt. Um a) die Rettungsmaßnahmen nicht zu gefährden und b) das Rennen regulär weiterzuführen. „Das Flaggensystem allein", sagt mir Hulme, „ist zuwenig, und wir hatten 1973 schon dreimal die Alarmflaggen: in Kyalami (wegen Regazzoni), in Brands Hatch (wegen Hailwood), in Zandvoort (wegen Williamson)." *Künftig darf niemand mehr aus dem Unfall eines anderen Positionsgewinne ziehen oder Sekunden gewinnen.* „Für den Nürburgring ist es noch zu früh, aber in Zeltweg starten wir die Pace-Car-Idee", vertraut mir Hulme an. „Nur Stewart, ich und du wissen davon. Es muß geheim bleiben, bis die CSI ihr Okay gibt. Sonst fühlt sie sich unter Druck — und verbietet das Pace-Car."

Fünf Tage nach Zandvoort fauchen die Formel-I-Autos bereits im Training um den Nürburgring. Nur Purley fehlt: Er ist beim Begräbnis von Roger Williamson in Leicester.

NÜRBURGRING: DIE RHAPSODY IN BLUE

Jacky Ickx als Gastarbeiter für McLaren: Das ist die sportliche Sensation des deutschen Grand Prix. Noch in Zandvoort hat Phil Kerr dem Nürburgring-Spezialisten das dritte Auto offeriert. Jacky stieg in seinen roten Ferrari, Kennzeichen J172A, und brauste nach Maranello, um seinen Vertrag zu lösen. Als „freischaffender Künstler", der sich seine Brotgeber künftig selbst aussuchen kann, verläßt Ickx das

Ferrari-Werk. „Ich starte 1974 keinesfalls für Ferrari, warum soll ich also weiter am Auto arbeiten, es für andere verbessern?" fragt mich Jacky.

Die Sitzprobe im McLaren erfolgt mit chirurgischer, fast peinlich exakter Millimeterarbeit. Ickx sieht über den Windschutz nicht hinaus. „Schneiden wir eben das Plexiglas ab", meint Chefmechaniker Alastair. Und erst die Pedale: Ickx will sie alle drei auf gleicher Höhe. „Ich kippe den Fuß beim Zwischengasgeben nicht seitlich, Zehen auf der Bremse, Ferse am Gaspedal — ich tu es mit aufgestelltem Fuß: drei Viertel Bremse, ein Viertel Gas." Eine originelle Studie der Ickx-Fahrtechnik, für die McLaren aber die Pedale verbreitern muß. „Sorry, Boys, aber ich habe so schmale Füße", entschuldigt sich Jacky.

Ickx liebt den Nürburgring. Keine andere Rennstrecke gibt ihm soviel Befriedigung wie die „grüne Hölle der Eifel", deren 22,9 km (und 170 Kurven) heute mit 190 km/h Durchschnittsgeschwindigkeit durchrast werden. Am Ring ist 1967 Jackys Stern aufgegangen; den Formel-II-Matra damals auf Rang 4 vorzupeitschen war die Großtat, die ihm den Ferrari-Vertrag gebracht hat.

Seit 1968 haben nur Ickx oder Stewart auf dem Ring triumphiert. „Auch diesmal sehen wir ein Rennen Ickx gegen Stewart, da kannst du sicher sein", weissagt Hulme. „Überall anders ist auch Ickx nur ‚an ordinary man', einer von uns vielen, hier aber um 5 bis 6 Sekunden schneller als ich", gibt Denny neidlos zu.

Das Nürburgring-Training beginnt immer voll Ernst. Die ersten Runden verlangen den Piloten, immer wieder, Überwindung ab. Sogar Ring-Kenner Jochen Mass bemerkt „plötzlich etwas, das ich bisher nur flüchtig kenne: Angst, einfache, stupide Angst vor den ekligsten Passagen" — der Fuchsröhre, die sich plötzlich zum Nadelöhr verengt, und dem Pflanzgarten, wo sich das Auto mit allen vier Rädern in der Luft befindet.

Schnell sein kann nur, wer einen starken Magen hat — wer jeden Meter, jeden Stein kennt, wer sich an Bäumen orientieren kann. Fotografisches Gedächtnis ist preislos teuer. Lauda hämmert die erste Bestzeit heraus. Mit verschwommenen Augen, mit den rippigen Abdrücken des Gesichtsschutzes an Stirn und Wangen steigt er aus — diesmal als sein eigener Rennleiter, weil Tim Parnell nicht da ist: Seine

Frau Virginia erwartet ein Baby, „einen neuen Mittelstürmer für Derby County". Niki will nicht kapieren, warum Tim jetzt zu Hause vonnöten sein soll, „denn er ist ja keine Hebamme".

Ickx unterbietet Lauda mit 7:09,7, ehe er am Karussell mit Motorschaden stoppen muß. „Trotzdem: ein sensationelles Auto, um so vieles leichter zu fahren als der Ferrari. Und vor allem: endlich wieder ein Wagen, mit dem ich gewinnen kann", strahlt Ickx. Dem McLaren-Rennleiter bescheinigt Jacky: „Das erste Wochenende 1973, an dem ich lachend herumgehen kann, und das verdanke ich euch."

140mal schalten pro Runde, Gangwechsel also alle drei Sekunden, strapazieren die Getriebe. Stewart will einen höheren fünften Gang, Peterson einen kürzeren zweiten, dritten und vierten. Das große Lotus-Problem heißt aber: die Wagen schlagen mit der Unterseite auf. Chapman läßt sie aufbocken, höhersetzen. Laudas Frontpartie ist schlampig montiert worden: In der Fuchsröhre schleift die Schnauze mit ekelhaftem Geräusch über den Beton. Cevert beklagt einen unfahrbaren Tyrrell, „hart und störrisch wie ein Go-Kart". Er läßt die Federn auswechseln.

In seiner letzten Freitagrunde wird Lauda durch eine Staubwolke und erregt geschwenkte gelbe Flaggen gewarnt: Ganley ist wegen Bremsdefekts ausgeritten, Niki muß vom Gas. Trotzdem unterbietet auch er die 7:10-Grenze, was außer ihm und Ickx nur Stewart, Peterson und Cevert gelingt. Fittipaldi scheint in der Trainingsliste erst an 13. Stelle auf, kein Wunder bei der jämmerlichen Verfassung, in der er zum Ring gekommen ist. Doch naht Hilfe. Manager Domingos holt „Fittis" Schweizer Ärztin, Dr. Sarah Noris, und den Heilmasseur Morat vom Flugplatz ab: zur Betreuung für Emerson übers ganze Wochenende.

In diesen Nürburgring-Tagen ist jedwede Zigarettenwerbung verboten: Lotus, BRM, Williams und Hill müssen ihre „John Players"-, „Marlboro"- und „Embassy"-Schriftzüge überkleben. Dafür schlägt für Chapmans zweiten Sponsor, Texaco, die große Stunde: Party im „Sporthotel", in dem sich Peterson jeden Morgen ärgert, „weil mich schon um sieben Uhr früh der Lautsprecher mit dem blöden ‚Achtung, Achtung, Fahrerlager' aufweckt". Ronnie hat auch Freitagabend Pech: Beim „Slot-Racing-Grand Prix" von Texaco versagt ausgerechnet auf seiner Bahn das Zählwerk, so daß Chapman mit 36 Runden vor

Fittipaldi mit 34 Runden gewinnt. „Sehr diszipliniert, Emerson", lobt Colin.

Samstag, 11 Uhr, im „Christophorus"-Restaurant: Yardley-McLaren annonciert ein Preisausschreiben, dessen Gewinner Denny Hulmes Sturzhelm gewinnt; in einer Ecke verdrückt Ickx sein Frühstück — und dann steht ein Mann, klein und schmächtig, im Mittelpunkt, vom Applaus eingehüllt wie von einem Blumenregen: David Purley bekommt die „Siffert-Trophäe", den „Prix Rouge et Blanc" für den tapfersten Kämpfer des letzten Grand Prix, Zandvoort; und noch nie hat jemand dieses Stück Gold so sehr verdient.

Seine linke Hand, die er zum Dank für die Trophäe hebt, ist bandagiert. „Wenn aus der Tragödie etwas Gutes folgen sollte", sagt Purley leise ins Mikrofon, „dann vielleicht, daß man ab jetzt mehr auf Sicherheit achtet. Daß andere Fahrer mehr Chancen haben, aus einem brennenden Auto herauszukommen. Daß künftig andere Leben gerettet werden können. Dann nämlich wäre Roger Williamson nicht umsonst gestorben."

Auf dem Nürburgring sind die Sicherheitsvorkehrungen so groß wie nie zuvor bei einem Autorennen: Allein 18 ONS-Staffelfahrzeuge sind im Einsatz. Aber trotz aller bombastischen Vorsorge geht das Wochenende nicht unblutig vorbei: Im Fahrerlager werden Ken Tyrrell und dessen langjähriger Helfer, der berühmte amerikanische Kinderarzt Dr. Frank Faulkner, von einem deutschen Funktionär mit einem Gelände-Motorrad niedergefahren. Frank, schon nach seinem schweren Autounfall 1972 in Zeltweg monatelang im Spital gewesen, braucht erneut ärztliche Hilfe. Und bei einer Drachenflugdemonstration stürzt der Österreicher Bernd Rauchenwald, von einer Windbö erfaßt, vor der prallgefüllten Tribüne tödlich ab.

Der Nürburgring selbst verteidigt seine 7-Minuten-Schallmauer im Abschlußtraining mit einem unfairen Trick: durch Regen! Droht die Wiederholung der Wasser- und Nebelschlacht von 1968, der Stewart als Sieger mit vier Minuten Vorsprung entrann, um zu klagen: „Ich fuhr noch kein furchtbareres Rennen" — zumal Jackie heute noch überzeugt ist, dieser Grand Prix hätte „niemals stattfinden dürfen"?

Auf nasser, nur mühsam auftrocknender Bahn hat zunächst Purley den bitteren Job, sich qualifizieren zu müssen; ohne Formel-I-Erfahrung auf dem Ring, mit fast steifer Hand und mit leerem Herzen: „Ganz ehrlich", sagt mir Purley, „es verängstigt mich, 200 km/h auf der Geraden zu fahren. Ich denke momentan zu viel. Aber noch zwei, drei Rennen, und ich habe es überwunden. Ich muß einfach."

Der soziale Unterschied in der Lotus-Box ist sichtbar: Maria-Helena schützt sich gegen Kälte und Regen durch einen Fuchspelz, Barbro durch eine simple Norweger-Strickjacke. Endlich dringt die Sonne durch den grauen Vorhang. Die Zeiten werden schneller, bleiben aber langsamer als freitags — weil die Streckenposten, wie in Monaco, Ölflecken mit chemischen Mitteln zuschütten. „Das ist schlimmer als Öl", erklärt mir Cevert, „wenn du nicht haargenau deine Spur hältst, rutscht du wie auf Glatteis."

Die zwei Unfälle im Samstagtraining haben jedoch technische Ursachen. Carlos Pace platzt in einer schnellen Bergab-Linkskurve der rechte Vorderreifen. Hailwood gibt der Surtees-Box Zeichen, ein ONS-Auto fährt los und bringt Pace zurück. „So stark hat mein Herz gepocht", sagt Carlos und greift in seinen Overall. Wie in Anderstorp hat er Angst gespürt.

Um 14.30 Uhr bricht Peterson links vorn der Bolzen des Kugellagers, „als ich gerade flog": vom Pflanzgarten hinunter zum kleinen Karussell. Sofort biegt der Lotus scharf links ab, aber Ronnie hält ihn auf der Bahn, ohne anzuschlagen, und fährt ihn langsam zur Box. „Der Lotus hat hinten so viel Gewicht, daß es fast egal ist, ob du vorn eines oder zwei Räder hast", müht sich der Schwede einen Scherz ab. Leicht zu erschüttern ist er nicht. Fittipaldi fährt die fünfte Zeit, dringt in der Startaufstellung aber nicht mehr vor. Stewart behält Pol.

Seit 1965 ist Lotus am Ring sieglos — um so gewissenhafter durcharbeiten die Chapman-Monteure die lange, letzte Nacht, während bei Tyrrell und McLaren längst der Rollbalken heruntergesaust ist. „Laßt den Motor", entscheidet Ronnie, disponiert aber spätabends um: „Nein, wechselt ihn doch." Komisch, diese Rennfahrer, sinniert Eddy Dennis. In der Hill-Box beobachtet Chris Barber, ein alter Freund, die Nachtarbeit. Bei BRM ist Beltoises Besuch kurz: „Wann ist Frühtraining? Schon um acht? Da komme ich nicht."

Bei McLaren heißt die Devise wie stets: „Alles checken, und dann die Finger kreuzen." Als Waffe gegen Stewart bekommt Ickx die gleichen harten Reifen wie die Tyrrells; eine Mischung, auf die er den McLaren wegen des Samstagregens nicht mehr hatte abstimmen können. Stewart-Peterson stehen in der ersten Reihe, Cevert-Ickx in der zweiten, Lauda-Reutemann in der dritten, die Fittipaldi-Brüder in der siebenten: „Ein nettes Gefühl, neben Wilson zu sein", sagt Emerson, der Domingos als „Telefon" für den brüderlichen Kriegsrat benützt. „Soll ich Wilson sagen, daß er dich schon in der Südkehre vorbeiläßt?" fragt der ziegenbärtige Manager. „Nein", lacht Emerson, „Wilson soll fahren, so schnell er kann. Ich werde mich, wenn mich meine Füße nicht im Stich lassen, bei ihm schon melden."

Die 400.000 Zuschauer, bekennt Emerson, „versetzen uns Fahrer in eine unglaubliche Kampfstimmung. Was uns auf der Strecke sehr viel hilft, denn eine Ring-Runde ist schwerer als zehn Interlagos-Runden."

Der Ring splittert ein Grand-Prix-Feld auch mehr auf als jede andere Strecke. „Auto, Motor und Sport" und die Firma Junghans ermitteln 1973 zum erstenmal, wie schnell in den kritischen Passagen der Nordschleife tatsächlich gefahren wird:

Die Hatzenbach-Schlängelkurve durchpfeilt Peterson mit 123 km/h am schnellsten, gefolgt von Stewart mit 118 und Ickx mit 117. Die Links-Kuppe am Schwedenkreuz, ein Eck für Mutige, absolviert dafür Stewart mit 249 km/h, Revson und Hailwood erzielten je 248, Ickx und Pace je 246 km/h. Die Brücke am Wehrseifen schafft Reutemann mit erstaunlichen 106 km/h, Oliver notiert 102, Wilson Fittipaldi und Purley je 99. Im schrägen Karussell wird wieder für Stewart Bestzeit gestoppt: 104 km/h. Revson und Pescarolo mit 102, Hulme mit 101 sind die nächsten. Am Pflanzgarten, der schon viele Aufhängungen windelweich geprügelt hat, entpuppt sich Ickx mit 235 km/h als Couragiertester, Stewart bringt es auf 231, Mass auf 229. Das Urteil in der Antoniosbuche sagt alles über die Aerodynamik der Autos: Cevert läßt mit 290 km/h Stewart um 5, Ickx um 9 km/h hinter sich. Soweit Stoppuhren und Computer.

Die Messungen für Stewart überraschen genausowenig, wie sich Jackie diesmal am Start überraschen läßt: Schon in der Südkehre ist er vorn, wobei Cevert Peterson und Ickx geschickt abdrängt. Zwei königsblaue Tyrrells voran: Schon wieder klingt die „Rhapsody in Blue" auf, während Petersons Maschine bald verstummt: Verteilerschaden an der Adenauer Brücke, nach kaum einer halben Runde. Ickx ist damit Dritter, hart attackiert von Lauda, „der sich so sehr auf dieses Rennen gefreut hat", wie Mariella in der Box sagt. Niki hat sich von Reutemann, Revson, Pace, Hulme und den Fittipaldi-Brüdern längst gelöst und trägt immer wieder Ickx den Nahkampf an — Ickx, „dem unschlagbaren Mann auf dem Nürburgring".

Zweite Runde: Revson lädiert an den Hatzenbach-Leitplanken drei Felgen, merkt aber keinen Unterschied zu vorhin, fährt also weiter. Damit ist jetzt Reutemann der Mann nach Lauda. Bis Carlos in der 250-km/h-Bergauf-Linkskurve am Bergwerk mit ansieht, wie 80 Meter vor ihm „der BRM aufsteigt und wegschießt wie eine Rakete".

„Slow puncture" rechts hinten, der gefürchtete „schleichende Patschen" durch einen Stein, der sich in den heißen Gummi gebohrt hat — trotz des „Anti-puncture"-Mittels im Inneren der Firestone-Reifen (das Goodyear noch nicht hat): Und da ist nichts mehr, das Lauda noch tun kann, „weder die Zündung ausschalten noch den Bordfeuerlöscherknopf drücken". 400 Meter lang balanciert der BRM auf der Felsenböschung, als Rasenmäher mit 200 Liter Superbenzin, verliert noch ein Rad, wird lenkunfähig, schlägt durch ein Wunder, fast wie im Trickfilm, einen Bogen um eine hölzerne Ambulanzhütte ... und droht umzukippen. Der in den Gurten hängende Niki fürchtet Überschlag und Feuer und hat, wie er mir später gesteht, „nur einen Gedanken: Roger Williamson".

Kopf einziehen, Gurten auf — und endlich stoppt der BRM. Binnen Sekunden ist das ONS-Staffelauto bei Lauda. Nicht ein Tropfen Benzin ist ausgeflossen, aber der BRM schaut aus wie ein Heuwagen. Und Niki hat sich das rechte Handgelenk gebrochen. „Nächstes Mal", lernt er, „weiß ich, was ich tun muß: Hände weg vom Lenkrad." Ein Polizeimotorrad bringt Lauda zu Start und Ziel; der Rennarzt erscheint mit Schmalfilmkamera; und das GPDA-Spital bringt nur verwackelte Röntgenbilder zuwege. Als Niki (mit Mariella am Steuer) endlich ins Spital nach Adenau fahren kann, eingesperrt in der Kolonne, erhascht er ein paar Wortfetzen aus dem Lautsprecher: „Stewart führt vor Cevert."

Zehn Runden lang kämpft François „so hart ich nur kann, um Jackie zu überholen, und das ist ein höllisch langer Weg. Aber Jackie ist mir einfach zu schnell". Stewart gibt zu, „daß mich François eine Zeitlang ganz schön unter Druck gesetzt ... aber Cevert hinter dir, das ist ein guter Mann, wenn du ihn auf deiner Seite weißt. Er ist ein prächtiger Schutzpolster." Und beide liefern eine fabelhafte Demonstration. In der Box spürt Helen Stewart die gleichen Magenschmerzen wie in Monaco, aber am Ring eher schlimmer, weil sie Jackie nur alle 7:15 Minuten vorbeihuschen sieht. „Und ich bin keine Rennfahrerfrau, die sich ausmalt, auf welchem Punkt der Strecke Jackie gerade sein kann."

Für die letzen vier Runden erfolgt der vereinbarte Tyrrell-Boxen-befehl: „STEW P 1, CEV P 2, Überholen verboten." Der Drittplacierte, Ickx, liegt bereits 20 Sekunden zurück: einen heftig übersteuernden McLaren kann auch der mutige Ring-Experte heute nicht schneller bewegen.

Um Rang 4 fightet Reutemann wie ein Löwe: gegen einen Reifen-schaden, gegen Carlos Pace. „Ich hasse es, an die Box zu fahren, ich fühle mich dabei immer schlecht", gesteht mir der Argentinier, der erst nach einem Motorschaden die Waffen streckt. Nun wird Pace zum schnellsten Mann: Erstmals liegt der Surtees richtig, halten auch die Reifen. Der Brasilianer dreht pausenlos Rekordrunden, die ihn sogar Ickx nahe bringen.

Das Match des Tages tobt jedoch um den fünften Platz: zwischen Wilson F., Emerson F., Mass und Oliver. Der Weltmeister kämpft seit der 2. Runde gegen Benzinaussetzer, muß deshalb in 2.-Gang-Kurven die Erste einspannen, in 3.-Gang-Kurven die Zweite, „weil der Motor nie über 9000 dreht und ich fürchte: sobald er abstirbt, bringe ich ihn nie mehr zum Laufen". In Emersons Rückspiegel fährt Mass ein großes Rennen, vor allem: ein überaus sauberes. „Jochen könnte mich überholen, würde er superhart fahren, was aber vielleicht bös enden würde; und das will der Deutsche nicht riskieren", lobt Emerson. Vor ihm überlegt Wilson, den Bruder vorzulassen, um ihm einen WM-Punkt mehr zu geben — dann erspäht er jedoch im Rückspiegel den Zentimeterkampf und fürchtet, „daß wir im Finish beide ausgetrickst werden". So beschließt Wilson: „Wenn mich der kleine Bruder jetzt noch holen will, dann muß er wohl etwas mehr Gas geben."

Was aber passiert vorne zwischen Stewart und Cevert? „Ein kleiner Fehler", räumt Jackie ein, „kann viel Zeit kosten. Also ist es besser, weiter mit Druck zu fahren." An der Tyrrell-Box ist die Spannung nervenlähmend. Die Mechaniker starren einander wortlos an, keiner bringt einen Laut hervor, „weil wir alle überlegen, was in der letzten Runde noch passieren kann." Jackie sieht im Rückspiegel, wie François näher kommt, weiß aber, „daß wir einander nicht auf Teufel komm 'raus bekämpfen werden. Wir kennen uns ja schon lang genug." 1,6 Sekunden trennen die beiden Tyrrells auf dem Zielstrich. Ickx kommt um 41,2 Sekunden später an, Pace um 53,8, die Fittipaldi-Gruppe um 77,9.

In der Goodyear-Koje des Fahrerlagers wartet warme Milch und Mineralwasser auf Stewart, Champagner auf Cevert. „Der Rennsport hat dringlichst ein sicheres Rennen gebraucht, und wir haben es bekommen", sagt mir Jackie erleichtert. „Ich fühle mich wesentlich besser als vor einer Woche. Monaco und Nürburgring im gleichen Jahr zu gewinnen war schon immer mein Traum." François' Filmgesicht mit den blauen Augen wetterleuchtet an diesem 5. August vor Emotionen: „Weil ich mit dem einen Ring-Experten, Stewart, mithalten konnte und den anderen Ring-Experten, Ickx, um so viel distanziert habe. Und weil ich jetzt Zweiter in der Weltmeisterschaft bin." Sein zehnter zweiter Platz, zum sechstenmal 1973, räumt Cevert sogar Titelchancen ein.

Die erste Batterie Champagnerflaschen ist leer getrunken, da wird Laudas BRM-Wrack herangeschleppt; Erdklumpen in den Felgen, Halme im Motor, Heckflügel und Schnauze zerfetzt, gebrochenes Monocoque. Kurz darauf kommt Lauda aus dem Spital zurück und entschuldigt sich bei den Autogrammjägern: „Hand in Gips — ich kann leider nicht schreiben."

In der Nachbarbox jubelt, ein krasser Gegensatz, das Surtees-Team. Helen Stewart küßt Mass schwesterlich ab: „Bravo, Jochen, du bist ins Ziel gekommen." Pace wird turbulent gefeiert, und John Surtees strahlt wie ein Kind unterm Weihnachtsbaum. Wie 1963, erinnere ich ihn, worauf „Big John" sofort seine Piloten zusammentrommelt. „Ich muß euch etwas sagen: Wißt ihr, daß auch für mich der Nürburgring eine Sternstunde war? Vor genau zehn Jahren, als ich meinen ersten

Großen Preis gewann." Heute hat sein Team (höchste Zeit) die ersten WM-Punkte 1973 erobert: durch Carlos Pace, über den Fittipaldi sagt: „Ich wußte schon immer, daß Brasilien nicht nur einen Emerson hat, sondern auch einen Wilson und einen Carlos. Ab heute wissen es auch alle anderen."

Juan Carlos Pace — die Brasilianer nennen ihn „Moco", den Schwer-
hörigen, „weil ich als Bub nie zuhören wollte, wenn ich Ratschläge
bekam". 1967/68/69 war er brasilianischer Meister und erfolg-
reicher als Emerson, ehe er nach Europa kam und aufs Sprungbrett
Formel III stieg. Jetzt hat Pace Emerson erstmals auch in der
Formel I geschlagen, „aber ich will nicht nur ihn besiegen, ich denke
am Start immer: Ich muß sie alle schlagen, alle Rennläufer der Welt!"
Wenn Pace so spricht, strahlt er wie ein italienischer Heldentenor —
aber er hat 1973 oft genug finster blicken müssen:

Als Pace und Hailwood (wie die BRM-Piloten) durch überhitzende,
brechende oder zu langsame Reifen pausenlos deprimiert, gedemütigt
wurden, da sank seine Stimmung auf Null. „Moco", seit dem Vorjahr
als „Weltmeister von übermorgen" gefeiert, sackte in der Start-
aufstellung zurück, wurde jäh aus gut begonnenen Rennen gerissen.
„Die Leute sehen nicht das Problem", klagte mir Carlos, „sie sagen:
Pace und Hailwood sind langsam und schlecht. Ich bin erst am Anfang,
verliere schnell meinen Ruf — Stewart, Fittipaldi oder Ickx können
sich eine schlechte Saison leisten, ich aber nicht. Man ist so schnell
wieder draußen." Einmal, in Le Castellet, hat Pace wegen der Reifen
sogar Surtees angebrüllt, eine Todsünde im Formel-I-Business, aber
„Big John" sagte nur: „Gut, dann mach in Zukunft alles allein." (Die
neue TS-14-Schnauze ist Paces Idee.)

Das Surtees-Angebot hatte Pace (aus vielen anderen) deshalb ausgewählt,
„weil ich mit einem Ford-Motor immer nahe der Spitze bin, während
ein 12-Zylinder den Fahrer weit hinaufspielen oder tief nach unten
stürzen kann". Bei den Reifen konnte Pace nicht mehr mit der Mehr-
heit mitschwimmen. Aus Verzweiflung nahm er (unmittelbar vor
Zandvoort) eine Shadow-Einladung zu einem Silverstone-Test an,
„weil ich Goodyear-Reifen probieren will". Trotz kaputtem Stoß-
dämpfer war Pace auf Anhieb schneller als je ein Shadow-Pilot vor
ihm, aber nach sechs Runden stieg er aus: „Ich bin doch kein Idiot und

stimme euer Auto ab." Schon 1972 war Pace in einem Shadow gesessen: bei der CanAm-Serie. *„Hoffnungsloses Auto"*, sagte er nach der ersten Probefahrt. *„Das wissen wir"*, gab Jackie Oliver zurück, *„steig ein und gewöhne dich dran."* Pace, der Profi, war entsetzt: *„Das ist nicht die richtige Art, Rennen vorzubereiten."*
Und bei seinen Prototypen-Einsätzen für Ferrari geriet „Moco", der Schwerhörige, mit seinem Copiloten Merzario oft in heftige Wortgefechte — wegen der Abstimmung des Autos. In seiner Einstellung ist Pace ein Lauda-Typ: extrem ehrgeizig, bereit, 24 Stunden täglich für sein Team zu arbeiten, zu testen, um mit jeder neuen Erfahrung tiefer in die Rennsportgeheimnisse einzudringen.
Nur in Geldfragen ist Pace weniger versiert: Er kaufte in Brasilien für eine halbe Million einen silbergrauen Porsche mit allen Extras, den er in Deutschland fürs halbe Geld bekommen hätte. Und anders als die meisten Grand-Prix-Fahrer wohnt er auch nicht im Grünen, sondern in einer Londoner Mietwohnung, direkt bei Victoria Station.
Der Zug zum WM-Titel 1973 scheint am Nürburgring bereits abgefahren zu sein: Stewart 60, Cevert 45, Fittipaldi 42 Punkte. Ein Zwischenstand, über den Jackie urteilt: „Ich bin noch weit davon entfernt, halbwegs sicher und komfortabel zu sein." Daß Stewart binnen einer Woche 18 Punkte an sich gerafft hat, Fittipaldi aber nur einen einzigen, alarmiert Colin Chapman zu einer sofortigen Nothandlung: Er sperrt seinen Designer Ralph Bellamy in sein Landhaus an der englischen Südküste, zu dem nur er und seine Frau Hazel die Schlüssel haben. Alle paar Stunden bekommt Ralph zu essen und zu trinken, ansonsten bleibt er allein mit Vogelgezwitscher und seinem Reißbrett. Dringender Chapman-Auftrag: so rasch wie möglich den neuen Lotus 75 fertigzustellen, um ihn eventuell noch als geheime Waffe in die letzten WM-Läufe zu werfen. Obwohl es schon später ist, als Chapman glaubt.
Stewart und Fittipaldi treffen sich noch Sonntagabend in der Schweiz zum Essen. Über den Nürburgring, über die Weltmeisterschaft fällt kein einziges Wort. Danach fliegt Emerson zu Soler-Roig an die Costa Brava auf Ferien, während Jackie am Genfer See ein paar Tage Tennis spielt, „aber schlecht wie ein altes Weib, denn nach einem Grand Prix bin ich immer ein, zwei Tage völlig kaputt". Wieder

erholt, fliegt Stewart in die Goodyear-Zentrale nach Akron, Ohio, und unterschreibt dort einen neuen Vertrag. „Heißt das also, daß du 1974 weiterfährst?" frage ich ihn am Telefon. „Ich kann dich plötzlich nicht mehr hören, die Leitung ist wohl gestört", kichert Jackie in den Apparat, „was hast du gefragt?" Die Wahrheit über den Goodyear-Vertrag: Stewart muß weiter für Werbezwecke zur Verfügung stehen; daß er aber auch Rennen fährt, ist laut Kontrakt 1974 nicht mehr nötig.

François Cevert macht unterdessen in Saint-Tropez die halbe Mädchenwelt verrückt, zumal er auch noch das große „Boule"-Turnier gegen alle südfranzösischen Spezialisten gewinnt. Das Kugelspiel im Sand währt von 17 Uhr bis 5.30 Uhr morgens, im Semifinale schaltet François seinen Schwager Beltoise aus und kassiert 300 Dollar — ehe ihm der Rummel zu wild wird. „Ich flüchte vor all den Girls in die Berge; nur noch schlafen und Tennis spielen."

Die Tyrrell-Truppe muß fit nach Zeltweg, denn es gilt, eine negative Serie zu beenden: Bis jetzt hat weder Jackie noch François im österreichischen Grand Prix jemals einen Punkt erzielt, geschweige denn: gewonnen. Und gerade das wird nach zwei Doppelsiegen binnen acht Tagen erwartet.

ZELTWEG: PETERSON — ZUM SIEGEN GEZWUNGEN

„Bei Tyrrell", sagte mir Helen Stewart einmal, „ist alles perfekt synchronisiert. Wir sind das glücklichste Team der Formel I, weil wir sehr viel Spaß zusammen haben, aber mehr noch: größten gegenseitigen Respekt." Diese Achtung beginnt mit dem Kopf der Erfolgspyramide.

Robert Kenneth Tyrrell, heute 48jährig, Sohn eines Wildhüters, Linkshänder und immer offen und direkt, war bis 1938 Feuerzeugmechaniker bei Ronson, im Krieg dann Flugingenieur bei der Royal Air Force. „Mit den Halifax- und Lancaster-Bombern flog ich zwölf Angriffe auf Deutschland mit", erzählte er mir. Wieder Zivilist, zog Tyrrell mit seinem Bruder Albert eine Holzschlägerei auf („Tyrrell Brothers"), ehe er seinen Bruder vor zwölf Jahren auszahlte.

152

Inzwischen war er Rennfahrer geworden, „aber ohne großen Erfolg. Immerhin gewann ich 1955 ein Formel-III-Rennen in Karlskoga. Damals war ich auch Testfahrer bei Aston Martin, Stirling Moss war bei Jaguar; als sich Jaguar zurückzog, stieß Moss zu uns. Statt mir . . .", wie er lachend verrät.

Wann traf Tyrrell erstmals mit Stewart zusammen? Natürlich nicht erst 1968, als Ken in die Formel I einstieg und Jackie trotz Warnungen von Helen („du bist verrückt, für Tyrrell zu fahren") zu ihm stieß — aber auch nicht 1964, als die Formel-III-Allianz Tyrrell-Stewart begann. Nur die beiden Beteiligten wissen: es war schon 1960. Ken vertraute mir die Story an:

Er hatte damals sein Formel-Junior-Team mit John Surtees und Henry Taylor. „Aber John war offenbar für Höheres bestimmt, folglich brauchte ich einen neuen Fahrer." Ken lud den schottischen Motorrad-champion Bob McIntyre zu einem Test nach Goodwood. Mit Bob kam dessen bester Freund, ein (damals) dicklicher junger Schotte mit rundem Gesicht und kurzen Haaren, „der sich mir zwar vorstellte, aber das konnte jeder x-beliebige sein". Es war Jackie Stewart, der dann beim Stoppen mithalf.

„Er war kein Rennfahrer, aber er redete viel und wußte alles besser", erzählt mir Ken schmunzelnd. McIntyre war jedenfalls um 3 bis 4 Sekunden langsamer als erhofft. Einmal brach sein Wagen aus, und Bob korrigierte viel zu früh, noch vor dem Slide. „Weil er nur zwei Räder gewohnt ist und noch nie ein schnelles Auto gefahren hat", entschuldigte Jackie den Freund, „ich habe ihm deshalb vorgeschlagen: Kauf dir lieber zunächst einen Porsche." Der McIntyre-Vertrag platzte, Bob blieb bei seinen Motorrädern und stürzte später zu Tode, der erste einer langen, bitteren Serie von Freunden, die Jackie auf der Rennbahn verloren hat.

Vier Jahre später, 1964, erinnerte Stewart Tyrrell an ihr erstes Treffen in Goodwood. „Hätte ich ihm damals gesagt", schmunzelt Ken heute, „wenn du schon alles so gut weißt, warum steigst du nicht selbst ein? — wer weiß, vielleicht hätte Jackies Karriere um volle vier Jahre früher angefangen."

Immer war Jackie für Tyrrell die unumschränkte Nummer 1, doch 1973 war die Situation plötzlich eine andere — wegen dem immer stärker aufkommenden Cevert. Buenos Aires: Cevert immer vor Stewart. Interlagos: Stewart Zweiter, Cevert dreimal an der Box. Kyalami: Stewart gewinnt in Ceverts Auto, „was beweist, daß ich hätte siegen können". Barcelona: Cevert Zweiter trotz Boxenstop, Stewart out. Zolder: Stewart Erster, Cevert im Training und Rennen schneller als Stewart, aber wegen eines Drehers Zweiter. Monte Carlo: Stewart Erster, Cevert genauso schnell, aber wegen Boxenstops nur Vierter. Schweden: Cevert schneller als Stewart im Training und (bis zu den Vibrationen) auch im Rennen, winkt danach Stewart vor. Frankreich: Cevert Zweiter, Stewart nach Reifenwechsel Vierter. England: Cevert Fünfter, Stewart nach Boxenstop Zehnter. Holland: Stewart Erster, Cevert trotz Reifenschadens Zweiter. Nürburgring: die gleiche Serenade für zwei Tyrrells.

Ein Tyrrell siegt also selten allein, aber wenn, dann gewinnt immer Stewart vor Cevert. Helmut Marko findet diese „Nibelungentreue von François fast schon unnatürlich, weil doch jeder Rennfahrer versuchen müßte, selbst zu gewinnen". Im elf-Wohnwagen von Zeltweg spreche ich mit Jackie und François eine Stunde über dieses Thema. Stewart mit „Newsweek" in der Hand, Cevert malerisch hingegossen.

Warum funktioniert eure Taktik so gut — normalerweise sind doch Nummer 1 und Nummer 2 eines Teams nie gute Freunde?

Stewart: „Es klappt, weil wir ein sehr gutes Team sind."

Cevert: „Das stimmt. Und falls wir uns gegenseitig Schwierigkeiten machen würden, Ken würde das niemals akzeptieren."

Stewart: „Schau, wir sind 1973 in einer neuen Situation. Als François zu uns kam, 1970, war er in der Formel I völlig neu, ich dagegen war schon lange ein Teil des Teams. Aber Cevert fragte, er wollte lernen; und so begann das Team, eng zusammenzuarbeiten. Nie fiel ein böses Wort. Nur haben wir jetzt die 20-Sekunden-Regel: Sobald Ken glaubt, daß wir beide sicher gewinnen, kommt das Signal, Position zu halten. Egal, wer von uns beiden führt. Erstmals darüber gesprochen haben wir in Monaco, erstmals gezeigt wurde uns das Signal in Zolder. Aber so oft ist das vorher nicht diskutiert worden. Es ist eine gute Regel: Wir haben zwei siegfähige Autos, für Ken ist der Konstrukteurbewerb wichtig, und bei uns verhindern die Boxensignale, daß wir irgend etwas Stupides tun."

Cevert: „Ich winke dich einfach vorbei, wenn es besser ist — wie heuer in Anderstorp."

Stewart: „Ich dich auch, François — wie 1971 in Watkins Glen."

Cevert: „Wir beide haben das Gefühl: wir sind schneller, wenn wir dem anderen Auto voll vertrauen können."

Stewart: „Es ist so besser für uns beide. Ich könnte das aber mit niemand anderem tun als mit François. Wir haben ein anderes Verhältnis als Fittipaldi und Peterson bei Lotus. Ronnie kam hinzu und wurde bald von den meisten als schneller akzeptiert als Emerson — umgekehrt ist Emerson der Weltmeister, das schafft Konflikte. Und vergiß nicht: Tyrrell ist anders als Colin Chapman . . ."

Cevert: „Stewart hat mich zum Rennfahrer erzogen, ihm verdanke ich alles, was ich heute bin. Er hätte mir nicht helfen müssen, aber er tat es freiwillig, obwohl alles, was er mich lehrt, noch auf ihn zurückfallen wird — denn eines Tages werde ich ihn schlagen. Wenn die Nummer 2 der Nummer 1 nahe rückt, tauchen zumeist Probleme auf. Und weil bei uns keine auftauchen, habe ich allen Respekt vor Jackie. Er findet nie Entschuldigungen, wenn ich einmal schneller war als er. Er könnte sagen: ‚Cevert ist ganz gut, aber ich hatte Probleme' — statt dessen sagt er immer: ‚Cevert ist verdammt gut geworden.'"

Du darfst also Große Preise gewinnen?

Cevert: „Wenn ich kann, ja."

Glaubst du, daß du in einem anderen Team schon Weltmeister sein könntest?

Cevert: „Nein. 1972 war ich dazu noch nicht befähigt, heuer zum erstenmal. Aber sogar mit einem Tyrrell könnte ich Weltmeister sein. Auch mit Jackie im Team."

Wolltest du jemals von Tyrrell weg, um gegen Stewart fahren zu können?

Cevert: „Nein, niemals. Ich habe bei Ken als Lehrling angefangen, ich bleibe bei ihm. Seit zwei Jahren, seit einem Abendessen mit Louis Stanley in der Villa d'Este von Como, habe ich ein permanentes BRM-Angebot, auf das ich, wann immer ich will, zurückgreifen kann. Dann war ein Tecno-Offert. Vor zwei Jahren habe ich ein Prototypen-Angebot abgelehnt, das Ferrari für 1974 erneuert hat — ich habe im Juni abgesagt."

Wie siehst du deine heutige Position als Grand-Prix-Fahrer?
Cevert: „Ich glaube, Jackie ist der Beste von uns allen. Dahinter folgen, ziemlich knapp beisammen, Ronnie, Emerson und Ickx, vielleicht auch Hulme, aber er ist zu unbeständig. Und wenn Stewart weiterfährt — glaube mir, das stört mich nicht."
Soweit Cevert, dem trotz Bescheidenheit für 1974 alle Tore offenzustehen scheinen, wenn Stewart abtritt — aber Helen möchte, „daß Jackie, wenn er aufhört, glücklich aufhört". Helen mag François, „weil er mich, wenn Jackie nicht da ist, immer wie ein großer Bruder beschützt".

Albert François Cevert — der Pariser Juwelierssohn, strahlendextrovertiert, ist in seiner Herzlichkeit spontan wie kaum ein anderer im Rennzirkus. Und auch außerhalb: 70 Prozent aller Fanbriefe, die er bekommt, sind von Mädchenhand, „und die Hälfte davon will mich heiraten. Neulich rief mich eine Madame an und wollte mit mir unbedingt über Rennen und Sponsors diskutieren, weil sie einen rennfahrenden Bruder hat. Sie klang sehr gescheit, also lud ich sie zu mir ein. Dort kam sie mit der Sprache heraus: Sie habe gar keinen Bruder, sei auch gar nicht wegen eines Sponsors da, sondern nur wegen mir . . ."
François' Romanze mit Brigitte Bardot hat in der Regenbogenpresse genug Schlagzeilen gemacht. „BB ist sehr schön, sehr süß und eine sehr starke Persönlichkeit. Es war eine fabelhafte Zeit", erinnert sich François. Nach der Trennung von Cristina, seiner ständigen Begleiterin für drei Jahre, fand es François „ein bißchen schwer, Cristina, die so gut zu mir war, durch ein anderes Mädchen zu ersetzen. Deshalb gehe ich in Paris zumeist mit ein paar Freunden aus."
Ein Mann wie Cevert könnte allein von seinem guten Aussehen leben — aber er ist alles andere als oberflächlich, wie der Aufbau seiner Karriere beweist: Von seiner Familie wegen der Rennambitionen vorübergehend vor die Tür gesetzt, verdingte sich François in einem Schallplattenladen als Verkäufer und ging treppauf, treppab durch Paris, um Platten mit englischer und französischer Grammatik zu verkaufen, auch wenn Stewart frotzelt: „In Wahrheit war François Minnesänger und hatte ganz andere Platten bei sich."
Erst später wurde seine Berufswahl zu Hause akzeptiert. Und François

Ken, der Kopf; Jackie, die Seele; François, das Herz

gestand mir einmal: „Ich bin als Rennfahrer hundertprozentig glücklich. Rennfahren, das ist nur am Anfang eine Sache von Mut; später zählen Erfahrung und Technik." Was ihn fasziniert, ist das Rennfahren an sich, nicht dessen Geschichte oder Analyse. „Ich lese nicht einmal Motormagazine, ich blättere nur manchmal die Bilder durch."

Was liest er? „Wahre Geschichten, Biographien oder Bücher über Menschen, die Außergewöhnliches tun. Gefesselt hat mich die Live-Story von Jean-Claude Bruyet, einem Widerstandskämpfer, der nach Amerika flüchtete, Kampfflieger wurde und in Afrika die größte Fluglinie aufbaute: Gabon. Oder die Geschichte des Don Fernando, der um die ganze Welt kam, als Holzfäller — genau wie Ken", lacht Cevert. Abenteurer mit Stil und, möglichst, auch Erfolg, das sind seine liebsten Romanfiguren.

Mag die Welt anderer von Over- und Understeer begrenzt sein: Cevert ist, obwohl hundertprozentig Profi, um vieles mehr als ein Rennfahrer, und in seiner extremen Vorliebe für „High Life" nur von Jochen Rindt übertroffen worden. Sein Flugzeug-Hobby kennen wir schon. Letzten November, als Cevert zur Jochen-Show in Wien war, hatte seine Piper Defekt. Teddy Podgorski arrangierte eine nächtliche Reparatur, damit François nächsten Morgen pünktlich abfliegen konnte — was wichtig war, weil ihn Matra auf die Minute pünktlich zu Verhandlungen erwartete. Der Matra-Vertrag war also gerettet, und 1973 avancierte François zum erfolgreichsten Prototypenfahrer der Welt: ausgenommen in Le Mans, fuhr er in jedem Rennen Trainingsbestzeit und schnellste Runde!

Cevert ist ein Rennfahrer, der keine Feinde hat. Und wenn in der Tyrrell-Truppe Ken der Kopf ist und Jackie die Seele, dann ist François ihr Herz. Äußerlich eher der Typ, der sich keine Hände schmutzig macht, wird François, der Mann, der immer ankommt, von seinen Mechanikern sehr respektiert und gemocht, nicht nur, weil er ihnen zu stattlichen Prämien verhilft:

Tyrrell zahlt seinen Boys 300, 200 sowie 100 Pfund für den ersten, zweiten oder dritten Platz in einem Grand Prix, als Fixlohn erhalten die Monteure 40 Pfund pro Woche. „Ich bin mit dem Prämiensystem nicht ganz einverstanden", sagt Chefmechaniker Roger Hill, ein neuseeländischer Farmerssohn, der mit einem Bananendampfer nach England gekommen ist und anfangs für die Formel-III-Bande Courage, Lucas und Pike gearbeitet hat. „Denn ob dein Auto Erster oder Letzter geworden ist, du hast in beiden Fällen das gleiche geschuftet."

Roger leistet sich keine Sentimentalitäten wie Eddy Dennis bei Lotus, der wegen jedem technischen Gebrechen an seinen Autos fast körperlich leidet. „Ich mag die Rennen nicht", sagt Roger offen, „und meine Arbeit betrachte ich als Job, sonst nichts. Ich fühle auch nicht viel über die Gefahr. Jackie und François wollen fahren, das ist ihr Problem, und sie müssen wissen, was sie tun. Wir tun für sie unser Bestes, so gut wie möglich. Oberste Mechaniker-Spielregel: Du darfst nicht aufgeregt sein wie ein Race-Fan. Es gibt Dinge, für die du kühlen Kopf brauchst, die stimmen müssen (Lenkung, Aufhängung, Bremsen) und andere, die nichts anrichten, wenn sie nicht stimmen, etwa Stabilisatoren. Und du gewöhnst dich daran, daß dir bei solchen Sachen Fehler passieren können."

Wie sieht das Tyrrell-Team aus dem Blickwinkel des Mechanikers aus? Roger über Tyrrell: „Ein großartiger Boß, der immer fair und direkt ist, der dir immer eine Antwort geben wird, doch nie Blödsinn redet." Roger über Stewart: „Er fährt sehr sensitiv, mit Kopf, denkt sehr viel und kann Dinge fühlen, noch ehe sie passieren — zum Beispiel hört er, wenn eine Ventilfeder im Motor zu brechen anfängt; was nicht einmal wir hören können." Roger über Cevert: „Noch nicht ganz so weit wie Jackie, aber er lernt sehr schnell, ist jedoch noch nicht so sensitiv wie Jackie: François registriert erst, wenn etwas schon gebrochen ist."

1969 und 1971, blickt Ken Tyrrell in den Rückspiegel, „war unsere Auto-Fahrer-Kombination allen überlegen. 1973 sind unsere Wagen auf manchen Kursen sehr gut, auf den übrigen halten sie zumindest durch, weil wir heuer mehr an der Entwicklung arbeiteten als je zuvor." Die Tyrrell-Werkstatt in East Horsley ist, obwohl sie bereits 25 Mann beschäftigt, immer noch der gleiche alte Holzschuppen, weil im „grünen Gürtel" Bauverbot herrscht. „Aber wir sind weit weg von allen Neugierigen, niemand kann uns dort aufspüren und stören."

Doch Denny Hulme hat das Tyrrell-Headquarter entdeckt und dort

mit Ken — eine Woche vor Zeltweg — einen bemerkenswerten
Beschluß gefaßt: Die Rennboxen sollen künftig für alle Reporter „off
limits" sein, „weil sie ein Teil der Rennstrecke sind und ich in Wimble-
don ja auch nicht am Netz entlangspazieren kann, nur weil ich die
Tennisstars aus der Nähe sehen will". Denny ist verärgert, weil ihm
am Nürburgring jemand einen Frontspoiler abgetrampelt hat, und
Tyrrell hat immer gern, wenn man ihn in Ruhe läßt. „Die CSI",
kündigt mir Hulme an, „muß unseren Wunsch akzeptieren — wenn
nicht, übernimmt jemand anderer die gesamte Kontrolle" (die
Formel-I-Konstrukteure vermutlich).
„Sollen wir so lange warten, bis in den Boxen jemand gekillt wird?"
fragt Stewart. Prompt schiebt man ihm den Schwarzen Peter zu. „Also
gut, bin wieder ich der ‚bad boy'", resigniert Jackie, dem Marlboro-
Europachef Ronald Thompson „die Leviten liest": „Wenn du daran
schuld bist, daß unsere Marlboro-Piloten in den Boxen nicht mehr
fotografiert werden können, daß wir dadurch keine Reklame bekommen — dann zwinge ich unsere Fahrer, aus der GPDA auszu-
treten!"
Für Zeltweg wird ein Kompromiß ausgehandelt. Und in der Revson-
Box sitzt eine atemberaubende Filmschönheit. „Habt ihr etwa das
Herz, *ihr* einen Boxenpaß zu verweigern?" fragt Teddy Mayer
unschuldig. Und als Maria-Helena und Helen einander knipsen, lacht
Stewart: „Wißt ihr nicht? Fotografen 'raus aus den Boxen!"
Stewart und Cevert wohnen nicht mehr in der Pärr-Villa; aber Jackie
hat seiner jahrelangen Zeltweg-Wirtin in einem reizenden Brief
erklärt, warum er das Schloßhotel Seefels vorzieht. Eine Auto-
Flugzeug-Motorrad-Stafette bringt die Stars zum Training (und
wieder zurück ans Wasser): High Life in Austria. Doch wird es der
erste Österreich-GP ohne Lokalmatador: Niki Lauda muß schon nach
zwei Trainingsrunden resignieren. Schalten und dazu die Schläge vom
Lenkrad, das ist für sein gebrochenes Handgelenk zuviel. „Gewußt
habe ich's ja, aber nicht wahrhaben wollen", sagt Niki traurig.
Das Training kommandiert Lotus, mit den McLarens knapp dahinter — aber die Tyrrells kommen auf keine Spitzenzeiten. „Wir sind
aus der Jagd wie noch nie seit Brasilien", klagt mir Stewart. „Es gibt
Tage, da kannst du mit einem Rennwagen anstellen, was du willst, du

kannst ihn einfach nicht verbessern. Nicht irgend etwas Lästiges, echt Schlimmes — nein, eine Summe kleiner Details." Cevert brechen sogar beide hinteren Bremsscheiben: Freitag rechts, Samstag links. „Das kommt von den Vibrationen", entschuldigt François.

Bei Ferrari hat Ing. Forghieri das Merzario-Auto drastisch umgemodelt, weshalb Peter Warr knurrt: „Die seitlichen Kühler haben die Italiener von unserem Lotus-Formel-II geklaut." Als Arturo Motorschaden hat, wechseln sechs Ferrari-Mechaniker die Maschine binnen 1:40 Stunden, während die BRM-Monteure für drei Motorwechsel dreimal sechs Stunden brauchen; aber man hat ja Zeit.

„Für Lotus ist Zeltweg das Rennen, das bereits alles entscheiden wird", tippt Peter Warr. Noch einmal bäumt sich Fittipaldi auf: „Drei Siege wie zu Saisonanfang — und ich kann noch Weltmeister werden." Emersons Schicksal hat sich in Zandvoort gewandelt. Seitdem kämpft er mit Beinverletzungen, die jeden Fußballer veranlaßt hätten, sich für Monate auf die Marodenliste zu schreiben. Im Abschlußtraining angelt Chapman eine Garnitur superschneller, superweicher Qualifikationsreifen, gibt sie aber nicht Peterson, sondern Fittipaldi — so bolzt Emerson Pol-Position heraus: im bereits elften WM-Lauf 1973 seine erste.

Der malerische Österreichring ist, vom Schnitt her, schneller als Silverstone, aber die Höchstgeschwindigkeit ist hier geringer: James Hunt mit 287 und Peterson mit 286 km/h erzielen den größten Topspeed. Seltsam: noch in Kyalami gehörten die Lotus zu den Langsamsten auf der Geraden; und fast das ganze Jahr hinkten sie hinter den ultraschnellen McLarens zurück. Aber Chapman, das Genie, hat mit neu durchdachter Aerodynamik, mit neuen Heckflügeln Tempo gewonnen. Auch Fittipaldis sanfter Kurvenstil trägt Früchte, „weil man hier", expliziert Stewart, „nicht sliden darf, sondern eine so saubere Linie ziehen muß wie ein Segelboot im Wasser. Man darf also nicht spät und aggressiv bremsen, sondern frühzeitig".

Ans Gewinnen denkt Jackie, als nur Achtschnellster, heute nicht: „Aber mutlos darfst du nicht ins Rennen steigen, sonst verspielst du jede Chance. Vielleicht werde ich Dritter." Für dieses Ziel wählt Stewart die sichersten, also härtesten Reifen der Goodyear-Vorratskammer, Nummer 69 im Ed-Alexander-Sortiment.

Mike Hailwood — oft Schutzengel für die anderen, manchmal selbst in Not

Jacky Ickx — fliegender Gastarbeiter für McLaren

Carlos Pace — Nürburgring-Rundenrekord für Surtees

Ronnie Peterson — ehe links vorn das Rad wegbricht

Den Fluch abgeschüttelt — erste Punkte für Stewart auf dem Österreichring

Peterson schlägt Fittipaldi — das rätselhafte Finish von Monza

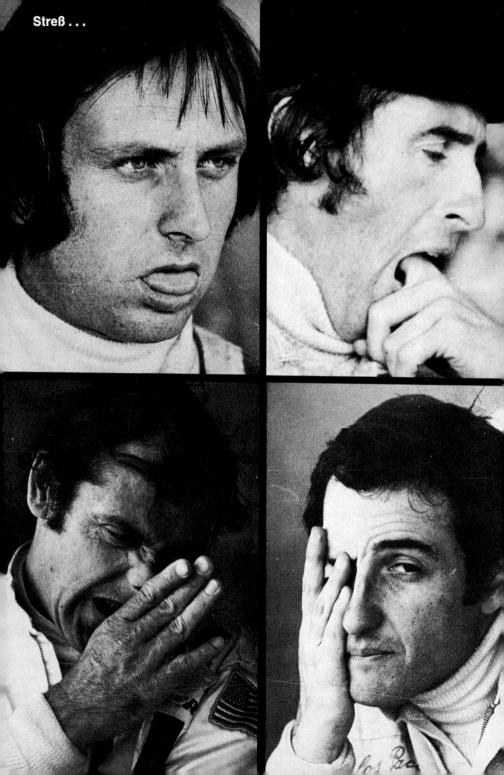

Streß . . .

NA

. . . und Troubles

In ungeraden Jahren wird immer Stewart Weltmeister, in geraden ein Lotus-Pilot — Ken Tyrrell und Colin Chapman

Drei Stunden vor dem Rennen schütten die Lotus-Boys 180 Liter Super in die Tanks. Dabei entdecken sie ein doppeltes Malheur: geborstene Tanks in Fittipaldis Renn- und in Petersons Ersatzauto! Schweißgebadet reparieren Eddy und seine Crew bis kurz vor dem Start. Bei Lotus sind damit fast alle Emotionen ausgezehrt.

Peterson, der nie einen Start verpatzt, katapultiert sich auch diesmal sofort in Front; doch hinter ihm kommt es zu einer gefährlichen Drängerei:

Revsons Kupplung zerreißt am Start, was es zwar Hulme ermöglicht, hinüberzuziehen und den schlecht weggekommenen Fittipaldi zu überholen, andererseits aber ein Verkehrschaos heraufbeschwört. Beuttler verreißt nach links, kracht gegen Hailwood, wobei sein Öltank platzt. Mit Zemenstaub wird der Ölsee zugeschüttet.

Sechste Runde — zweite Karambolage: diesmal im Duell um Rang 5, zwischen Cevert und Merzario. „François hat mich von hinten gerammt", meint Arturo, während der Franzose schnaubt: „Merzario hat alle Schuld." Während Cevert mit geknickter Vorderradaufhängung aufgeben muß (erst zum zweitenmal 1973), kann Merzario weiterkreisen, jedoch immer langsamer, weil sein Motor überhitzt.

Peterson vor Hulme, Fittipaldi und Stewart: Denny ist also die mittlere Scheibe im Lotus-McLaren-Lotus-Sandwich und überlegt schon, „wie ich Ronnie ausgangs der Bosch- oder Rindt-Kurve ausbeschleunigen kann" — ehe sich ein Zündkerzenkabel losschüttelt. Damit sind die Lotus-Zwillinge jetzt unter sich. Da ist keinerlei Stallorder: Chapman hat beiden Piloten das Rennen absolut freigegeben. Ronnie „möchte gewinnen, aber ich möchte auch, daß Emerson gewinnt, solange er noch eine Titelchance hat". Aus diesem seelischen Dilemma befreit sich Peterson in der 15. Runde (Stewart ist um bereits acht Sekunden distanziert) von selbst: Er winkt Fittipaldi nach vorn, an die Spitze, unmittelbar vor den Boxen; denn Ronnie mag wohl selbstlos und höflich sein, aber er denkt auch an den öffentlichen Kredit, den eine solche Opfertat bringen kann. „Und ich denke nicht daran, Emerson zurückzuüberholen, das interessiert mich nicht."

Vorne also die Lotus-Prozession; dahinter Stewart als einsamer Dritter; hinter ihm hat Pace (wie auf dem Nürburgring) Reutemann niedergekämpft. Jackie bestimmt sein Tempo selbst und fährt nur auf

Ankommen. Spannend wird es, als Pace zum Halali auf Stewart bläst und dem Champion pro Runde um 0,6 näher rückt. Nun muß auch Jackie „härter arbeiten und ziemlich ans Limit. Aber etwas Blödsinniges zu tun, dazu lasse ich mich nicht hinreißen."

Immer noch fährt Peterson brav hinter Fittipaldi her, schluckt dessen Auspuffgase — doch plötzlich trübt noch etwas das Bild: „Da kräuselt blauer Rauch, aber nicht sehr beunruhigend, denn wir bummeln ja in gedrosseltem Tempo." Nur noch fünf Runden, dann hat Fittipaldi gewonnen, die WM-Situation ist schlagartig wieder offen — doch Emerson muß für sein Glück zu Saisonbeginn, wieder einmal, bitter bezahlen: Der Schlag unter die Gürtellinie kommt blitzartig, ohne Vorwarnung. Im Motor bricht die Benzinleitung (ein von außen unsichtbarer Defekt), das Heck ist benzinüberschwemmt, und Emerson springt, „weil ich Feuer befürchte", so schnell er kann aus dem Lotus.

Damit ist Peterson zum Siegen gezwungen. Stewart erhascht das Fittipaldi-Pech mit einem raschen Seitenblick, selbst überrascht, „daß mir Emerson heute leid tut. Aber warum soll ich nicht egoistisch denken?" Neun Sekunden hinter Peterson wird Stewart als Zweiter abgewunken; Pace rettet sich gerade noch vor Reutemann ins Ziel; Beltoise und Regazzoni werden, vom 13. und 14. Platz aus gestartet, Fünfter und Sechster, obwohl sie außer Merzario kein einziges Auto überholt haben. „Noch 20 PS mehr", trompetet Stanley sofort, „und Niki wird in Monza gewinnen."

Lauda hat zusammen mit mir im Fernsehen übertragen. „Der arme Emerson", bedauert er, als er die Kabine verläßt. Unten, an der Box, zwingt sich „Fitti" zu einem tapferen Lächeln, das aber später, als er sich umkleidet, dem Weinen näher ist. „Wenigstens hat Ronnie gewonnen", meint er traurig. Peterson sitzt, allein mit seiner Freude, einem Cola und der Klimaanlage, im Goodyear-Bus. „Immer, wenn ich Emerson vorwinke, gewinne ich", wundert er sich. „Denk an Le Castellet." Wirst du Emerson auch in Monza vorwinken? „Wenn Stewarts Auto bricht, vielleicht. Sonst nicht", kündigt mir Ronnie an.

Im kleinen Wohnwagen steht Stewart. Halbnackt, von Mikrofonen umzingelt, aber, wie immer im Streß, halb gehetzt, halb lässig. Heute hat er seinen Österreichring-Fluch abgeschüttelt: first points in Austria.

Aber sie zu feiern, hat er keine Zeit: „Helen, bitte eine Flasche
Mineralwasser. Helen, im Transporter sind noch meine Schnürlsamt-
mütze und die Sonnenbrillen. Helen, schau bitte bei Lotus vorbei und
sag Emerson, ich bin schon fertig." Das neue „Newsweek" und seine
geliebte Sachertorte unterm Arm, entschwebt Jackie mit Gefolge auf
drei Puch-Mopeds, ich dirigiere meines noch schnell auf ihn um, und
im Konvoi mit Fittipaldi geht die Hatz zum Zeltweger Flugplatz, um
nach Klagenfurt zu fliegen.
Aber die Flucht aus dem Hexenkessel der 150.000 gelingt erst im
zweiten Anlauf: Während des Starts fällt der zweistrahligen Privat-
Jet ein Triebwerk aus. Der Pilot schafft mit Mühe eine Platzrunde und
muß notlanden. Nach dem zweiten Start haben Jackie und Emerson,
die „freundlichen Feinde", knapp sieben Minuten Zeit, um die neue
WM-Situation zu diskutieren. „Ich bin sorry für dich", tröstet Jackie,
„dein Ausfall macht für mich alles so bequem und komfortabel."
Emerson nickt betrübt: „Zu 99 Prozent bist du bereits Weltmeister."
Schon in Monza kann Stewart seinen dritten Titel in die Tasche
stecken: Wenn Fittipaldi gewinnt, reicht Jackie schon ein dritter Platz
zum Championat.
Drei Wochen bis zum Gran Premio d'Italia: Cevert verlebt sie in
Saint-Tropez; Fittipaldi muß ins Spital, weil sein verletztes Bein in
Gips verpackt wird; und Stewart hat, wie stets, das aufregendste
Programm. An Jackies und Helens elftem Hochzeitstag (28. August)
arrangiert der Trauzeuge von damals, der walisische Farmer Alan
Jones, den „British Grand Prix" der Tontaubenschützen. Aber dort
kann Jackie nicht mehr „auf Platz schießen", sondern hat die Pflicht
zu siegen; als ehemaliger „Clay-Pidgeon"-Champion, der bei der
WM 1961 in Oslo 192 von 200 getroffen hat.
Doch inzwischen hat sich Jackie längst zum Allroundsportler gedrillt.
Beim Londoner Fernsehzehnkampf der Superstars gewinnt er gegen
Leute wie Bobby Moore, Dave Hemmery und Tony Jacklin die Golf-
und Radkonkurrenz, wird Zweiter im Pistolenschießen und Dritter im
100-Meter-Lauf in erstaunlichen 12,5. „Was schnell genug war, um
den 107maligen englischen Nationalspieler Bobby Moore zu schlagen",
läßt mich Jackie stolz wissen.
Damit hat er für Monza richtig aufgewärmt.

MONZA: „YOU ARE CHAMPION AGAIN!"

Die Formel I verabschiedet sich in Laufschuhen von Europa. Zum erstenmal steigt im Autodrom ein Zwei-Runden-Mittelstreckenlauf für Piloten, Teamchefs und Mechaniker, bei dem stattliche Preise zu gewinnen sind: 1000, 500 und 250 Pfund für die ersten drei. Jedes Team hat das Recht, zwei Läufer zu melden, worauf Tim Parnell folgende Taktik zimmert: „Für uns startet das Marlboro-Mädchen Gisela, und 10 Sekunden nach ihr schicken wir Regazzoni los, um sie zu jagen. Wenn das keine Bestzeit gibt . . ." Doch BRM patzt, wie so oft, und verschläft die Nennungsfrist.

Fittipaldi senkt die Startflagge und folgt dem schnaufenden Pulk im Pace-Car. Hinter Merzario läuft, wie immer in Monza, ein Priester her — bis Arturo total erschöpft aufgeben muß; genau wie David Purley. Der kleine, zähe, asketische Frank Williams erreicht nach 14 : 08 Minuten mit federnden Schritten als Sieger das Ziel, ganz außen, während Fittipaldi mit der Schachbrettflagge innen wartet. 35 Sekunden später kommt der athletische James Hunt. Ken Tyrrell junior, der Dritte, bricht im Ziel zusammen und wird von Cevert auf den Schultern fortgeschleppt. Vierter: ein Shadow-Mechaniker; Fünfter: ein langzopfiger Lotus-Büroangestellter; und Sechster bereits Jackie Stewart, nachdem er in der Parabolica-Zielkurve alle Gegner inklusive des in Bermuda-Shorts strampelnden Ickx niedergesprintet hat. „Ich drehe noch meine Auslaufrunde", lächelte Jackie, erstaunlich frisch, seinen Mechanikern zu: Sein Kampfgeist ist bereits entflammt.

Die Monteure hassen den königlichen Park: Oft helfen gegen die überschäumenden, sich wie verrückt gebärdenden Monza-Horden nur Feuerlöscher. Und auch die Piloten werden hier nie glücklich. Die vormaligen Windschattenschlachten waren zu gefährlich, aber die beiden Schikanen sind „immer noch so verdammt blödsinnig wie letztes Jahr", knurrt Hailwood. Heute hätte Peterson gern wieder ein „echt blindes Vollgasrennen: Warum kann nicht einer von 15 WM-Läufen im Windschatten ausgekämpft werden?"

Monza ist zumeist der Krönungsort für den Weltmeister. 1969 hat Stewart hier den Titel sichergestellt, „es aber erst richtig kapiert, als der Hotelportier mein Flugticket bestellte und ins Telefon flüsterte:

„Jackie Stewart, Sie wissen, für den Weltmeister.'" 1971 fuhr Fittipaldi als neuer Champion aus dem Park und mußte „zu Hause in Lonay das Telefon mit allen verfügbaren Kopfpolstern zudecken, damit ich wenigstens schlafen kann".

Jochen-Rindt-Posters, die großen, farbigen, werden im Park für ein Zehntel ihres Preises verschleudert: für 500 Lire. T-Shirts mit den aufgedruckten Gesichtern der Piloten finden reißenden Absatz. Was uns zu den Geschäftsleuten im Formel-I-Cockpit zurückbringt:

Arturo Merzario besitzt diese Textilfabrik, die pro Jahr 400.000 Rennleibchen fabriziert. Howden Ganley ist Partner in einer Import-Export-Firma, die australisches Werkzeug importiert und an englische und amerikanische Fluglinien verkauft. Niki Lauda macht, wenn er in Salzburg ist, die Honneurs in seiner stimmungsvollen Discothek „Half moon" (wo ihm ein irrer Amerikaner einmal sogar Can-Am- und Indianapolisstarts offerierte). Clay Regazzoni hat im Frühjahr in Lugano eine echt britische Bierkneipe aufgemacht, „Clay's Pub", in dem er Hunderte Biersorten anbietet. Für die Dekorationen sammelt Regazzoni während der ganzen Saison von den Kameraden Fotos mit Autogramm. Der inzwischen als de-Adamich-Ersatz ins Brabham-Cockpit zurückgekehrte Rolf Stommelen, wegen seines 100-Millionen-Alfa-Exklusivvertrags und seiner wenigen Renneinsätze als „Europas teuerster Arbeitsloser" gebrandmarkt, vermietet in Köln angeblich 51 Appartements.

Fittipaldis großer Nebenjob ist seine brasilianische Rennwagenshow, für die er unter anderem Ken Tyrrell einen 002 (Ceverts früheres Auto) um 8000 Pfund abgeluchst hat. „Aber meine Autos sind so fabelhaft gewartet, daß man sie sofort an den Start rollen könnte", schwärmt Emerson. Viele Grand-Prix-Piloten schauen nicht durch rosarote, sondern durch Sonnenbrillen, die ihren Namen tragen: Stewart (mit Schottenmuster), Cevert (mit seinem blau-gelb-roten Helm), Fittipaldi. Wobei der ausgebootete Ickx sich bitter beklagte, „warum mir Emerson nichts verriet, als ihn mein Brillenfabrikant ansprach. Wir Piloten müssen doch zusammenhalten. Und Platz ist in unserem Business für jeden." Exklusiv bemüht sich „Fitti", von seinem Schweizer Büro aus brasilianische Produkte (Textil und Lebensmittel) in Europa zu lancieren.

In den „Sonnenbrillenkrieg" wurde Emerson genauso schuldlos ver-
wickelt wie in die Affäre um Cevert: Goodyear bot François Ende
1972 einen persönlichen, geldbringenden Vertrag an, aber François
dachte, er müsse ihn zuerst der McCormack-Agentur zur Billigung
vorlegen. Inzwischen war Lotus von Firestone zu Goodyear ge-
wechselt, und Goodyear transferierte das Cevert-Geld zu Fittipaldi.
Als der arme François zurückkam, war es schon zu spät.

Doch mehr als das eigene Business beschäftigt die Formel-I-Asse zur
Monza-Zeit alljährlich ihr eigener Transfermarkt — denn im September erstellen die meisten Sponsors ihr Jahresbudget. Weshalb sie gern
wüßten, wen sie bezahlen sollen.

Den diesmaligen Transferrummel startete Ferrari, die Shadow-Leute
köderten ein halbes Dutzend Piloten — und weil die Industriegigan-
ten Marlboro und Texaco mit jedem Team anbandelten, fluteten bald
Gerüchtewellen ohne Ende. Als erster klopfte Jarier schon im Juni in
Maranello an und schloß mit dem Commendatore ein Handschlag-
abkommen, ohne Chance, die Fesseln seines Dreijahresvertrages mit
March zu sprengen (höchstens für Prototypenrennen). „Wer fährt 1974
Ferrari?" fragte Lauda etwa zur gleichen Zeit Merzario. „Ich, die
Nummer 1", grinste Arturo. „Und Ickx?" fragte Lauda. „Finito!"
schnippte Merzario mit den Fingern.

Dann kam der 8. August, an dem mir Lauda beim Heurigen „ganz
dringend etwas Wichtiges sagen mußte": Avocato Montezemolo,
Ferraris weltmännisch-eleganter stellvertretender Generaldirektor
(übrigens ein Cousin des Fiat-Chefs Agnelli) hat ihm den Nummer-1-
Teamplatz angeboten, ihm, dem laut Stanley „besten Testpiloten der
Formel I", der aber bei BRM bereits verzweifelte.

„Komm sofort nach Maranello, der Vertrag liegt bereit", bat Monte-
zemolo, aber Niki mußte nach England. „Dann treffen wir uns auf
dem Londoner Flughafen", schlug der Ferrari-Mann vor. Lauda sah
die ungeahnten Möglichkeiten, die sich plötzlich bieten: daß ihm
Ferrari vielleicht die Tür zum Weltruhm aufstößt. Vorsichtig holte er
Peter Schettys und Helmut Markos Ansichten ein: „Ung'schaut
Ferrari", sagten beide.

Aber Lauda hatte schon seinen Ford-Capri-Traumvertrag, aus den ihn
Mike Kranefuß nicht mehr aussteigen ließ; außerdem wollte Niki

„auf gar keinen Fall Ford vergrämen". Aber, seltsam: Ferrari war willens, Nikis Tourenwagen-Nebenjob zu akzeptieren (Beweis großer Wertschätzung), obwohl Ferrari nichts mehr haßt als Ford. Als Lauda einmal mit Marko im Capri nach Maranello kam, schaute der Commendatore sofort bös: „Du brauchst einen Fiat."

Vor zehn Jahren hätte er sein Werk um ein Haar an Ford verkauft. Eine Woche lang hockten die höchsten Exekutivbeamten aus Detroit in Maranello, aber dann sagte Enzo Ferrari spontan: „Ich bin Italiener und stolz darauf — ich verkaufe nicht."

Kranefuß indes ist „bei der Billstein-Geburtstagsparty wahrscheinlich etwas herausgerutscht" — und plötzlich war Laudas Ferrari-Abenteuer nicht mehr geheim. „So, und jetzt gib mir noch die Telefonnummer von Lotus", bat er mich, denn inzwischen hatte Helmut Marko einen heißen Draht zu Chapman gelegt: falls Fittipaldi das Team verlassen sollte.

Als Williams und Shadow bei Lauda anklopften, war es bereits zu spät, obwohl Alan Rees das Shadow-Offert von 20.000 auf 40.000 Pfund schraubte. Als Jacky Ickx 60.000 Pfund verlangte, brach Rees auch diese Brücke ab.

Mittlerweile war Marlboro klargeworden, daß BRM weder Gegenwart noch Zukunft hat und suchte ein neues Team. Rasch kristallisierten sich zwei Favoriten aufs Zigarettengeld heraus: Brabham und McLaren. Bei Lotus wurde Fittipaldis Gesicht immer unglücklicher. Vor Zandvoort sagte er noch: „Ich möchte bleiben, aber es wird eine Frage von Zeit und Geld." In Zeltweg gestand mir Bruder Wilson: „Emerson ist nicht mehr glücklich bei Chapman, aber nicht wegen Peterson, denn Emerson liebt ja Competition. Doch im Team ist nicht alles in Ordnung, und ein paarmal sind komische Sachen am Auto passiert." Emerson damals: „Ich habe eine große Entscheidung zu treffen; wahrscheinlich noch vor Kanada."

Marlboro umgarnte „Fitti" und wollte ihn als Starpiloten in einem der beiden Wunschteams sehen: Fittipaldi/Hulme bei McLaren? Jody Scheckter hätte auf ein weiteres Jahr auf die Ersatzspielerbank, eine volle USA-Saison bestreiten müssen, und das schien zu kompliziert; vielleicht auch unfair. Also Fittipaldi/Reutemann bei Brabham? Emerson wollte anfangs Wilson mitnehmen, aber Ecclestone beharrte

auf Reutemann als Emerson-Partner — doch den Argentinier wollte
wieder Marlboro nicht: „Entweder Lauda oder Regazzoni oder Mass."
Ecclestone war in einer scheußlichen Lage, denn ihm zuliebe hatte
Reutemann ein Ferrari-Offert zurückgewiesen — und nun wollte
Ecclestone loyal bleiben. Daran drohte das Marlboro-Texaco-
Brabham-Team zu scheitern.
Also doch Marlboro-Texaco-McLaren mit Fittipaldi/Hulme? Viel
würde darauf ankommen, was Scheckter in den Überseerennen
leistet.
Und wer stößt zu BRM? „Amon", sagte mir Surtees spontan. „Er
wäre haargenau der Typ, der sich auf so etwas einläßt." Stanley
begann, Hailwood mit Telefonanrufen zu bombardieren, bis sich Mike
nicht mehr anders zu helfen wußte als zu sagen: „Ich bin nicht Mike,
sondern nur dessen Bruder." Jacky Ickx träumte von einem eigenen
Team mit Ron Tauranac als Konstrukteur. Williams besuchte
Regazzoni.

Ein wichtiges Indiz ist Fittipaldis Flucht aus dem Lotus-Hotel von
Monza, dem „Fossati" — „weil dort jeden Morgen die Glocken
bimmeln und ich nicht schlafen kann". Emerson zieht ins „Motel
Tourist" auf der Straße nach Mailand, in dem zufällig auch die
Brabham-Truppe logiert. Emersons Fuß ist wieder angeschwollen, und
wieder muß seine Ärztin einfliegen.

Auch Stewart ist nicht gesund: vergrippt und durch eine Cholera-
Impfung stark geschwächt. „Ich fühl mich ganz mies", gesteht er mir.
Merzario demoliert an der Schikane seine Vorderradaufhängung;
Hunt macht ihm dieses Kunststück mit Totalschaden nach; und
Hailwoods Heckflügelstrebe verbiegt sich während des Balanceaktes
in der ersten Lesmo. Den gefährlichen Dreher fängt Mike ab, ohne
anzuschlagen.

Tagesschnellster ist Revson, der um einen neuen Vertrag kämpfen
muß, vor Peterson, Merzario, dem Ferrari-Kurzheimkehrer Ickx und
Stewart. Wirst du morgen mit Hulme Windschattentricks versuchen,
um noch schneller zu sein? frage ich Revson. „Dazu müßte Denny aber
mehr Gas geben", sagt er grimmig.

Samstag ärgert sich Fittipaldi, daß sein Auto erst 30 Minuten nach
Trainingsbeginn fertig ist. Merzario attackiert mit unerhörtem Punch,

fast fiebrigen Lenkkorrekturen, und heizt den Monza-Backofen bis zur Glut an, weil er als erster die Revson-Zeit unterbietet. „Attenzione! Servizio chronometraggio! Merzario..." Allein diese Ankündigung löst Beifallssalven aus. Dagegen erleidet Ickx' aufgefrischte Liebe zu Ferrari einen Dämpfer: rechts vorn Aufhängungsbruch. Auch Beltoise gerät in Clinch mit der Schikane, „weil sie so hart ist, das Auto aber so grazil".

Das größte Glück aller aber hat Cevert: Beim Anbremsen der Parabolica bricht ihm rechts vorn die Bremsscheibe, alle sieben Schrauben sind losgerissen! „Wie in Zeltweg", sagt mir François, „aber es war nicht gefährlich: Ich war allein und hatte Platz genug. Ich war nur überrascht." Wieso die vielen Bremsdefekte bei Tyrrell? „Wahrscheinlich ein Kühlungsproblem wegen der Schnauze", mutmaßt Ceverts Monteur Jo, der den Wagen ins Fahrerlager zurückfährt — und plötzlich explodiert der Feuerlöscher. „Das ist wenigstens erfrischend kühl: fast wie Gelati."

Dem Tyrrell-Team fehlt im Abschlußtraining Derek Gardner, der zur Reißbrettarbeit heimgeflogen ist „und der sicher ein Rezept für unsere Aufhängungen gewußt hätte", sagt Jackie. „Aber ohne ihn arbeiten wir ziemlich im dunkeln." So ringen nur McLaren und Lotus um die Trainingsbestzeit. Revson bäumt sich auf, hat wieder Pol, aber heute kann Fittipaldi nicht kontern. Er hat Peter Warr „ersucht, mir einen längeren fünften Gang zu geben, aber Peter sagte den Mechanikern Falsches. Und sie machten mir den fünften noch kürzer." Emersons „Spion" tanzt ohne Windschatten auf gefährlich hohe 11.000 Touren. Plötzlich ist Peterson mit Spezialreifen superschnell. Überrascht sieht Emerson die Boxensignale für Ronnie, bittet also um den gleichen Gummi. Was sich verzögert, weil erst Felgen montiert werden müssen. Als „Fitti" endlich auf die Bahn kann, bleiben ihm nur noch zwei Runden: als seine Reifen richtig angewärmt sind, stoppt ihn die schwarzweiße Zielflagge.

Zu Recht verärgert und (erstmals bei Lotus) schimpfend, steigt Emerson aus — während Chapman seinen schwedischen Star enthusiastisch applaudierend begrüßt. 1 : 34,80 — um 0,49 schneller als Revson, um 0,88 schneller als Fittipaldi. „Und ohne Windschatten", sagt Ronnie, „ganz allein, nur mit etwas Hilfe vom Auto."

Verdrossen studiert man bei BRM die Zeitenliste: Beltoise direkt hinter Beuttler, Regazzoni direkt hinter von Opel, und Lauda Fünfzehnter. Jean-Pierre ist die Airbox weggeflogen; Clay durch eine kabarettreife „Klammer-Nummer" der Mechaniker, die Radklammern immer auf die Kühlschlitze legen und dann mittels Magneten aus dem Cockpit angeln müssen, an der Box festgenagelt worden; und bei Niki wurde die Bremskraft fünfeinhalb Trainingsstunden lang nach der falschen Seite verdreht; alles auf die Hinter-, nichts auf die Vorderräder. Nikis einziger Trost: Als er an der Autodrom-Zapfsäule seinen Capri volltanken läßt, lehnt der Tankwart die Lire-Scheine ab. „Nächstes Jahr Ferrari!" sagt er, und die Monza-Horden applaudieren.

Im Sonntagmorgentraining passiert bei Tyrrell Erstaunliches: Zum erstenmal 1973 — in Reifen- und anderen Tests, in Trainings und in Rennen — ein Motorschaden! Er betrifft Stewart. „Unser erster unprogrammgemäßer Motorwechsel", sagt mir Ken. Als ich mit Peter Warr darüber spreche, knurrt er: „Verdammt. Hätte Jackie nicht aufs Morgentraining verzichten können, damit er den Defekt erst im Rennen merkt?"

Warr und Chapman warten lange auf Fittipaldi. Als er eine Stunde vor dem Start endlich mit unschuldigem Bubenlachen im Autodrom eintrifft („sorry, aber mein Motorrad ist zusammengebrochen"), ist der Empfang eisgekühlt. Chapman sagt: „Ich dachte schon, du kommst heute überhaupt nicht mehr." Und Warr: „Wolltest du dir deinen freien Tag nehmen?"

Doch pünktlich kommt Emerson zur Aufwärmrunde, nach der Stewart die Bremsbeläge wechseln läßt — und am Start wird noch seine Zündbox ausgetauscht. „Das wird ein idiotisches Rennen", fürchtet Peterson, „alle werden sich vor den Schikanen anstellen, und keiner kann dem Feld ausreißen ... höchstens der Erste. Vielleicht ich."

Prompt heißt die Reihung ab sofort: Peterson - Fittipaldi - Hulme - Stewart - Revson. Merzario verstümmelt seinen Ferrari im Übereifer schon an der ersten Schikane. Wenig später explodiert Pace ein Reifen, die Gummifetzen treffen Jacky Ickx backbord, also am linksseitigen Kühler, so daß Jacky den Gran Premio mit 130 Grad Wassertemperatur fertigfahren muß. Die Monza-Bühne spielt heute nicht mehr

Ferrari; nur noch Lotus? In der 4. Runde fährt Stewart über ein Metallstück, merkt bald, daß sein linker Hinterreifen Luft verliert, und signalisiert seiner Box: „Alles vorbereiten, ich muß das Rad wechseln."

7. Runde: Hulme schießt breitseits durch die Schikane, dreht sich und hält den Pulk auf — was den Lotus-Zwillingen die sofortige Flucht ermöglicht. Gleichzeitig hält Stewart an der Box. Der Reifendruck ist von 18 Pfund bereits auf 6 Pfund gefallen — eine Runde mehr, und der Unfall wäre dagewesen. Als für Jackie die Ampel an der Boxenausfahrt von Rot auf Grün wechselt, ist er weit zurückgefallen, auf Rang 19 — hoffnungslos.

Jackie denkt „aber nicht mehr an Plätze oder Punkte, sondern nur noch daran, so schnell und hart zu fahren, wie ich nur kann, dazu bin ich verpflichtet". Ken beschließt, Jackie nur noch seine Zeitrückstände auf den jeweils Sechsten (momentan Reutemann) zu signalisieren, „denn ein WM-Punkt ist heute für ihn das Äußerste, alles andere menschenunmöglich".

Mir dämmert die Erinnerung an Jimmy Clarks Glanzleistung im Autodrom 1967. Auch er mußte einen Reifen wechseln, was ewig zu dauern schien. Jimmy verlor eineinviertel Runden, machte sie aber, von Hill im Windschatten gezogen, binnen 20 Runden wieder wett, holte die Führenden Brabham und Surtees ein, fuhr ihnen nochmals davon — und blieb schließlich in der letzten Runde ohne Benzin liegen (er wurde Dritter). „Damals", erinnert sich Chapman, „hatten wir aus Sicherheitsgründen erstmals Schaum in den Tanks, aber unsere Benzinmessungen waren falsch, weil sich Bette Hill in den Trainingsrunden irrte ... du weißt, sie war da nie sehr genau, speziell bei allen anderen als Graham." Im Ziel konnte Chapman nur sorry sagen. „Jeder andere Fahrer hätte geschimpft und getobt, aber Jimmy beschwerte sich nicht einmal. Er bat mich nur beim nächsten Rennen: Bitte mach sicher, daß genug Benzin an Bord ist."

Seine Leistung mit jener Jimmys zu vergleichen, erachtet Stewart später „als Kompliment für mich".

Aber Jackie fährt wie ein Phantom. Insgesamt zehnmal bricht er den Rundenrekord. Er krallt sich im Windschatten seiner jeweiligen Vorderleute fest, greift dann nach ihnen wie mit der Tigerpranke und schluckt sie unter donnerndem Beifall von den Tribünen der Reihe nach: Purley in der 8. Runde, Beuttler in der 9., Hill und Lauda in der 19., Oliver in der 21., Follmer in der 22., Beltoise in der 25., Ickx in der 37., Reutemann in der 42., Cevert in der 49. Runde, obwohl François „so hart fahre, wie ich nur kann. Mir ein Rätsel, wie Jackie derartiges zustande bringt."

Und Lauda rätselt, warum man ihn schwarzgeflaggt hat: „Ein paar Funktionäre bilden sich ein, meine Hinterräder hätten sich gelockert."

Wieder im Rennen, überholt Niki Hill und Oliver und nähert sich dem Shadow von Follmer, als er die Parabolica anbremst, schon bei 180, nicht erst bei 150 Meter. Und plötzlich bricht (wie eine spätere Untersuchung ergibt) links vorn das Rad. Der BRM dreht sich um 90 Grad nach links, rast frontal in die Leitplanken, reißt sie einen Meter hoch, bleibt aber nicht stecken, sondern dreht sich zum Glück weiter ... und stoppt im Sand, fünf Meter neben dem ONS-Einsatzauto. „Jetzt weiß ich", sagt mir Lauda, „was sich Jochen gedacht hat — nichts."

Zu Fuß verläßt Niki die Parabolica, aus der Jochen drei Jahre und vier Tage zuvor (fast auf die Minute genau) nicht mehr lebend zurückgekommen ist. Unterwegs trifft er den mit zusammengebrochener Elektrik liegengebliebenen Regazzoni. Gemeinsam spazieren sie weiter: BRM-Jahresbilanz, auf einen Blick. Und beide beeilen sich an die Box, „damit wir sehen, ob Peterson Fittipaldi vorwinken muß".

Solange Stewart schlechter als in sechster Position lag, war es für Chapman klar, „daß ich Ronnie ein Signal geben werde" (das hat er mit beiden Piloten vorher abgesprochen). Aber Stewart ist bereits Vierter und peitscht sich mit immer geringeren Minussignalen jetzt schon an Revson heran, der jedoch sicher ist, „daß ich Stewart halten kann, obwohl meine Bremsen schlechter und schlechter werden".

Rechnen wir kurz: Stewart Vierter, Fittipaldi Sieger — macht 69 Punkte für Jackie, 51 für Emerson; wenn „Fitti" auch noch Kanada und USA gewinnt und Stewart zweimal ausfällt, bleibt der Brasilianer bei Punktegleichheit (69 : 69) auf Grund der höheren Anzahl von Siegen (6 : 5) Weltmeister.

Soweit die Theorie. Die letzten Monza-Runden werden ein Schachspiel jenseits 200: im Tempo von 215 km/h. Das weit voranliegende

Lotus-Duo Peterson und Fittipaldi, die Boxencrews, die 150.000 Tifosi im Autodrom und die 50 Millionen an den Fernsehschirmen — sie alle scheinen nur noch auf das Boxensignal zu warten, mit dem Chapman seinen Schützlingen den Platztausch befiehlt.

Colin hat seine Piloten über Stewarts hinreißende Fahrt durchs Feld nicht uninformiert gelassen, ihnen jeden neuen Platzgewinn des Schotten signalisiert. Und Ronnie und Emerson sind sehr hart gefahren, bis zur 49. Runde sogar (zum erstenmal) fast gegeneinander. Bei Peterson blockiert mehrmals ein Vorderrad, so daß ihm Fittipaldi beim Anbremsen der Schikanen immer nahe kommt. Dafür ist der Schwede in den Kurven schneller: Die zweite Lesmo etwa kann er im vierten Gang voll fahren.

Doch sobald das Signal „STEW P 4" herauskommt (Stewart ist Vierter), versucht Fittipaldi nicht mehr, Peterson zu attackieren. „Er resigniert", glaubt Ronnie, „und gibt sich mit Platz 2 zufrieden." Emerson fürchtet, im Rad-an-Rad-Kampf mit Peterson zu kollidieren. Auf Teufel komm 'raus mit seinem Teamkameraden zu fighten wäre zu gefährlich. „Und Ronnie, nicht ich, hat den stärkeren Motor."

Fittipaldi wartet also auf den Boxenbefehl — der jedoch ausbleibt. Eine Panne in der Lotus-Regie? Hat Chapman falsch gerechnet? Ist ihm die mathematische Chance zu gering? Denkt er daran, daß Fittipaldi aus dem Lotus-Hotel ausgezogen ist? Daß Peterson der Pilot ist, der bleibt, Fittipaldi aber der, der wahrscheinlich geht?

„Aus irgendwelchen unerklärbaren Gründen", merkt Tyrrell, „dreht Colin die Reihenfolge seiner Piloten nicht um." Vielleicht, weil — wie jeder im Autodrom — auch er von Stewarts Parforcejagd fasziniert ist? „Ich glaube nicht", sagt Ken, „daß Chapman irgend etwas anderes fasziniert als ein Sieg seiner Wagen." Und das ist ein Doppeltriumph; der erste für Lotus seit Clark und Hill 1968 in Kyalami. Nur 0,8 Sekunden trennen Ronnie und Emerson im Ziel.

Aber der Zweifachsieg steht völlig im Schatten Stewarts, der 33,2 Sekunden später ankommt und leicht verwirrt scheint: „Ich weiß: zwei Lotus vorne, nehme sicher an, daß Emerson gewonnen hat. Also wundere ich mich schon: Warum springt Ken vor der Boxenmauer wie ein Verrückter auf und nieder?" Die Antwort bekommt Jackie, als er aussteigt: „You are Champion again! Du bist wieder Weltmeister", brüllt ihm Tyrrell zu. Jackie ist sprachlos, „wahrscheinlich, weil er im Kopf ausrechnet, um wieviel mehr Geld er jetzt wert ist".

„Natürlich hätte ich gern gewonnen, aber vielleicht war dies die beste Art, meinen Titelgewinn sicherzustellen", sagt mir Jackie lächelnd, die Stimme belegt, leicht atemlos, nachher im Goodyear-Camp ins Mikrofon — eine Flasche Joghurt in der Hand, während Ken Tyrrell an einer Zigarre schmaucht. Dein bestes Rennen, sage ich zu Jackie. „Nein", widerspricht er, „1968 am Nürburgring war ich noch besser." Worauf Ken einen Kompromiß schließt: „Sagen wir also: Der beste Stewart, der je auf trockener Bahn gefahren ist."

Mühsam bahnt sich Helen den Weg zum Helikopter, während die fanatische Masse das Fahrerlager in einen Kriegsschauplatz verwandelt, fast angsterregend: Petersons Braut Barbro wird fast erdrückt und schreit um Hilfe. Sehr still verläßt Fittipaldi das Autodrom, nachdenklich und enttäuscht, „weil in Monza kein Teamgeist mehr da war". Seit dem Sommer hat Emerson das traditionelle Service des Lotus-Nummer-2-Piloten ...

Ein Abschleppwagen pflügt sich durch die Massen. Auf der Plattform: Lauda neben dem zertrümmerten BRM, ein Kapitän auf sinkendem Schiff. „Nächstes Jahr", verspricht ihm Stanley, „ist das Auto viel, viel besser: mehr PS, 30 kg leichteres Getriebe, innenliegende Bremsen." Er habe genug, sagt Lauda kurz, und ein tolles Angebot von woanders. Dann geht er mit Montezemolo zu Abend essen.

MOSPORT: DER VERRÜCKTESTE GRAND PRIX

Die Weltmeisterschaft ist gelaufen. In den beiden Überseerennen geht's nur noch ums Geld. Tyrrell will Patrick Depailler den Ersatzwagen anvertrauen, muß aber, weil sich der Franzose beim Moto-Cross ein Bein bricht, auf Chris Amon umdisponieren. Chris hat nach seinen 12-Zylinder-Grotesken also erstmals seit 1970 wieder Ford-Power im Nacken.

Bei BRM kracht es. Regazzoni adressiert an Stanley einen Anwaltsbrief: „Wann bekomme ich endlich mein Geld?" Stanley schickt den Scheck widerwillig nach Kanada und bestraft Clay auf merkwürdige

Art, indem er ihn zum Ersatzfahrer degradiert — Ersatz für Peter Gethin, seinen vorjährigen „Taxichauffeur". Regazzoni, vor dem ganzen Formel-I-Zirkus gedemütigt, ist grenzenlos deprimiert; seinen Freund Lauda packt höllischer Zorn. Um vier Uhr früh MEZ klingelt Niki den schlafenden Stanley in seinem Cambridge-Landhaus aus dem Bett: „Als Teammitglied muß ich Aufklärung verlangen." Stanley verweigert sie nicht nur Lauda, sondern tags darauf auch Clay, dessen 90-Minuten-Telefonat mit Stanley von Mariella gedolmetscht wird.

„Regazzoni war nie unser geborener Teamleader", erklärt mir Stanley später den Fußtritt für Clay. Das BRM-Team aber wird fürs ganze Wochenende zum Lachkabinett.

Mosport bei Toronto, inmitten der verschlafenen kanadischen Wälder, macht den Grand-Prix-Zirkus nie richtig froh: Alljährlich droht Nebel; der holprige Kurs prügelt die Radaufhängungen windelweich; und die Steine am Pistenrand sind zu gefährlich. „Wenn wir Mosport akzeptieren", sagt mir Fittipaldi, „dann nehmen wir uns alles Recht, irgendeine andere Strecke zu kritisieren."

Mit traurigen Augen sieht Emerson zu, wie eifrig sich der kribbelnde Ameisenhaufen der Lotus-Monteure auf Petersons Auto stürzt; sein Wagen ist fast verwaist. „Aber Emerson wird bis nach dem letzten Rennen warten, ehe er seine Zukunftspläne verkündet", flüstert sein Manager Domingos. „Damit man nicht vergißt, ihm ein Rad anzuschrauben — oder ihm fälschlich den Retourgang einbaut."

Kampfmaschine Peterson ist, einmal in Bewegung gesetzt, auf Anhieb Trainingsbester vor Reutemann, während sich Scheckter als schnellster McLaren- und Cevert als schnellster Tyrrell-Pilot etabliert: konstant schneller als Stewart und Amon. Am ersten Tag ist sogar Lauda schneller als der neue Weltmeister, obwohl Niki zweimal auf der Strecke stoppen muß: Immer fallen irgendwelche Kabeln herab. Das letzte Training beginnt wegen Nebels und Regens verspätet. Geisterhaft huschen die Farbkleckse um den Kurs. Als die Bahn auftrocknet, schiebt sich Hulme vor Lauda.

Den großen Schreck erlebt diesmal Merzario: Bei Tempo 200 blockierende Bremsen, „und dann wache ich erst im Ambulanzwagen wieder auf." Das Sonntagfrühtraining bringt noch Ärgeres. Peterson ist mit speziellen Regenreifen um fünf Sekunden schneller als die Meute, rutscht prompt aus der Zielkurve, versucht, den Lotus durch ein geöffnetes Gittertor zu zwingen, kracht aber gegen die Leitplanken. Damit muß er ins Ersatzauto umsteigen. Auch Hunt, Beltoise, Pace und von Opel rutschen auf dem Mosport-Eislaufplatz aus; ihre Autos werden aber bis zum Start repariert.

Lauda hat um Regen gebetet — und ihn bekommen. „Regen ist meine einzige Chance, weil er unser PS-Handikap wettmacht. Außerdem haben wir ein gutes Chassis, dem die Waschrumpel hier nichts ausmacht." Kübelweise fällt der Regen. Niki drängt, pünktlich zu starten, aber Hulme erzwingt eine 50-Minuten-Verschiebung, „weil überall Wasser steht". Als sich endlich die kanadische Flagge senkt, regnet es nur noch leicht.

Der schlaue Beltoise hat in der Hoffnung, der Regen würde bald gänzlich aufhören, „Intermediate"-Reifen montiert, die man im Nassen und Trockenen fahren kann. In Führung krault sofort Peterson; Scheckter, Reutemann und der blendend gestartete Lauda jagen als erste durch die Wasserfontänen, die Ronnies Hinterräder aufwirbeln. Die Gischt kommt ihnen entgegen wie eine Meerbrandung und raubt fast jedwede Sicht. Dennoch kann Lauda Reutemann überholen und liegt nun direkt hinter Peterson und Scheckter, „pausenlos bereit, zu bremsen, denn Jody fährt, als würde er jeden Moment ausreiten". In Runde 2 kämpft Lauda Scheckter nieder, in Runde 3 auch Peterson.

Lauda führt — zum erstenmal in einem Grand Prix. Und nicht knapp, sondern mit stetig wachsendem Vorsprung: 2 bis 3 Sekunden pro Runde. Niki scheint „mit dem Rennen davonzulaufen". Schon in der 10. Runde überrundet er den Ensign, obwohl Rikki „so gern im Regen fährt: das ist wie Flamenco-Tanzen". Der BRM fliegt. Bis zur 20. Runde hat Niki auch Beltoise, Hulme, Revson, Amon, Wilson Fittipaldi, Jarier, Beuttler und Hill „gedoubelt" — alle Regenspezialisten liegen weit hinter ihm.

Peterson hat für sein dauerndes Räubern über die Kurvenbegrenzungen schon bezahlen müssen: abgeschlagener Aufhängungsbolzen, Parkplatz Leitplanke.

„+28 FITTI" heißt: Emerson jetzt Zweiter, fast eine halbe Minute zurück. Niki hämmert sich ein: „Jetzt aufpassen, ja keinen Fehler machen. Und plötzlich spüre ich fast irrsinniges Verantwortungsgefühl. Doch langsam naht das Desaster": Die Bahn trocknet langsam auf, Nikis linker Vorderreifen ist schon in Fetzen, weshalb er seiner Box avisiert, daß er Reifen wechseln muß. Parnell tanzt aufgeregt herum ... und rollt dann „Intermediates" heran. „Falsch!" brüllt Lauda, „ich brauche Slicks, seht ihr nicht: Die Sonne kommt schon heraus." Aber die Slicks liegen weit hinten in der Box, und wenn Parnell, der behäbige Teddybär, einmal eine Entscheidung getroffen hat, bleibt er dabei.

Fast ohnmächtig vor Zorn, fährt Lauda mit den „Intermediates" fünf zornbebende Runden, ehe die Reifen, wie erwartet, brechen. Jetzt endlich bekommt er Slicks und ist immer noch Dritter: hinter Fittipaldi und Oliver; vor Scheckter und Cevert.

Jeder braucht Trockenreifen. Die unglaubliche Serie von Boxenstops (54 insgesamt!) läuft an. Die McLaren-Boys ändern bei Scheckter zusätzlich Heckflügel und Stabilisator, was fast zwei Minuten kostet: zu lange. Darum werden bei Revson später (in Runde 23) nur die Reifen gewechselt; mit sonst unverändertem Auto wird „Revvie" ins Rennen zurückgeschickt. 50 Sekunden Einbuße, mehr nicht. Revson hat schon auf nasser Bahn 110″ auf Emerson verloren. Plus 50″ macht 160″ Rückstand auf „Fitti", doch knabbert Revson, weil der Lotus-Pilot immer noch mit Regenreifen (und daher langsamer) fährt, von Emersons Guthaben pro Runde 6″ ab, 64″ insgesamt bis zur 31. Runde, in der Fittipaldi seinen Boxenstop macht: immer noch 96″ vor Revson. Aber Chapman bastelt am Lotus herum, ändert dessen Set-up, und „Fitti" kann erst 109″ später wieder losfahren. Womit klar ist, daß er jetzt 10″ hinter Revson zurückliegt.

Der neue Führungsmann aber heißt (auch wenn er's später nicht glauben kann) Jackie Stewart. Aber nur für eine, die 33. Runde. Als sich Jackie Trockenreifen abholen will, steht gerade Amon in der Box, weshalb Jackie nochmals herumgeschickt wird — und in der Aufregung seinem Chefmechaniker über die Zehen fährt (Roger kann zwei Tage lang nicht auftreten). Erst Jackies zweiter Stop klappt.

Nun führt Beltoise vor Oliver, BRM vor Shadow. Jean-Pierre hat seinen Reifenwechsel noch vor, Oliver seinen bereits hinter sich: als kürzesten von allen — nur 30 Sekunden. Die Rundentabellen werden immer verworrener, doch fällt allen auf, daß Scheckter Cevert überholt hat, also Vierter ist. Bis in der Bergab-Linkskurve, Turn 2, plötzlich die Hölle losbricht, zwei Leben gefährdet und die totale Konfusion heraufbeschwört.

Cevert versucht, voll im vierten Gang Scheckter zu überholen. „Ich habe", erzählt mir Jody nachher, „nur zwei Chancen: selbst 'raus-zufliegen oder mit François zu kollidieren. Ich bete, daß er Gas weg-nimmt. Er tut es nicht." Die Karambolage erfolgt mit Tempo 200. Frontal kracht der Tyrrell gegen die Leitplanken. Die beiden Schrau-benplatten zwischen Motor und Überrollbügel sind wie eine Zieh-harmonika zusammengeschrumpft. „Cevert hätte tot sein können", sagt Lauda später.

François schält sich aus dem Trümmerhaufen, humpelt stark, will sich aber sofort auf Scheckter stürzen, „um ihn zu verprügeln. Aber weil so viele Leute zusehen, klopfe ich ihm nur leicht auf den Helm." Why me? Warum immer ich? sagt der Südafrikaner später. Gibst du Jody zu 100 Prozent die Schuld am Unfall? frage ich Cevert. „Zu 200 Prozent", sagt François. „Er macht ja Fehler wie ein Formel-Ford-Pilot."

In der Box klappt Helen Stewart augenblicklich ihre Rundentabelle zusammen und verläßt ihren Platz, um François beizustehen. Sie hilft ihm beim Umziehen und begleitet ihn zum Röntgen. „Der arme Kerl ist so froh, daß sich jemand um ihn kümmert ... und mich hat das Rennen ohnehin gelangweilt."

Sechs Runden lang bleiben die Tyrrell-Trümmer durch die ganze Kurve verstreut, bis endlich das Pace-Car losfährt: ein VW-Porsche mit dem kanadischen Rennfahrer Eppie Weitzes am Lenkrad und dem Sekretär der Formel-I-Konstrukteure, Peter Mackintosh, am Neben-sitz.

Auftrag an die beiden: Ganley führt, also unmittelbar vor ihm Position beziehen. „Unmöglich, Ganley kann nicht führen", beteuert Peter pausenlos am Funkgerät, aber im Kontrollturm herrscht Panik. In Wahrheit führt Beltoise vor Oliver, Revson, Fittipaldi, Lauda, von Opel, Amon, Ganley, Reutemann und Stewart — wobei Ganley eine Runde zurückliegt, aber im Pulk fährt: vor ihm Oliver und Revson, hinter ihm Reutemann, Stewart und Fittipaldi.

Das Pace-Car schmuggelt sich also in Kurve 10 in den Verkehr, winkt Oliver und Revson mit Handzeichen an sich vorbei — und reiht sich vor Ganley ein. Der Iso-Pilot signalisiert mehrmals: „Ihr Idioten, nicht ich führe, sondern Beltoise." Es bleibt dabei. Von Ganley angeführt, schleicht der Pulk mit 3-Minuten-Rundenzeiten um den Kurs, viermal insgesamt. Beltoise und Reutemann nützen die Situation, um blitzschnell ihre Boxenstops nachzuholen. Aber das Duo Oliver/Revson macht spielend fast eine komplette Runde gut, ehe es sich an die Kette hinter dem Pace-Car wieder anschließt.

Endlich „Feuer frei" zum zweiten Start: Revson und Oliver liegen auf der Straße zwar fünf Sekunden hinter Fittipaldi, tatsächlich aber jetzt fast eine Runde vor ihm; in Mosport etwa 1:15 Minuten. Und zwei Boxenmannschaften zeigen ihren Piloten Platz 1: Lotus für Fittipaldi und Shadow für Oliver, der wirklich seit der 43. Runde führt, bis er sich in der 60. dreht und hinter Revson zurückfällt. Fittipaldi jagt Oliver mit zwei Sekunden Gewinn pro Runde. Auf der Straße ist Emerson der schnellste Mann: Er dreht Rekordrunden und verkürzt seinen Rückstand auf Revson (von dem er freilich nichts ahnt) von 75″ auf 32,7″ und ist „überzeugt, daß ich gewinnen muß, weil mich hat ja das ganze Rennen kein Mensch überholt". In der vorletzten Runde kämpft Emerson noch Beltoise und Oliver nieder, auch der BRM und der Shadow tauschen ihre Plätze ... und dann jagt Fittipaldi auf die Ziellinie zu.

Ein jubelnder, hochspringender Chapman; eine heranfliegende schwarze Mütze; hochgerissene Arme der Mechaniker — aber keine Schachbrettfahne! Der Mann mit der Zielflagge wartet auf Revson. Sogar die McLaren-Box ist verblüfft. „Wenn man mich zum Sieger ausruft", sagt Revson zögernd, „dann werde ich wohl gewonnen haben. Aber sicher bin ich nicht." Fittipaldi wird zum Zweiten, Oliver zum Dritten, Beltoise zum Vierten, Stewart zum Fünften und Ganley zum Sechsten erklärt.

Emerson kann seine Niederlage nicht begreifen. Shadow protestiert wegen Oliver. Der 80-Runden-Grand-Prix erlebt ein fünfstündiges Nachspiel, in dem Warr und Rees sämtliche Rundentabellen und Zeitnehmerprotokolle durchschnüffeln. „Du bist 82 Runden gefahren, Revson 81", tröstet Peterson seinen Teamkameraden. Hätte das Pace-

Car den wahrhaften Leader, nämlich Beltoise, erraten — niemand hätte Emerson den Sieg rauben können. Aber letztlich muß auch Lotus zugeben: „Revsons Sieg geht in Ordnung." Wenn die Organisatoren den echten Sieger erraten haben, dann war es Zufall.

Heute noch glauben viele, daß ein ganz anderer den kanadischen Grand Prix gewonnen hat: Beltoise — an diesem Tag Bannerträger für BRM, weil Regazzoni zusehen mußte, Gethin nach 5 Runden ausfiel und Lauda die Antriebswelle riß.

Die Aktien Revson und Lauda steigen auf der Formel-I-Börse durch Kanada im Wert. „Revson startet 1974 mit mir für Ferrari, weil Goodyear so will", vertraut mir Niki an. In Maranello bereitet Werbechef Dr. Gozzi bereits eine Presseaussendung vor; auf sorgfältig gefaltetem Papier. Obere Hälfte: die Lauda-Biographie, untere Hälfte: der Revson-Lebenslauf. Zwischen „Revvie" und Ferrari wandern Fernschreiben, in welcher Sprache der Vertrag abgefaßt werden soll, hin und her. Wegen Ferrari ist Peter sogar bereit, aus seinem Indianapolis-Traum für ein Jahr aufzuwachen, macht aber später einen Rückzieher: „Ich will doch in Indy fahren." Nun reißt Montezemolo die Geduld: „Wir müssen ehrlich sein. Erst nein, dann ja — ab jetzt kannst du Ferrari vergessen."

Es ist der Donnerstag nach Mosport, und Lauda ist gerade im Maranello. Niki bleibt nichts verborgen, am wenigsten, daß an diesem Tag Jody Scheckter bei Ferrari anruft. McLaren hat ihm in Kanada überraschend eröffnet: „Wir werden 1974 kein Auto für dich haben, sorry, du mußt deinen Weg jetzt selbst weitergehen. Finde dir ein anderes Team." Doch auch Ferrari gibt Scheckter einen Korb. Montezemolo und Lauda mühen sich, den Commendatore von Regazzoni zu überzeugen. „Wir sind Freunde", sagt Lauda, „und Clay ist der einzige, mit dem ich euch garantieren kann: Es wird bei Ferrari das ganze Jahr keine politischen Probleme geben." Enzo Ferrari stimmt zu.

Damit beginnt eine fieberhafte Jagd nach Clay, über den Niki nur weiß, „daß er mit Merzario und meiner Braut durch New York strolcht". Tatsächlich fährt Regazzoni ein Formel-5000-Rennen in Seattle (bei dem ihm ein Scheckter-Dreher fast von der Bahn reißt). Ferrari schaltet Mario Andretti und dessen Frau in die Fahndung ein. Endlich aufgespürt, ruft Regazzoni bei Ferrari an: Vertrag perfekt.

Fittipaldis Brabham-Vertrag platzt. Auf dem Papier formiert sich ein Marlboro-Texaco-McLaren-Team mit Emerson und Hulme. Als Sponsor Yardley auf seine Option pocht und androht, zu Gericht zu laufen, kommt die Idee auf, ein drittes Auto, einen Yardley-McLaren, für Revson einzusetzen.

An diesem Wochenende fliegt Frank Williams nach Brüssel: Freundesbesuch bei Jacky Ickx, „für den ich immer eine Zufluchtsadresse bin". Jacky redet sich alles von der Seele, seine Hoffnungen und Depressionen, und der Funke springt über. Williams ködert Ickx für 1974; zunächst aber für Watkins Glen.

Doch noch fehlt der wichtigste Teil des Formel-I-Puzzle: Wie entscheidet sich Stewart? Für oder gegen den Rennsport? Jackie und Helen, Peterson und Barbro verleben eine unbeschwerte Ferienwoche auf den Bermudas. Barbro kürzt Ronnies bereits schulterlange Haarmähne zu einer Pagenfrisur. Während Jackie das Hotelpersonal vergattert, „ja keinem Reporter zu verraten, daß ich da bin", wagt sich Ronnie schon nach zwei Stunden Tauchunterricht 30 Meter unter Wasser. Immer wenn er einen Prachtfisch für sein Aquarium entdeckt, signalisiert er seinem Tauchlehrer: „Den möchte ich."

Exotische Fische zu kaufen kann sich Ronnie wohl leisten, wenn er den letzten WM-Lauf gewinnt. In Watkins Glen warten auf den Sieger 50.000 Dollar. Und François Cevert weiß, daß er mit einem Sieg, falls Fittipaldi punktelos bleibt, noch Vizechampion werden kann: ideales Sprungbrett für 1974, zumal Tyrrell sagt, Frankreich bekäme „schon sehr bald seinen ersten Weltmeister". Und 1971 hat Cevert „at the Glenn" seinen ersten Grand Prix gewonnen; seinen einzigen.

WATKINS GLEN: ABSCHIED VON FRANÇOIS

Wegen der Mosport-Karambolage wird für Cevert ein funkelnagelneuer Tyrrell nach Amerika geflogen: der 006/3. „Die linke Ferse tut mir noch weh", sagt mir François, „aber im Rennwagen, da spüre ich nichts davon." In der GPDA schlägt der Franzose vor, Scheckter wegen Kanada ins Gewissen zu reden, was Stewart und Hill prompt tun. Mit gesenktem Kopf hört Jody die Strafpredigt an. Vom „kommenden Superchampion" fast zum Hanswurst geworden, wird er im „Glenn Motor Inn" von manchen auffallend geschnitten. Zumeist ißt Jody allein mit seiner Braut.

Und dennoch: Hinter den Kulissen ist Scheckter der begehrteste Gesprächspartner. Bereits ab Mittwoch umgarnt ihn Lotus. Chapman hat sich bei Reutemann und Lauda Absagen geholt, braucht aber neben Ronnie unbedingt einen zweiten Piloten, falls Fittipaldi geht.

Ab Donnerstag liegt der Lotus-Vertrag unterschriftsbereit in Jodys Nachtkästchen. Am gleichen Abend kommt Stewart von den Bermudas und verrät Ken Tyrrell das Geheimnis, das er offiziell erst am 13. Oktober bei der Londoner Ford-Party preisgeben kann: Er werde abtreten. „Versuch, ob du Scheckter bekommst", empfiehlt Jackie seinem väterlichen Boß, „er wird ein großer Star, wenn er richtig erzogen wird. Und das kannst du am besten."

Inzwischen hat Frank Williams telefonisch Ickx aus Brüssel und (auf Jackys Wunsch) den Designer Ron Tauranac von „Trojan" losgeeist. „Weil ich den Dänen Belsö heimschicken und die zwei anderen einfliegen muß, kostet mich das Wochenende drei Tickets über den ‚Atlantic River' und 300 Dollar für ein Privatflugzeug, um Ickx aus New York abzuholen, aber das reut mich nicht", sprudelt Frank heraus. „Das wird mein glücklichstes Wochenende. Es ist, als hätte ich wieder Piers Courage bei mir. Du verstehst: jemanden, zu dem du Vertrauen hast."

Im ersten Training fehlt Ickx, weil er vergessen hat, sein amerikanisches Visum zu erneuern. Schon nach zwei Runden verliert Peterson das linke Hinterrad, weil es schlampig montiert worden ist, kommt jedoch mit dem Schrecken davon — soweit sich Ronnie eben schreckt. Gleiches gilt für Oldtimer Hill: gerissener Querlenker genau an jener Stelle, an der er sich 1969 beide Beine gebrochen hat. Reutemann und Amon reißt der Windschlag die Airbox von den Autos. Und Ronnie beweist seinen stählernen Nerven: In den Ersatz-Lotus umgestiegen, kämpft er sich durch die ganze Trainingsliste nach oben. Stewart und Cevert sind Zweit- und Drittschnellster, gefolgt von Reutemann, Scheckter, Revson, Hulme, Amon und Fittipaldi.

Freitagabend redet Peter Warr mit Scheckter nochmals den Vertrag durch, inzwischen macht Chapman Goodyear-Gelder flüssig. Samstag, um acht Uhr, soll Jody unterschreiben. Warr frühstückt, dann weckt er den 23jährigen auf und befiehlt ihn in Chapmans Zimmer. „Sorry", entschuldigt sich Jody, „ich habe gestern nacht schon für Tyrrell unterschrieben."

Ein Team Cevert/Scheckter; Stewart vor seinem 100. und letzten Grand Prix; ein WM-Doppelsieg und 50.000 Dollar in Aussicht: In der Tyrrell-Box beginnt das Training in fröhlicher Stimmung. Doch der die Jagd auf die Pol-Position entfesselt, ist Reutemann. Noch 22 Minuten. Um 11.38 Uhr ist Cevert zum letztenmal an der Box. „Frontflipper steiler, hintere Stoßdämpfer härter eingestellt" steht im Tyrrell-Boxenprotokoll, das für Cevert nun folgende Rundenzeiten notiert: 1:41,0 — 1:46,0 (beim Überrunden aufgehalten) — 1:40,3 — 1:40,7. Die vorletzte Zeit bedeutet: bereits dritter Platz hinter Peterson und Reutemann. Der Franzose fährt voll. Und Follmer ist bereits aufgefallen, „daß der Tyrrell merklich unruhig auf der Straße liegt".

Die Bergauf-Kurvenkombination von Watkins Glen bezeichnet Stewart als „extrem knifflig. Sie als praktisch eine Kurve zu fahren ist das wahrscheinlich schwierigste Manöver auf sämtlichen Grand-Prix-Strecken überhaupt. Wenn du nur ganz wenig von der Ideallinie abkommst, bleiben dir rechts und links nur ein paar Zentimeter Platz." Stewart hat sich 1968, auf Öl ausgeglitten, durch die ganze Kurvenfolge gedreht, wie durch ein Wunder aber nirgends angeschlagen. „Ich fahre sie im fünften Gang, laut Getriebediagramm mit 264 km/h", verrät mir Jackie. Da ist eine Bodenwelle, die viele Piloten irritiert, weil es ihre Autos leicht verreißt: Stewart, Peterson und Pace geben es offen zu. „Mein Wagen liegt dort recht unstabil", ergänzt Jackie. Bergauf — da werden Formel-I-Autos immer leicht. Und Frontflipper steiler (wie bei Cevert), das heißt: weniger Druck auf die hinteren Antriebsräder. An dieser Stelle bremst niemand, fährt jeder voll, dessen Auto richtig balanciert ist. „Aber verstellt man bei uns", meinen etwa die BRM-Piloten, „die Frontflipper nur um drei Millimeter, muß man in dieser Passage bereits vom Gas."

Aus der zweiten Kurve kommend, verreißt Ceverts Tyrrell durch den Schlag der Bodenwelle; nicht viel, nur um 15 Grad. François versucht, das Ausbrechen abzufangen, man sieht, wie im Cockpit seine Arme arbeiten. Doch er korrigiert zu viel. Nun schleudert der Wagen nach der anderen Seite, weicht von der Ideallinie ab, touchiert rechts die Leitplanken ... und prallt im Winkel von 80 Grad gegen die gekrümmte linksseitige Leitschiene. Der Unfall bricht über Cevert wie eine Naturkatastrophe herein und beschwört die Folgen eines Flugzeugabsturzes herauf.

Verkehrt auf der Leitplanke weiterrasend, zerbricht der Tyrrell in unzählige Teile. Das Monocoque spaltet sich. Binnen zweieinhalb Sekunden, ab dem ersten Schlenker gerechnet, ist alles vorbei. Da sind nur noch die Staubwolke und der Wald von heftig geschwungenen gelben Warnflaggen.

12 Sekunden danach erreicht der erste Pilot die Unfallstelle: Jody Scheckter. Er bremst augenblicklich, schnallt sich los und packt, weil er den Kühler qualmen sieht, einen Feuerlöscher. Wenig später kehrt Jody um und geht, den Kopf in den Armen vergraben, leise weinend weg. Chris Amon, der nächste Fahrer, taumelt unter Schockwirkung, so daß der jetzt anhaltende Lauda meint, es wäre Amons Auto gewesen. Doch dann sieht Niki einen roten Wagenfetzen auf der Straße und fürchtet um Regazzoni — ehe er die Wahrheit lernt. Alle stoppen. Aber da ist niemand und nichts, das François noch helfen kann.

An den Boxen kreisen die Sekundenzeiger ins Leere. Plötzlich preschen Feuerwehr- und Rettungswagen durch die Boxenzeile. Außer Ickx und Mass sind sämtliche Piloten auf der Strecke; durch alle Boxen bahnt sich kalte, nackte Angst. Aber nur ein Teamchef springt, von plötzlicher Panik erfaßt, über die Boxenmauer und läuft zur Rennleitung: Ken Tyrrell. Peterson bringt die Nachricht als erster an die Box. Niemand hat Ronnie je weinen sehen. Doch diesmal hat er, als er den Vollvisierhelm abnimmt, nasse Augen.

Denny Hulme will sofort zur Unfallstelle eilen, aber der junge Jody hält ihn zurück: „Es ist besser, wenn du François nicht mehr siehst."

Der plötzlich verstummte Motorlärm eines abgebrochenen Trainings; Jackie Stewarts um Jahre gealtertes, spitz und gelb gewordenes Gesicht; Louis Stanleys grausam nach unten gekehrter Daumen, als ihn jemand fragend anblickt — das sind Indizien genug. Als über Lautsprecher das „Stars and Stripes" erklingt, als alle Piloten unbewegt verharren, sagt mir Hulme leise: „Das ist Amerikas Abschied von François."

Die Tyrrell-Mechaniker bleiben tapfer, nur François' Monteur Jo weint: „Wir dachten, es wäre ein so gutes Jahr." Das „glücklichste Team der Formel I" ist ausgelöscht. Helen Stewart, die mir einmal diesen Satz gesagt hat, braucht Beruhigungsinjektionen und den Arzt.

Der Samstagabend im „Glenn Motor Inn" ist düster. Wortlos bekommen Fittipaldi und Lauda ihre beim Golfturnier gewonnenen Pokale, freudlos nimmt Pace die Torte für seinen 29. Geburtstag entgegen. Am Ecktisch bei Tyrrell fehlt mehr als ein verunglückter Fahrer: Es fehlt ein Familienmitglied. An François' Platz sitzt heute ein Priester; und am Nebentisch Dan Gurney, dem Jackie nach dessen Rücktritt 1970 einen langen, herzlichen Gratulationsbrief geschrieben hat, „glücklich darüber, daß du den Mut aufgebracht hast, aufzuhören".

Was Jackie quält, ist seine vergebliche Suche nach der Schuldfrage. „Ich würde so gern auf irgend etwas zeigen und sagen: Darum ist François verunglückt, aber ich weiß nichts. Die Leitplanken waren korrekt, an einen technischen Defekt will ich nicht glauben. Und die Idee, François könnte einen Irrtum begangen haben, hasse ich noch mehr." Einer jener Formel-I-Unfälle, wie sie immer drohen, wie sie aber niemand wahrhaben will, sagt Lauda.

Um Mitternacht entschließt sich Ken Tyrrell, die Wagen von Stewart und Amon zurückzuziehen: als letzten Tribut an Cevert und auf Bitten von Helen. Damit gibt Tyrrell kampflos den Gewinn der Konstrukteurtrophäe an Lotus preis. Beim Frühstück setzt sich François' Schwager Beltoise zu mir. Er hat mit Jacqueline, der ihr Bruder fast näherstand als ihr Mann, telefoniert und sich entschlossen, seine Startpflicht für BRM zu erfüllen. In der Garage packen die Tyrrell-Mechaniker schweigend ihre Werkzeugkisten. „Ich hoffe nur allen Ernstes, daß jetzt wenigstens Jackie aufhört", sagt mir Roger Hill.

Stewart will sich nur den Start ansehen und dann heimfliegen. Er sieht Peterson (aus seiner neunten Pol-Position) in Führung vor Reutemann und Hunt, die aber bald ihre Positionen wechseln; und wie Revson den Start vollkommen verpatzt. „James Hunt hat heute früh seine Rennschuhe verlegt und sie erst kurz vor dem Start gefunden", verrät Lord Hesketh. „Immer, wenn ihm am Renntag etwas schief-geht, fährt er aggressiv und gut." Hunt läßt den Lotus um nie mehr als 1,2 Sekunden weglaufen, ist aus Ronnies Rückspiegel nicht abzu-schütteln und zwingt Peterson, trotz oft blockierender Hinterräder bis ans Ende voll zu fahren.

Reutemann kommandiert den Verfolgerpulk mit Hulme, Scheckter und Fittipaldi, dahinter zirkulieren die drei Surtees gleichsam im Konvoi. Beltoise hält an der Box, weil ihn etwas am Motorgeräusch irritiert. „Der arme Jean-Pierre ist nervös heute", fühlt die BRM-Box mit. Lauda ist durch vier Boxenhalte, die insgesamt 23 Runden wäh-ren, aus der Dollarjagd gerissen. Und Regazzoni kämpft am Schwanz des Feldes gegen Beuttler.

Revson saugt sich durchs Feld, Merzario bricht in der Zielkurve der Heckflügel weg, und Scheckter fährt ein glückloses leztes Rennen für McLaren: Als sein rechtes Hinterrad wegkippt, dreht sich Jody in die Leitplanken. Der dichtauf folgende Fittipaldi muß notbremsen, um die Kollision zu vermeiden, und beschädigt dabei seine Vorderreifen.

Vorne ändert sich nichts mehr, obwohl das Duell Peterson-Hunt über die volle Distanz tobt. Reutemann und Hulme fahren kampflos 4 bzw. 3 Punkten entgegen, Revson wird mit 2 Zählern belohnt und Fittipaldi für seinen Einsatz mit einem heute unkontrollierbaren, schlecht abgestimmten Lotus einen. „Würde mich nicht wundern", weissagt Peter Warr, „wenn Emerson trotz allem bei uns bleibt. Spätestens heute muß er erkannt haben, daß er Ronnie 1974, wenn überhaupt, nur mit einem Lotus schlagen kann", zumal Peterson 1973 insgesamt 1844,5 Kilometer geführt hat — Stewart übrigens 1080,5 und Fittipaldi 678,9.

Ickx wird Siebenter. Jarier beunruhigt die March-Box schon lange durch auffallend differierende Rundenzeiten. „Vielleicht schläft er ein", sagt Mechaniker Pete Kerr. In der letzten Runde kracht Jarier an der gleichen Stelle wie Cevert gegen die Leitplanken, kann das Wrack aber zu Fuß verlassen. „Ein Unfall im letzten Rennen", sagt ihm Max Mosley, „ist natürlich eine schlechte Sache, wenn man an den nächstjährigen Vertrag denkt."

Weil Regazzoni an den March-Trümmern besser vorbeikommt als Beltoise und weil sich zusätzlich noch Beuttler dreht, wird Clay, eine

Runde vor Schluß noch Elfter, wenigstens Achter. „Terrible", beschimpfte er den BRM in der Box. Ihm und Lauda fällt der Weggang von BRM leicht. Zum erstenmal sind Ford-Motoren und Goodyear-Reifen ein ganzes Jahr ungeschlagen geblieben.

Die Schatten des Samstags kehren erst nach dem Rennen wieder. Zahlen sind nüchtern: Von den 40 Rennfahrern, die ab 1950 einen Großen Preis gewonnen haben, sind 11 noch aktiv; 13 haben aufgehört und leben; 14 sind tödlich verunglückt; und zwei (die Weltmeister Farina und Hawthorn) wurden nach ihrem Rücktritt Opfer von Verkehrsunfällen. 11:13:14? „Du rechnest falsch", korrigiert mich Mosley auf dem Heimflug, „man kann nur die Abgetretenen mit den Verunglückten vergleichen. So betrachtet, sind die Überlebenschancen schlechter als 50:50."

Am Dienstag nach Watkins Glen telefoniere ich sehr lange mit Jackie Stewart. „Ich kann dir noch nichts sagen, ich muß meine Situation jetzt neu überdenken", gesteht er. „Ich bin etwas besorgt um die Zukunft des Teams, ich darf Ken nicht vergessen." Zwei Tage später sagt Jackie in Paris seinem Kameraden Lebewohl. Drei Tage später muß er sich entscheiden.

Der 13. Oktober ist in London frostig und kalt. Die Weltpresse wartet im „Carlton Tower"-Hotel auf den Mann mit den langen Haaren und der fröhlichen Stimme, der mehr ist als nur ein Weltmeister: Jackie Stewart, das ist der Grand-Prix-Sport schlechthin. Ich weiß nicht, ob Jackie an diesem Tag an jene denkt, die seinen Weg vom Kfz-Mechaniker zum Multimillionär, vom Hobbyrennfahrer zum größten Piloten aller Zeiten gesäumt haben — und die er in diesem Sport verloren hat.

Bob McIntyre, sein erster Freund von der Rennbahn; Jim Clark, schottischer Landsmann und Idol; Mike Spence, in jenem Indy-Turbinenwagen verunglückt, den Jackie wegen seines Handgelenkbruchs 1968 nicht fahren konnte; Bruce McLaren, dessen Can-Am-Autos er pilotieren sollte; Piers Courage, den er sehr gemocht hat; Jochen Rindt, der ihm wie ein Bruder nahestand; Jo Siffert, fast ein Schweizer Nachbar; Joakim Bonnier, in dessen Genfer-See-Villa Jackie einmal so erstaunt gefragt hat, ob man beim Rennfahren wirklich genug verdienen könnte, um sich ein Haus zu kaufen; und jetzt

François Cevert, der herzlichste Teamkamerad, den er je gefunden hat.

„Die Opfer unseres Sports", bekannte mir Jackie einmal, „sind immer die Frauen." Helen hat Jackie nie unter Druck gesetzt, weil sie wußte, daß ihm „der Rennsport ein Vergnügen bereitet wie sonst nichts auf der Welt". Aber Stewart glaubt, daß er Helen diesen Schritt schuldig ist, ihr und den Buben Paul und Mark, die ihm bereits vorschlagen: „Ab morgen könntest du unseren Schulbus chauffieren."

Jackie ist ernst, als er in die Mikrofone sagt: „Ab heute bin ich kein Rennfahrer mehr, ich bin glücklich darüber." Und sehr viele sind es mit ihm — obwohl Grand-Prix-Rennen ohne Stewart nie mehr die gleichen sein werden.

STATISTIK

AUTOMOBILWELTMEISTER

1950: Dr. Giuseppe Nino Farina (Italien) auf Alfa Romeo
1951: Juan Manuel Fangio (Argentinien) auf Alfa Romeo
1952: Alberto Ascari (Italien) auf Ferrari
1953: Alberto Ascari (Italien) auf Ferrari
1954: Juan Manuel Fangio (Argentinien) auf Maserati und Mercedes-Benz
1955: Juan Manuel Fangio (Argentinien) auf Mercedes-Benz
1956: Juan Manuel Fangio (Argentinien) auf Ferrari
1957: Juan Manuel Fangio (Argentinien) auf Maserati
1958: Mike Hawthorn (England) auf Ferrari
1959: Jack Brabham (Australien) auf Cooper-Climax
1960: Jack Brabham (Australien) auf Cooper-Climax
1961: Phil Hill (USA) auf Ferrari
1962: Graham Hill (England) auf BRM
·1963: Jim Clark (Schottland) auf Lotus-Climax
1964: John Surtees (England) auf Ferrari
1965: Jim Clark (Schottland) auf Lotus-Climax
1966: Jack Brabham (Australien) auf Brabham-Repco
1967: Denis Hulme (Neuseeland) auf Brabham-Repco
1968: Graham Hill (England) auf Lotus-Ford
1969: Jackie Stewart (Schottland) auf Matra-Ford
1970: Jochen Rindt (Österreich) auf Lotus-Ford
1971: Jackie Stewart (Schottland) auf Tyrrell-Ford
1972: Emerson Fittipaldi (Brasilien) auf Lotus-Ford
1973: Jackie Stewart (Schottland) auf Tyrrell-Ford

Lauf 1 — Großer Preis von Argentinien —
Buenos Aires, 28. Jänner 1973

96 Runden à 3,345 km = 321,120 km. Wetter: heiß und sonnig.

Startaufstellung:

E. Fittipaldi
JPS-Lotus 72/7
1'10"84

C. Regazzoni
BRM P 160 D/1
1'10"54

J. Stewart
Tyrrell 005
1'11"03

J. Ickx
Ferrari 312 B 2/5
1'11"01

F. Cevert
Tyrrell 006
1'11"46

R. Peterson
JPS-Lotus 72/8
1'11"06

D. Hulme
McLaren M 19 C/1
1'11"70

J.-P. Beltoise
BRM P 160 D/3
1'11"48

M. Hailwood
Surtees TS 14 A/02
1'12"13

C. Reutemann
Brabham BT 37/2
1'12"08

W. Fittipaldi
Brabham BT 37/1
1'12"31

P. Revson
McLaren M 19 C/2
1'12"22

A. Merzario
Ferrari 312 B 2/8
1'12"54

N. Lauda
BRM P 160 C/5
1'12"39

N. Galli
Iso FX 3 B/1
1'13"97

C. Pace
Surtees TS 14 A/03
1'12"80

M. Beuttler
March 721 G/1
1'15"15

J.-P. Jarier
March 721 G/4
1'14"27

H. Ganley
Iso FX 3 B/2
1'15"29

Ergebnis:

1. Emerson Fittipaldi (Brasilien)/Lotus-Ford   1:56'18"22 (= 165,688 km/h)
2. François Cevert (Frankreich)/Tyrrell-Ford   1:56'22"91
3. Jackie Stewart (Schottland)/Tyrrell-Ford   1:56'51"41
4. Jacky Ickx (Belgien)/Ferrari   1:57'00"79
5. Denis Hulme (Neuseeland)/McLaren-Ford   1 Runde zurück
6. Wilson Fittipaldi (Brasilien)/Brabham-Ford   1 Runde zurück
7. Clay Regazzoni (Schweiz)/BRM   3 Runden zurück
8. Peter Revson (USA)/McLaren-Ford   4 Runden zurück
9. Arturo Merzario (Italien)/Ferrari   4 Runden zurück
10. Mike Beuttler (England)/March-Ford   6 Runden zurück

Schnellste Runde: E. Fittipaldi (Lotus) 1'11"22 (neuer Rundenrekord)
Alter Rundenrekord: Stewart (Tyrrell) 1'13"66

Ausfälle: Galli (1., gerissener Motorantriebsriemen), Hailwood (10., Schaltgestänge gebrochen), Pace (10., Aufhängungsbruch), Reutemann (16., Getriebe), Lauda (66., Motor), Peterson (67., Benzindruck), Beltoise (79., Motor).

Lauf 2 — Großer Preis von Brasilien — Sao Paulo, 11. Februar 1973

40 Runden à 7,960 km = 318,414 km. Wetter: sehr heiß.

Startaufstellung:

R. Peterson	E. Fittipaldi	J. Ickx
JPS-Lotus 72/8	JPS-Lotus 72/7	Ferrari 312 B 2/5
2'30''5	2'30''7	2'32''4
	C. Regazzoni	D. Hulme
	BRM P 160/01	McLaren M 19 C/1
	2'32''4	2'32''7
C. Pace	C. Reutemann	J. Stewart
Surtees TS 14 A/03	Brabham BT 37/2	Tyrrell 005
2'32''7	2'32''9	2'33''3
	F. Cevert	J.-P. Beltoise
	Tyrrell 006	BRM P 160/03
	2'33''4	2'33''5
W. Fittipaldi	P. Revson	N. Lauda
Brabham BT 37/1	McLaren M 19 C/2	BRM P 160/05
2'34''3	2'34''3	2'35''1
	M. Hailwood	J.-P. Jarier
	Surtees TS 14 A/02	March 721 G/4
	2'35''5	2'37''6
H. Ganley	A. Merzario	N. Galli
Iso FX 3 B/2	Ferrari 312 B 2/8	Iso FX 3 B/1
2'37''6	2'37''7	2'38''7
	M. Beuttler	L. Bueno
	March 721 G/1	Surtees TS 9/05
	2'39''9	2'42''5

Ergebnis:

1. Emerson Fittipaldi (Brasilien)/Lotus-Ford   1:43'35''6 (= 183,860 km/h)
2. Jackie Stewart (Schottland)/Tyrrell-Ford   1:44'09''1
3. Denis Hulme (Neuseeland)/McLaren-Ford   1:45'42''0
4. Arturo Merzario (Italien)/Ferrari   1 Runde zurück
5. Jacky Ickx (Belgien)/Ferrari   1 Runde zurück
6. Clay Regazzoni (Schweiz)/BRM   1 Runde zurück
7. Howden Ganley (Neuseeland)/Iso-Rivolta-Ford   1 Runde zurück
8. Niki Lauda (Österreich)/BRM   2 Runden zurück
9. Nanni Galli (Italien)/Iso-Rivolta-Ford   2 Runden zurück
10. François Cevert (Frankreich)/Tyrrell-Ford   2 Runden zurück
11. Carlos Reutemann (Argentinien)/Brabham-Ford   2 Runden zurück
12. Luiz Bueno (Brasilien)/Surtees-Ford   4 Runden zurück

Schnellste Runde: E. Fittipaldi (Lotus) 2'35''0 (neuer Rundenrekord)

Ausfälle: Revson (1., Getriebe), Peterson (6., Radbruch), W. Fittipaldi (6., Motor), Jarier (7., Getriebe), Hailwood (7., Getriebe), Pace (9., Getriebe und Aufhängung), Beuttler (18., Motor), Beltoise (24., Kurzschluß in der Elektrik).

Lauf 3 — Großer Preis von Südafrika — Kyalami, 4. März 1973

79 Runden à 4,103 km = 324,137 km. Wetter: bewölkt, abtrocknende Piste nach Regen.

Startaufstellung:

D. Hulme	E. Fittipaldi	J. Scheckter
McLaren M 23/1	JPS-Lotus 72/7	McLaren M 19 C/2
1'16"28	1'16"41	1'16"43
	R. Peterson	C. Regazzoni
	JPS-Lotus 72/8	BRM P 160/04
	1'16"44	1'16"47
P. Revson	J.-P. Beltoise	C. Reutemann
McLaren M 19 C/1	BRM P 160/03	Brabham BT 37/2
1'16"72	1'16"84	1'16"94
	C. Pace	N. Lauda
	Surtees TS 14 A/03	BRM P 160/01
	1'17"06	1'17"14
J. Ickx	M. Hailwood	D. Charlton
Ferrari 312 B 2/6	Surtees TS 14 A/02	Lotus 72/3
1'17"16	1'17"17	1'17"18
	J. Oliver	A. Merzario
	Shadow DN 1/1 A	Ferrari 312 B 2/5
	1'17"64	1'17"64
J. Stewart	W. Fittipaldi	J.-P. Jarier
Tyrrell 006	Brabham BT 37/1	March 721 G/4
1'17"65	1'17"95	1'17"98
	H. Ganley	A. de Adamich
	Iso FX 3/B 2	Surtees TS 9 B/004
	1'18"07	1'18"66
G. Follmer	E. Keizan	M. Beuttler
Shadow DN 1/2 A	Tyrrell 004	March 721 G/1
1'18"82	1'18"92	1'20"37
	J. Pretorius	F. Cevert
	Iso FX 3/B 1	Tyrrell 005
	1'20"54	keine Zeit

Ergebnis:

1. Jackie Stewart (Schottland)/Tyrrell-Ford   1:43'11"07 (= 188,526 km/h)
2. Peter Revson (USA)/McLaren-Ford   1:43'35"62
3. Emerson Fittipaldi (Brasilien)/Lotus-Ford   1:43'36"13
4. Arturo Merzario (Italien)/Ferrari   1 Runde zurück
5. Denis Hulme (Neuseeland)/McLaren-Ford   2 Runden zurück
6. George Follmer (USA)/UOP-Shadow-Ford   2 Runden zurück
7. Carlos Reutemann (Argentinien)/Brabham-Ford   2 Runden zurück
8. Andrea de Adamich (Italien)/Surtees-Ford   2 Runden zurück
9. Jody Scheckter (Südafrika)/McLaren-Ford   4 Runden zurück
10. Howden Ganley (Neuseeland)/Iso-Rivolta-Ford   6 Runden zurück
11. Ronnie Peterson (Schweden)/Lotus-Ford   6 Runden zurück

Aufgrund zu geringer zurückgelegter Distanz nicht klassiert: Jarier (64 Runden), Cevert (65) und Keizan (66).

Schnellste Runde: E. Fittipaldi (Lotus) 1'17"10 (neuer Rundenrekord)
Alter Rundenrekord: Hailwood (Surtees) 1'18"90

Ausfälle: Regazzoni, Hailwood, Ickx und Charlton (alle Unfall, 3.), Beltoise (3., Kupplung), Oliver (14., Motor und Getriebe), Lauda (26., Motor), Pretorius (35., Ölleck), W. Fittipaldi (52., Getriebe), Pace (69., Unfall nach Reifenschaden), Scheckter (76., Motor).

Lauf 4 — Großer Preis von Spanien — Barcelona, 29. April 1973

75 Runden à 3,713 km = 278,475 km. Wetter: schön, aber windig.

Startaufstellung:

D. Hulme	R. Peterson	
McLaren M 23/1	JPS-Lotus 72/8	
1'22''5	1'21''8	F. Cevert
	J. Stewart	Tyrrell 006
	Tyrrell 006-2	1'22''7
J. Ickx	1'23''2	P. Revson
Ferrari B 3/011		McLaren M 23/2
1'23''5	C. Regazzoni	1'23''4	E. Fittipaldi
	BRM P 160 E/07		JPS-Lotus 72/5
J.-P. Beltoise	1'23''7	M. Hailwood	1'23''7
BRM P 160 E/03		Surtees TS 14/04	
1'24''2	W. Fittipaldi	1'24''2	N. Lauda
	Brabham BT 42/3		BRM P 160 E/01
G. Follmer	1'24''5	J. Oliver	1'24''3
Shadow DN 1/2 A		Shadow DN 1/1 A	
1'24''7	C. Pace	1'24''6	C. Reutemann
	Surtees TS 14/03		Brabham BT 42/2
H. Pescarolo	1'25''0	A. de Adamich	1'24''7
March 721 G/4		Brabham BT 37/4	
1'26''1	N. Galli	1'25''2	M. Beuttler
	Iso IR/01		March 721 G/1
G. Hill	1'26''3	H. Ganley	1'26''2
Shadow DN 1/3 A		Iso IR/02	
1'30''3		1'26''5	

Ergebnis:

1. Emerson Fittipaldi (Brasilien)/Lotus-Ford	1:48'18''7	(= 157,489 km/h)
2. François Cevert (Frankreich)/Tyrrell-Ford	1:49'01''4	
3. George Follmer (USA)/UOP-Shadow-Ford	1:49'31''8	
4. Peter Revson (USA)/McLaren-Ford	1 Runde zurück	
5. Jean-Pierre Beltoise (Frankreich)/BRM	1 Runde zurück	
6. Denis Hulme (Neuseeland)/McLaren-Ford	1 Runde zurück	
7. Mike Beuttler (England)/March-Ford	1 Runde zurück	
8. Henri Pescarolo (Frankreich)/March-Ford	2 Runden zurück	
9. Clay Regazzoni (Schweiz)/BRM	6 Runden zurück	
10. Wilson Fittipaldi (Brasilien)/Brabham-Ford	6 Runden zurück	
11. Nanni Galli (Italien)/Iso-Rivolta-Ford	6 Runden zurück	
12. Jacky Ickx (Belgien)/Ferrari	6 Runden zurück	

Aufgrund zu geringer zurückgelegter Distanz nicht klassiert: Reutemann (66 Runden), Ganley (63).

Schnellste Runde: R. Peterson (Lotus) 1'23''80 (neuer Rundenrekord)
Alter Rundenrekord: J. Ickx (Ferrari) 1'25''10

Ausfälle: Pace (14., gebrochene Antriebswelle), de Adamich (18., Unfall — linkes Hinterrad weggebrochen), Oliver (24., Motor), Hailwood (27., Bruch der Ölleitung), Lauda (29., Reifenschaden), Stewart (48., Bremsen), Peterson (57., Getriebe), Reutemann (66., gebrochene Halbwelle).

Lauf 5 — Großer Preis von Belgien — Zolder, 20. Mai 1973

70 Runden à 4,22 km = 295,40 km. Wetter: sonnig und warm.

Startaufstellung:

R. Peterson
JPS-Lotus 72/8
1'22"46

    J. Ickx
    Ferrari B 3/010
    1'23"10

D. Hulme
McLaren M 23/1
1'23"0

    F. Cevert
    Tyrrell 006
    1'23"22

J.-P. Beltoise
BRM P 160 E/03
1'23"25

    C. Reutemann
    Brabham BT 42/3
    1'23"34

J. Stewart
Tyrrell 006-2
1'23"28

    C. Pace
    Surtees TS 14 A/03
    1'23"34

E. Fittipaldi
JPS-Lotus 72/7
1'23"44

    G. Follmer
    Shadow DN 1/2 A
    1'23"86

P. Revson
McLaren M 23/2
1'23"52

    C. Regazzoni
    BRM P 160 E/07
    1'23"91

M. Hailwood
Surtees TS 14 A/04
1'23"96

    C. Amon
    Tecno T 001
    1'24"79

N. Lauda
BRM P 160 E/08
1'24"51

    J.-P. Jarier
    March 721 G/4
    1'24"83

N. Galli
Iso IR/01
1'24"89

    W. Fittipaldi
    Brabham BT 42/2
    1'25"57

A. de Adamich
Brabham BT 37/2
1'25"28

    M. Beuttler
    March 721 G/2
    1'25"77

H. Ganley
Iso IR/02
1'26"68

    G. Hill
    Shadow DN 1/3 A
    1'30"45

J. Oliver
Shadow DN 1/1 A
1'28"12

Ergebnis:

1. Jackie Stewart (Schottland)/Tyrrell-Ford   1:42'13"43 (= 173,384 km/h)
2. François Cevert (Frankreich)/Tyrrell-Ford   1:42'45"27
3. Emerson Fittipaldi (Brasilien)/Lotus-Ford   1:44'16"22
4. Andrea de Adamich (Italien)/Brabham-Ford   1 Runde zurück
5. Niki Lauda (Österreich)/BRM   1 Runde zurück
6. Chris Amon (Neuseeland)/Tecno   3 Runden zurück
7. Denis Hulme (Neuseeland)/McLaren-Ford   3 Runden zurück
8. Carlos Pace (Brasilien)/Brabham-Ford   4 Runden zurück
9. Graham Hill (England)/Embassy-Shadow-Ford   5 Runden zurück
10. Clay Regazzoni (Schweiz)/BRM   7 Runden zurück
11. Mike Beuttler (England)/March-Ford   7 Runden zurück

Aufgrund zu geringer zurückgelegter Distanz nicht klassiert: Beltoise (56 Runden).

Schnellste Runde: Cevert (Tyrrell) 1'25"42

Ausfälle: Ickx (7., Ölpumpe), Hailwood (7., von der Piste), Galli (10., Schaltung, Motor), Oliver (12., von der Piste), Follmer (13., Gasschieber blockiert, von der Piste), Reutemann (14., Motor), Revson (34., von der Piste), Ganley (37., von der Piste), Peterson (43., von der Piste), W. Fittipaldi (48., Bremsdefekt), Jarier (64., von der Piste), Regazzoni (67., Bremsdefekt), Beuttler (68., von der Piste).

Lauf 6 — Großer Preis von Monaco — Monte Carlo, 3. Juni 1973

78 Runden à 3,278 km = 255,684 km. Wetter: sonnig und warm.

Startaufstellung:

R. Peterson		J. Stewart
JPS-Lotus 72/6		Tyrrell 006-2
1'27"7	F. Cevert	1'27"5	D. Hulme
	Tyrrell 006		McLaren M 23/1
N. Lauda	1'27"9	E. Fittipaldi	1'27"8
BRM P 160 E/08		JPS-Lotus 72/7
1'28"5	C. Regazzoni	1'28"1	J. Ickx
	BRM P 160 E/03		Ferrari B 3/010
H. Ganley	1'28"9	W. Fittipaldi	1'28"7
Iso IR/02		Brabham BT 42/2
1'29"0	C. Amon	1'28"9	J.-P. Beltoise
	Tecno PA 123/6		BRM P 160 E/03
J.-P. Jarier	1'29"3	M. Hailwood	1'29"0
March 721 G/4		Surtees TS 14 A/4
1'29"4	A. Merzario	1'29"4	P. Revson
	Ferrari B 3/011		McLaren M 23/2
J. Hunt	1'29"5	C. Pace	1'29"4
March 731 G/3		Surtees TS 14 A/5
1'29"9	G. Follmer*	1'29"6	C. Reutemann
	Shadow DN 1/2 A		Brabham BT 42/3
N. Galli	1'30"4	M. Beuttler	1'30"1
Iso IR/01		March 721 G/2
1'31"1	D. Purley	1'31"0	J. Oliver
	March 731 G/1		Shadow DN 1/4 A
A. de Adamich	1'31"9	G. Hill	1'31"2
Brabham BT 37/2		Shadow DN 1/3 A
1'32"1		1'31"9

* George Follmer startete nach einem Unfall im Abschlußtraining nicht.

Ergebnis:

1. Jackie Stewart (Schottland)/Tyrrell-Ford   1:57'44"3 (= 130,297 km/h)
2. Emerson Fittipaldi (Brasilien)/Lotus-Ford   1:57'45"6
3. Ronnie Peterson (Schweden)/Lotus-Ford   1 Runde zurück
4. François Cevert (Frankreich)/Tyrrell-Ford   1 Runde zurück
5. Peter Revson (USA)/McLaren-Ford   2 Runden zurück
6. Denis Hulme (Neuseeland)/McLaren-Ford   2 Runden zurück
7. Andrea de Adamich (Italien)/Brabham-Ford   3 Runden zurück
8. Mike Hailwood (England)/Surtees-Ford   3 Runden zurück
9. James Hunt (England)/March-Ford   5 Runden zurück
10. Jackie Oliver (England)/UOP-Shadow-Ford   6 Runden zurück
11. Wilson Fittipaldi (Brasilien)/Brabham-Ford   7 Runden zurück

Schnellste Runde: E. Fittipaldi (Lotus) 1'28"1

Ausfälle: Beuttler (3., Motor), Lauda (25., Antriebsdefekt), Regazzoni (27., Brems-defekt), Amon (28., Bremsdefekt), Pace (31., gebrochene Halbachse), Purley (32., Leck im Benzintank), Galli (32., Getriebe), Beltoise (40., gegen Leitplanke geprallt), Ganley (42., Antriebsdefekt), Ickx (46., Halbachse gebrochen), Reutemann (48., Ge-triebe), Merzario (62., Motor), Hill (67., Aufhängung), Jarier (68., Getriebe), W. Fittipaldi (72., Benzinmangel).

Lauf 7 — Großer Preis von Schweden — Anderstorp, 17. Juni 1973

80 Runden à 4,018 km = 321,440 km. Wetter: sonnig, leichter Wind.

Startaufstellung:

R. Peterson JPS-Lotus 72/6 1'23"81			F. Cevert Tyrrell 006 1'23"90		
	J. Stewart Tyrrell 006-2 1'23"91			E. Fittipaldi JPS-Lotus 72/7 1'24"08	
C. Reutemann Brabham BT 42/3 1'24"49			D. Hulme McLaren M 23/1 1'24"62		
	P. Revson McLaren M 23/2 1'24"94			J. Ickx Ferrari B 3/010 1'25"60	
J.-P. Beltoise BRM P 160 E/1 1'25"74			M. Hailwood Surtees TS 14 A/04 1'25"78		
	H. Ganley Iso IR/02 1'25"80			C. Regazzoni BRM P 160 E/7 1'25"99	
W. Fittipaldi Brabham BT 42/2 1'26"13			R. Wisell* March 731 G/1 1'26"19		
	N. Lauda BRM P 160 E/8 1'26"21			C. Pace Surtees TS 14 A/05 1'26"25	
J. Oliver Shadow DN 1/4 A 1'26"30			G. Hill Shadow DN 1/3 A 1'26"38		
	G. Follmer Shadow DN 1/5 A 1'26"63			J.-P. Jarier March 721 G/4 1'26"87	
M. Beuttler March 721 G/2 1'28"58			T. Belso* Iso IR/01 1'28"97		

* Beide starteten nicht. Belso war nicht gemeldet, Wisell erlitt in der Aufwärmrunde einen Aufhängungsdefekt.

Ergebnis:

1. Denis Hulme (Neuseeland)/McLaren-Ford — 1:56'46"049 (= 165,2 km/h)
2. Ronnie Peterson (Schweden)/Lotus-Ford — 1:56'50"088
3. François Cevert (Frankreich)/Tyrrell-Ford — 1:57'00"716
4. Carlos Reutemann (Argentinien)/Brabham-Ford — 1:57'04"117
5. Jackie Stewart (Schottland)/Tyrrell-Ford — 1:57'12"047
6. Jacky Ickx (Belgien)/Ferrari — 1 Runde zurück
7. Peter Revson (USA)/McLaren-Ford — 1 Runde zurück
8. Mike Beuttler (England)/March-Ford — 2 Runden zurück
9. Clay Regazzoni (Schweiz)/BRM — 3 Runden zurück
10. Carlos Pace (Brasilien)/Surtees-Ford — 3 Runden zurück
11. Howden Ganley (Neuseeland)/Iso-Rivolta-Ford — 3 Runden zurück
12. Emerson Fittipaldi (Brasilien)/Lotus-Ford — 4 Runden zurück
13. Niki Lauda (Österreich)/BRM — 5 Runden zurück
14. George Follmer (USA)/UOP-Shadow-Ford — 6 Runden zurück

Schnellste Runde: D. Hulme (McLaren) 1'26"146

Ausfälle: W. Fittipaldi (1., Unfall), Hill (17., Zündung, Verteiler), Jarier (37., Motor), Hailwood (41., verbogene Aufhängung, Reifen), Oliver (51., Unfall, Aufhängung), Beltoise (57., Motor), E. Fittipaldi (76., Getriebe), Ganley (77., Benzinzuführung).

Lauf 8 — Großer Preis von Frankreich — Le Castellet, 1. Juli 1973

54 Runden à 5,81 km = 313,74 km. Wetter: sonnig und heiß.

Startaufstellung:

E. Fittipaldi		J. Scheckter		J. Stewart	
JPS-Lotus 72/5		McLaren M 23/3		Tyrrell 006-2	
1'49"36	R. Peterson	1'49"18	F. Cevert	1'48"37	
	JPS-Lotus 72/6		Tyrrell 006		
C. Reutemann	1'49"45	J.-P. Jarier	1'49"39	D. Hulme	
Brabham BT 42/3		March 721 G/4		McLaren M 23/1	
1'50"75	A. Merzario	1'50"69	C. Regazzoni	1'49"68	
	Ferrari B 3/012		BRM P 160 E/7		
A. de Adamich	1'51"17	J. Ickx	1'50"99	M. Hailwood	
Brabham BT 37/2		Ferrari B 3/010		Surtees TS 14 A/04	
1'51"53	J.-P. Beltoise	1'51"44	J. Hunt	1'51"17	
	BRM P 160 E/1		March 731/3		
C. Pace	1'51"67	N. Lauda	1'51"63	G. Hill	
Surtees TS 14 A/05		BRM P 160 E/8		Shadow DN 1/3 A	
1'51"88	G. Follmer	1'51"78	W. Fittipaldi	1'51"70	
	Shadow DN 1/5 A		Brabham BT 42/4		
H. Pescarolo	1'52"30	R. Wisell	1'52"07	J. Oliver	
Iso IR/01		March 721 G/2		Shadow DN 1/4 A	
1'53"56	R. von Opel	1'53"20	H. Ganley	1'53"87	
	Ensign MN/01		Iso IR/02		
	1'55"55		1'53"87		

Ergebnis:

1. Ronnie Peterson (Schweden)/Lotus-Ford   1:41'36"52 (= 185,265 km/h)
2. François Cevert (Frankreich)/Tyrrell-Ford   1:42'17"44
3. Carlos Reutemann (Argentinien)/Brabham-Ford   1:42'23"00
4. Jackie Stewart (Schottland)/Tyrrell-Ford   1:42'23"40
5. Jacky Ickx (Belgien)/Ferrari   1:42'25"42
6. James Hunt (England)/March-Ford   1:42'59"06
7. Arturo Merzario (Italien)/Ferrari   1:43'05"71
8. Denis Hulme (Neuseeland)/McLaren-Ford   1:43'06"05
9. Niki Lauda (Österreich)/BRM   1:43'22"28
10. Graham Hill (England)/Embassy-Shadow-Ford   1 Runde zurück
11. Jean-Pierre Beltoise (Frankreich)/BRM   1 Runde zurück
12. Clay Regazzoni (Schweiz)/BRM   1 Runde zurück
13. Carlos Pace (Brasilien)/Surtees-Ford   3 Runden zurück
14. Howden Ganley (Neuseeland)/Iso-Rivolta-Ford   3 Runden zurück
15. Rikki von Opel (Liechtenstein)/Ensign-Ford   3 Runden zurück

Schnellste Runde: D. Hulme (McLaren) 1'50"99 (neuer Rundenrekord)
Alter Rundenrekord: J. Stewart (Tyrrell) 1'54"09

Ausfälle: Oliver (1., Kupplung), Jarier (8., Kraftübertragung), Pescarolo (16., über-
hitzter Motor), Follmer (17., Motor), Wisell (20., Motor), de Adamich (28., Kardan-
welle), Hailwood (30., gebrochene Ölleitung), E. Fittipaldi (42., Aufhängungsschaden nach Karambolage mit Scheckter), Scheckter (42., Aufhängungsschaden
nach Karambolage mit Fittipaldi), W. Fittipaldi (50., gebrochenes Gasgestänge).

Lauf 9 — Großer Preis von England — Silverstone, 14. Juli 1973

67 Runden à 4,71 km = 375,57 km. Wetter: warm, gegen Ende leichter Regen.

Startaufstellung:

P. Revson		D. Hulme		R. Peterson	
McLaren M 23/2		McLaren M 23/1		JPS-Lotus 72/6	
1'16"5	E. Fittipaldi	1'16"5	J. Stewart	1'16"3	
	JPS-Lotus 72/5		Tyrrell 006-2		
	1'16"7		1'16"7		
C. Reutemann		F. Cevert		J. Scheckter	
Brabham BT 42/3		Tyrrell 006		McLaren M 23/3	
1'17"4	C. Regazzoni	1'17"3	N. Lauda	1'16"9	
	BRM P 160 E/9		BRM P 160 E/8		
	1'17"5		1'17"4		
W. Fittipaldi		M. Hailwood		J. Hunt	
Brabham BT 42/2		Surtees TS 14 A/04		March 731 G/3	
1'18"1	C. Pace	1'18"0	J. Mass	1'17"6	
	Surtees TS 14 A/03		Surtees TS 14/01		
	1'18"3		1'18"3		
H. Ganley		J.-P. Beltoise		D. Purley*	
Iso IR/02		BRM P 160 E/1		March 731 G/1	
1'18"6	A. de Adamich	1'18"4	J. Ickx	1'18"4	
	Brabham BT 42/4		Ferrari B 3/010		
	1'19"1		1'18"9		
J. Watson		R. Williamson		R. von Opel	
Brabham BT 37/2		March 721 G/4		Ensign MN/01	
1'20"1	G. Follmer	1'19"5	M. Beuttler	1'19"2	
	Shadow DN 1/5 A		March 721 G/2		
	1'20"3		1'20"1		
G. McRae		G. Hill		J. Oliver	
Iso IR/01		Shadow DN 1/3 A		Shadow DN 1/4 A	
1'20"8		1'20"5	C. Amon	1'20"3	
			Tecno PA 123/6		
			1'21"0		

* Startete nach Trainingsunfall nicht.

Nach der Massenkarambolage in der ersten Runde fehlten beim zweiten Start folgende Fahrer: Scheckter, de Adamich, Follmer, Hailwood, Mass, Pace, Beltoise, Williamson. Oliver trat nicht mehr an, weil der Shadow bei der Kollision beim ersten Start mit Lauda Aufhängungsbruch erlitt.

Ergebnis:

1. Peter Revson (USA)/McLaren-Ford — 1:29'18"5 (= 212,03 km/h)
2. Ronnie Peterson (Schweden)/Lotus-Ford — 1:29'21"3
3. Denis Hulme (Neuseeland)/McLaren-Ford — 1:29'21"5
4. James Hunt (England)/March-Ford — 1:29'21"9
5. François Cevert (Frankreich)/Tyrrell-Ford — 1:29'55"1
6. Carlos Reutemann (Argentinien)/Brabham-Ford — 1:30'03"2
7. Clay Regazzoni (Schweiz)/BRM — 1:30'30"2
8. Jacky Ickx (Belgien)/Ferrari — 1:30'35"9
9. Howden Ganley (Neuseeland)/Iso-Rivolta-Ford — 1 Runde zurück
10. Jackie Stewart (Schottland)/Tyrrell-Ford — 1 Runde zurück
11. Mike Beuttler (England)/March-Ford — 2 Runden zurück
12. Niki Lauda (Österreich)/BRM — 4 Runden zurück
13. Rikki von Opel (Liechtenstein)/Ensign-Ford — 6 Runden zurück

Schnellste Runde: James Hunt (March) 1'18"6
Rundenrekord: Ronnie Peterson (Lotus) 1'17"5

Ausfälle: McRae (1., klemmender Gasschieber), Hill (24., Lenkungsdefekt), Amon (26., Benzindruck), E. Fittipaldi (37., Kraftübertragung), Watson (37., Zündung), W. Fittipaldi (45., Motor).

Lauf 10 — Großer Preis von Holland — Zandvoort, 29. Juli 1973

72 Runden à 4,226 km = 304,272 km. Wetter: warm und bewölkt.

Startaufstellung:

F. Cevert		J. Stewart		R. Peterson	
Tyrrell 006		Tyrrell 006-2		JPS-Lotus 72/6	
1'20''12	C. Reutemann	1'19''97	D. Hulme	1'19''47	
	Brabham BT 42/3		McLaren M 23/1		
	1'20''59		1'20''31		
C. Pace		J. Hunt		P. Revson	
Surtees TS 14/5		March 731 G/3		McLaren M 23/2	
1'21''02	J. Oliver	1'20''70	J.-P. Beltoise	1'20''60	
	Shadow DN 1/4 A		BRM P 160 E/7		
	1'21''23		1'21''14		
W. Fittipaldi		C. Regazzoni		N. Lauda	
Brabham BT 42/2		BRM P 160 E/9		BRM P 160 E/8	
1'21''82	H. Ganley	1'21''56	R. von Opel*	1'21''43	
	Iso IR/02		Ensign MN/01		
	1'22''10		1'22''01		
R. Williamson		G. Hill		E. Fittipaldi**	
March 721 G/4		Shadow DN 1/3 A		JPS-Lotus 72/5	
1'22''72	G. van Lennep	1'22''50	C. Amon	1'22''24	
	Iso IR/01		Tecno E 731		
	1'22''95		1'22''73		
M. Beuttler		G. Follmer		D. Purley	
March 721 G/2		Shadow DN 1/5 A		March 731 G/1	
1'24''45		1'24''14	M. Hailwood	1'23''09	
			Surtees TS 14/3		
			1'32''33		

* von Opel startete wegen Aufhängungsschadens im Training nicht.
** Fittipaldi startete mit dem Trainingswagen.

Ergebnis:

1. Jackie Stewart (Schottland)/Tyrrell-Ford — 1:39'12''45 (= 184,025 km/h)
2. François Cevert (Frankreich)/Tyrrell-Ford — 1:39'28''28
3. James Hunt (England)/March-Ford — 1:40'15''46
4. Peter Revson (USA)/McLaren-Ford — 1:40'21''58
5. Jean-Pierre Beltoise (Frankreich)/BRM — 1:40'25''82
6. Gijs van Lennep (Holland)/Iso-Rivolta-Ford — 2 Runden zurück
7. Carlos Pace (Brasilien)/Surtees-Ford — 3 Runden zurück
8. Clay Regazzoni (Schweiz)/BRM — 4 Runden zurück
9. Howden Ganley (Neuseeland)/Iso-Rivolta-Ford — 4 Runden zurück
10. George Follmer (USA)/UOP-Shadow-Ford — 5 Runden zurück
11. Ronnie Peterson (Schweden)/Lotus-Ford — 6 Runden zurück

Schnellste Runde: R. Peterson (Lotus) 1'20''31 (neuer Rundenrekord)
Alter Rundenrekord: J. Ickx (Ferrari) 1'19''23 (auf der alten Strecke)

Ausfälle: Oliver (2., Unfall), E. Fittipaldi (3., aufgegeben wegen Beinschmerzen), Beuttler (3., Zündung), Williamson (8., Unfall), Purley (8., aufgegeben), Reutemann (10., Reifenplatzer), Amon (23., Benzinpumpe), W. Fittipaldi (28., Reifenschwierigkeiten, aufgegeben nach Dreher), Hulme (32., Motor), Lauda (52., Benzindruck), Hailwood (53., Elektrik), Hill (57., Motor).

Lauf 11 — Großer Preis von Deutschland — Nürburgring, 5. August 1973

14 Runden à 22,835 km = 319,690 km. Wetter: warm, bewölkt, trocken.

Startaufstellung:

R. Peterson		J. Stewart	
JPS-Lotus 72/6	J. Ickx	Tyrrell 006-2	F. Cevert
7'08"3	McLaren M 23/4	7'07"8	Tyrrell 006
	7'09"7		7'09"3
C. Reutemann		N. Lauda	
Brabham BT 42/3	D. Hulme	BRM P 160 E/8	P. Revson
7'15"1	McLaren M 23/1	7'09"9	McLaren M 23/2
	7'16"5		7'15"9
C. Regazzoni		J.-P. Beltoise	
BRM P 160 E/9	H. Pescarolo	BRM P 160 E/7	C. Pace
7'18"2	Iso IR/01	7'18"1	Surtees TS 14/3
	7'18"8		7'18"8
E. Fittipaldi		W. Fittipaldi	
JPS-Lotus 72/7	R. Stommelen	Brabham BT 42/2	J. Mass
7'19"7	Brabham BT 42/5	7'19"1	Surtees TS 14/1
	7'22"2		7'20"4
M. Hailwood		J. Oliver	
Surtees TS 14/5	M. Beuttler	Shadow DN 1/6 A	H. Ganley*
7'22"3	March 721 G/2	7'22"3	Iso IR/02
	7'26"6		7'25"1
G. Follmer		G. Hill	
Shadow DN 1/5 A		Shadow DN 1/3 A	D. Purley
7'28"3		7'27"1	March 731/1
			7'54"2

* Nach Trainingsunfall nicht am Start.

Ergebnis:

1.	Jackie Stewart (Schottland)/Tyrrell-Ford	1:42'03"0 (= 188,0 km/h)
2.	François Cevert (Frankreich)/Tyrrell-Ford	1:42'04"6
3.	Jacky Ickx (Belgien)/McLaren-Ford	1:42'44"2
4.	Carlos Pace (Brasilien)/Surtees-Ford	1:42'56"8
5.	Wilson Fittipaldi (Brasilien)/Brabham-Ford	1:43'22"9
6.	Emerson Fittipaldi (Brasilien)/Lotus-Ford	1:43'27"3
7.	Jochen Mass (Deutschland)/Surtees-Ford	1:43'28"2
8.	Jackie Oliver (England)/UOP-Shadow-Ford	1:43'28"7
9.	Peter Revson (USA)/McLaren-Ford	1:44'14"8
10.	Henri Pescarolo (Frankreich)/Iso-Rivolta-Ford	1:44'25"5
11.	Rolf Stommelen (Deutschland)/Brabham-Ford	1:45'30"3
12.	Denis Hulme (Neuseeland)/McLaren-Ford	1:45'41"7
13.	Graham Hill (England)/Embassy-Shadow-Ford	1:45'45"2
14.	Mike Hailwood (England)/Surtees-Ford	1 Runde zurück
15.	David Purley (England)/March-Ford	1 Runde zurück
16.	Mike Beuttler (England)/March-Ford	1 Runde zurück

Schnellste Runde: C. Pace (Surtees) 7'11"4 (neuer Rundenrekord)
Alter Rundenrekord: J. Ickx (Ferrari) 7'13"6

Ausfälle: Peterson (1., Verteiler), Lauda (2., Unfall), Beltoise (5., Getriebe), Follmer (5., Unfall), Regazzoni (8., Motor), Reutemann (8., Motor).

Lauf 12 — Großer Preis von Österreich —
Österreichring, 19. August 1973

54 Runden à 5,911 km = 319,194 km. Wetter: sonnig und heiß.

Startaufstellung:

E. Fittipaldi
JPS-Lotus 72/6
1'34''98

D. Hulme
McLaren M 23/1
1'35''69

R. Peterson
JPS-Lotus-Ford 72/7
1'35''37

P. Revson
McLaren M 23/2
1'35''86

C. Reutemann
Brabham BT 42/3
1'36''01

J. Stewart
Tyrrell 006-2
1'36''44

A. Merzario
Ferrari B 3/011
1'36''42

C. Pace
Surtees TS 14/5
1'36''48

J. Hunt
March 731/3
1'36''63

M. Beuttler
March 721 G/1
1'36''83

F. Cevert
Tyrrell 006
1'36''77

J.-P. Jarier
March 731/1
1'36''93

J.-P. Beltoise
BRM P 160 E/7
1'37''46

M. Hailwood
Surtees TS 14/4
1'37''60

C. Regazzoni
BRM P 160 E/9
1'37''52

W. Fittipaldi
Brabham BT 42/2
1'37''81

R. Stommelen
Brabham BT 42/6
1'37''85

R. von Opel
Ensign MN/01
1'38''22

J. Oliver
Shadow DN 1/5 A
1'37''97

G. Follmer
Shadow DN 1/6 A
1'38''30

H. Ganley
Iso IR/02
1'39''38

G. van Lennep
Iso IR/01
1'41''04

G. Hill
Shadow DN 1/3 A
1'39''50

Ergebnis:

1. Ronnie Peterson (Schweden)/Lotus-Ford   1:28'48''78 (= 214,85 km/h)
2. Jackie Stewart (Schottland)/Tyrrell-Ford   1:28'57''79
3. Carlos Pace (Brasilien)/Surtees-Ford   1:29'35''42
4. Carlos Reutemann (Argentinien)/Brabham-Ford   1:29'36''69
5. Jean-Pierre Beltoise (Frankreich)/BRM   1:30'10''38
6. Clay Regazzoni (Schweiz)/BRM   1:30'27''18
7. Arturo Merzario (Italien)/Ferrari   1 Runde zurück
8. Denis Hulme (Neuseeland)/McLaren-Ford   1 Runde zurück
9. Gijs van Lennep (Holland)/Iso-Rivolta-Ford   2 Runden zurück
10. Mike Hailwood (England)/Surtees-Ford   5 Runden zurück

Aufgrund zu geringer zurückgelegter Distanz nicht klassiert: Ganley (44 Runden).

Schnellste Runde: Pace (Surtees) 1'37''29 (neuer Rundenrekord)
Alter Rundenrekord: Cevert (Matra) 1'38''30

Ausfälle: Revson (1., Kupplung), Beuttler (1., Ölkühlerriß), Hunt (3., Einspritzungsdefekt), Cevert (6., Vorderradaufhängungsbruch nach Kollision mit Merzario), Oliver (9., Zündungsdefekt, Leck in Benzinleitung), Stommelen (21., Radlagerdefekt), Follmer (23., Zündung und Getriebe), Hill (28., Hinterradaufhängung defekt), W. Fittipaldi (30., Benzinzufuhr), von Opel (34., Dampfblasenbildung), Jarier (37., Benzinzufuhr), E. Fittipaldi (48., Bruch der Benzinleitung).

Lauf 13 — Großer Preis von Italien — Monza, 9. September 1973

55 Runden à 5,95 km = 327,25 km. Wetter: sonnig, heiß.

Startaufstellung:

R. Peterson		P. Revson
JPS-Lotus 72/7		McLaren M 23/4
1'34"80	D. Hulme	1'35"29
	McLaren M 23/1	
C. Pace	1'35"45	J. Stewart
Surtees TS 14/5		Tyrrell 006-2
1'36"06	A. Merzario	1'36"10
	Ferrari B 3/011	
R. Stommelen	1'36"37	C. Reutemann
Brabham BT 42/6		Brabham BT 42/3
1'36"54	F. Cevert	1'36"55
	Tyrrell 006	
J.-P. Beltoise	1'36"58	J. Ickx
BRM P 160 E/7		Ferrari B 3/012
1'36"88	N. Lauda	1'36"99
	BRM P 160 E/10	
R. von Opel	1'37"26	C. Regazzoni
Ensign MN/01		BRM P 160 E/9
1'37"40	J. Oliver	1'37"58
	Shadow DN 1/4 A	
G. Follmer	1'37"81	G. Hill
Shadow DN 1/5 A		Shadow DN 1/3 A
1'38"66	G. van Lennep	1'38"88
	Iso IR/01	
	1'39"24	

Zusätzliche rechte Spalte:

E. Fittipaldi
JPS-Lotus 72/6
1'35"68

M. Hailwood
Surtees TS 14/4
1'36"44

M. Beuttler
March 721/G 2
1'36"67

W. Fittipaldi
Brabham BT 42/2
1'37"30

H. Ganley
Iso IR/02
1'38"13

D. Purley
March 731/2
1'39"28

Nicht am Start: James Hunt (March-Ford) nach Trainingsunfall.

Ergebnis:

1. Ronnie Peterson (Schweden)/Lotus-Ford — 1:29'17"0 (= 213,449 km/h)
2. Emerson Fittipaldi (Brasilien)/Lotus-Ford — 1:29'17"8
3. Peter Revson (USA)/McLaren-Ford — 1:29'45"8
4. Jackie Stewart (Schottland)/Tyrrell-Ford — 1:29'50"2
5. François Cevert (Frankreich)/Tyrrell-Ford — 1:30'03"2
6. Carlos Reutemann (Argentinien)/Brabham-Ford — 1:30'16"8
7. Mike Hailwood (England)/Surtees-Ford — 1:30'45"7
8. Jacky Ickx (Belgien)/Ferrari — 1 Runde zurück
9. David Purley (England)/March-Ford — 1 Runde zurück
10. George Follmer (USA)/UOP-Shadow-Ford — 1 Runde zurück
11. Jackie Oliver (England)/UOP-Shadow-Ford — 1 Runde zurück
12. Rolf Stommelen (Deutschland)/Brabham-Ford — 1 Runde zurück
13. Jean-Pierre Beltoise (Frankreich)/BRM — 1 Runde zurück
14. Graham Hill (England)/Embassy-Shadow-Ford — 1 Runde zurück
15. Denis Hulme (Neuseeland)/McLaren-Ford — 2 Runden zurück

Aufgrund zu geringer zurückgelegter Distanz nicht klassiert: Ganley (44 Runden).

Schnellste Runde: Stewart (Tyrrell) 1'35"3 (neuer Rundenrekord)
Alter Rundenrekord: Ickx (Ferrari) 1'36"3

Ausfälle: Merzario (2., Aufhängung), W. Fittipaldi (6., Leck im Öltank), von Opel (10., Motor überhitzt), van Lennep (14., Motor überhitzt), Pace (18., Reifenschaden), Regazzoni (31., Elektrik), Lauda (34., Unfall), Beuttler (35., Getriebe).

Lauf 14 — Großer Preis von Kanada — Mosport, 23. September 1973

80 Runden à 3,959 km = 316,720 km. Wetter: Rennen wegen Regens und Nebels um zwei Stunden verschoben, dann weiter regnerisch, kühl, später trocken.

Startaufstellung:

P. Revson
McLaren M 23/4
1'14"731

                         R. Peterson
                         JPS-Lotus 72/6

          C. Reutemann
          Brabham BT 42/3

                         1'13"691
                         J. Scheckter
                         McLaren M 23/2

Startaufstellung (Tabelle):

Spalte 1	Spalte 2	Spalte 3	Spalte 4
P. Revson McLaren M 23/4 1'14"731		R. Peterson JPS-Lotus 72/6 1'13"691	
	C. Reutemann Brabham BT 42/3 1'14"813		J. Scheckter McLaren M 23/2 1'14"758
F. Cevert Tyrrell 006 1'15"118		E. Fittipaldi JPS-Lotus 72/7 1'15"035	
	N. Lauda BRM P 160 E/5 1'15"400		D. Hulme McLaren M 23/1 1'15"319
W. Fittipaldi Brabham BT 42/5 1'16"112		J. Stewart Tyrrell 006-2 1'15"461	
	M. Hailwood Surtees TS 14/4 1'16"290		C. Amon Tyrrell 005 1'16"228
J. Oliver Shadow DN 1/6 A 1'16"436		G. Follmer Shadow DN 1/5 A 1'16"358	
	J.-P. Beltoise BRM P 160 E/7 1'16"623		J. Hunt March 731/3 1'16"584
R. Stommelen Brabham BT 42/6 1'16"846		G. Hill Shadow DN 1/3 A 1'16"740	
	A. Merzario Ferrari B 3/011 1'17"350		C. Pace Surtees TS 14/5 1'17"028
H. Ganley Iso IR/02 1'17"579		M. Beuttler March 721 G/2 1'17"383	
	T. Schenken Iso IR/01 1'18"402		J.-P. Jarier March 731/2 1'17"721
R. von Opel Ensign MN/01 1'18"682		P. Gethin BRM P 160 E/9 1'18"498	

Ergebnis:

1. Peter Revson (USA)/McLaren-Ford   1:59'04"083 (=164,457 km/h)
2. Emerson Fittipaldi (Brasilien)/Lotus-Ford   1:59'36"817
3. Jackie Oliver (England)/UOP-Shadow-Ford   1:59'38"588
4. Jean-Pierre Beltoise (Frankreich)/BRM   1:59'40"597
5. Jackie Stewart (Schottland)/Tyrrell-Ford   1 Runde zurück
6. Howden Ganley (Neuseeland)/Iso-Rivolta-Ford 1 Runde zurück
7. James Hunt (England)/March-Ford   2 Runden zurück
8. Carlos Reutemann (Argentinien)/Brabham-Ford 2 Runden zurück
9. Mike Hailwood (England)/Surtees-Ford   2 Runden zurück
10. Chris Amon (Neuseeland)/Tyrrell-Ford   3 Runden zurück
11. Wilson Fittipaldi (Brasilien)/Brabham-Ford   4 Runden zurück
12. Rolf Stommelen (Deutschland)/Brabham-Ford 4 Runden zurück
13. Denis Hulme (Neuseeland)/McLaren-Ford   5 Runden zurück
14. Tim Schenken (Australien)/Iso-Rivolta-Ford   5 Runden zurück
15. Arturo Merzario (Italien)/Ferrari   5 Runden zurück
16. Graham Hill (England)/Embassy-Shadow-Ford 7 Runden zurück
17. George Follmer (USA)/UOP-Shadow-Ford   7 Runden zurück

Aufgrund zu geringer zurückgelegter Distanz nicht klassiert: Jarier (71 Runden) und von Opel (68 Runden).

Schnellste Runde: E. Fittipaldi (Lotus) 1'15"496 (neuer Rundenrekord)
Alter Rundenrekord: Stewart (Tyrrell) 1'16"000

Ausfälle: Gethin (5., Öldruck), Peterson (16., in Leitplanken gerutscht), Beuttler (20., Motor), Cevert (32., Kollision mit Scheckter), Scheckter (32., Kollision mit Cevert), Lauda (62., Kraftübertragung), Pace (72., Rad weggebrochen).

Lauf 15 — Großer Preis der USA — Watkins Glen, 7. Oktober 1973

59 Runden à 5,435 km = 320,665 km; Wetter: bewölkt, windig, später warm.

Startaufstellung:

C. Reutemann
Brabham BT 42/3
1'40''013

J. Hunt
March 731/3
1'40''520

R. Peterson
JPS-Lotus 72/6
1'39''657

E. Fittipaldi
JPS-Lotus 72/7
1'40''393

M. Hailwood
Surtees TS 14/4
1'40''844

D. Hulme
McLaren M 23/1
1'40''907

J. Stewart
(Startverzicht)

P. Revson
McLaren M 23/4
1'40''895

J. Scheckter
McLaren M 23/2
1'41''321

C. Amon
(Startverzicht)

C. Pace
Surtees TS 14/5
1'41''125

A. Merzario
Ferrari B 3/011
1'41''455

J.-P. Beltoise
BRM P 160 E/7
1'41''417

J. Mass
Surtees TS 14/1
1'42''517

B. Redman
Shadow DN 1/4 A
1'42''247

C. Regazzoni
BRM P 160/9
1'42''468

G. Hill
Shadow DN 1/3 A
1'42''848

G. Follmer
Shadow DN 1/5 A
1'43''387

J.-P. Jarier
March 731/2
1'42''752

H. Ganley
Iso IR/02
1'43''166

J. Oliver
Shadow DN 1/6 A
1'43''650

J. Watson
Brabham BT 42/6
1'43''887

N. Lauda
BRM P 160 E/5
1'43''543

J. Ickx
Iso IR/01
1'43''885

M. Beuttler
March 721 G/2
1'45''032

W. Fittipaldi
Brabham BT 42/5
1'44''478

R. von Opel
Ensign MN/01
1'45''157

Ergebnis:

1. Ronnie Peterson (Schweden)/Lotus-Ford — 1:41'15''779 (= 188,888 km/h)
2. James Hunt (England)/March-Ford — 1:41'16''467
3. Carlos Reutemann (Argentinien)/Brabham-Ford — 1:41'38''729
4. Denis Hulme (Neuseeland)/McLaren-Ford — 1:42'36''166
5. Peter Revson (USA)/McLaren-Ford — 1:42'36''166
6. Emerson Fittipaldi (Brasilien)/Lotus-Ford — 1:43'03''744
7. Jacky Ickx (Belgien)/Iso-Ford — 1 Runde zurück
8. Clay Regazzoni (Schweiz)/BRM — 1 Runde zurück
9. Jean-Pierre Beltoise (Frankreich)/BRM — 1 Runde zurück
10. Mike Beuttler (England)/March-Ford — 1 Runde zurück
11. Jean-Pierre Jarier (Frankreich)/March-Ford — 2 Runden zurück
12. Howden Ganley (Neuseeland)/Iso-Ford — 2 Runden zurück
13. Graham Hill (England)/Shadow-Ford — 2 Runden zurück
14. George Follmer (USA)/Shadow-Ford — 2 Runden zurück
15. Jackie Oliver (England)/Shadow-Ford — 4 Runden zurück
16. Arturo Merzario (Italien)/Ferrari — 4 Runden zurück

Nicht klassiert: W. Fittipaldi und N. Lauda.

Schnellste Runde: J. Hunt (March) 1'41''652

Ausfälle: Von Opel (1., Gaszug), Watson (8., Motor), Pace (33., Motor), Hailwood (35., Aufhängung), Mass (36., Motor), Scheckter (40., Unfall nach Aufhängungsbruch), Jarier (58., Unfall).

FAHRERWELTMEISTERSCHAFT 1973

	Argentinien	Brasilien	Südafrika	Spanien	Belgien	Monaco	Schweden	Frankreich	England	Holland	Deutschland	Österreich	Italien	Kanada	USA	Total
1. Jackie Stewart (Schottland), Tyrrell-Ford	4	6	9	–	9	9	2	3	–	9	9	6	3	2	–	71
2. Emerson Fittipaldi (Brasilien), Lotus-Ford	9	9	4	9	4	6	–	–	–	–	1	–	6	6	1	55
3. Ronnie Peterson (Schweden), Lotus-Ford	–	–	–	–	–	4	6	9	6	–	–	9	9	–	9	52
4. François Cevert (Frankreich), Tyrrell-Ford	6	–	–	6	6	3	4	6	2	6	6	–	2	–	–	43
5. Peter Revson (USA), McLaren-Ford	–	–	6	3	–	2	–	–	9	3	–	–	4	9	2	38
6. Denis Hulme (Neuseeland), McLaren-Ford	2	4	2	1	–	1	9	–	4	–	–	–	–	–	3	26
7. Carlos Reutemann (Argentinien), Brabham-Ford	–	–	–	–	–	–	3	4	1	–	–	3	1	–	4	16
8. James Hunt (England), March-Ford	–	–	–	–	–	–	–	1	3	4	–	–	–	–	6	14
9. Jacky Ickx (Belgien), Ferrari, McLaren-Ford	3	2	–	–	–	–	1	2	–	–	4	–	–	–	–	12
10. Jean-Pierre Beltoise (Frankreich), BRM	–	–	–	2	–	–	–	–	–	2	–	2	–	3	–	9
11. Carlos Pace (Brasilien), Surtees-Ford	–	–	–	–	–	–	–	–	–	–	3	4	–	–	–	7
12. Arturo Merzario (Italien), Ferrari	–	3	3	–	–	–	–	–	–	–	–	–	–	–	–	6
13. George Follmer (USA), UOP-Shadow-Ford	–	–	1	4	–	–	–	–	–	–	–	–	–	–	–	5
14. Jackie Oliver (England), UOP-Shadow-Ford	–	–	–	–	–	–	–	–	–	–	–	–	–	4	–	4
15. Andrea de Adamich (Italien), Surtees-Ford, Brabham-Ford	–	–	–	–	3	–	–	–	–	–	–	–	–	–	–	3
Wilson Fittipaldi (Brasilien), Brabham-Ford	1	–	–	–	–	–	–	–	–	–	2	–	–	–	–	3
17. Niki Lauda (Österreich), BRM	–	–	–	–	2	–	–	–	–	–	–	–	–	–	–	2
Clay Regazzoni (Schweiz), BRM	–	1	–	–	–	–	–	–	–	–	–	1	–	–	–	2
19. Chris Amon (Neuseeland), Tecno	–	–	–	–	1	–	–	–	–	–	–	–	–	–	–	1
Gijs van Lennep (Holland), Iso-Ford	–	–	–	–	–	–	–	–	–	1	–	–	–	–	–	1
Howden Ganley (Neuseeland), Iso-Ford	–	–	–	–	–	–	–	–	–	–	–	–	–	1	–	1

KONSTRUKTEURBEWERB 1973

	Argentinien	Brasilien	Südafrika	Spanien	Belgien	Monaco	Schweden	Frankreich	England	Holland	Deutschland	Österreich	Italien	Kanada	USA	Total
1. Lotus	9	9	4	9	4	6	6	9	6	–	1	9	9	6	9	92
2. Tyrrell	6	6	9	6	9	9	4	6	2	9	9	6	3	2	–	82
3. McLaren	2	4	6	3	–	2	9	–	9	3	6	–	4	9	3	58
4. Brabham	1	–	–	–	3	–	3	4	1	–	2	3	1	–	4	22
5. March	–	–	–	–	–	–	–	1	3	4	–	–	–	–	6	14
6. Ferrari	3	3	3	–	–	–	1	2	–	–	–	–	–	–	–	12
BRM	–	1	–	2	2	–	–	–	–	2	–	2	–	3	–	12
8. Shadow	–	–	1	4	–	–	–	–	–	–	–	–	–	4	–	9
9. Surtees	–	–	–	–	–	–	–	–	–	–	3	4	–	–	–	7
10. Iso	–	–	–	–	–	–	–	–	–	1	–	–	–	1	–	2
11. Tecno	–	–	–	–	1	–	–	–	–	–	–	–	–	–	–	1

SIEGERMARKEN DER WM-LÄUFE 1950—1973 (exklusive Indianapolis, das zeitweilig zur Fahrerweltmeisterschaft zählte)

Lotus	54
Ferrari	49
BRM	17
Tyrrell	16
Cooper	16
Brabham	13
Alfa Romeo	10
Matra	9
Maserati	9
Mercedes-Benz	9
Vanwall	9
McLaren	7
Honda	2
Eagle	1
March	1
Porsche	1

GRAND PRIX-SIEGER 1950—1973

27 Große Preise:	Jackie Stewart (Schottland)
25 Große Preise:	Jim Clark (Schottland)
24 Große Preise:	Juan Manuel Fangio (Argentinien)
16 Große Preise:	Stirling Moss (England)
14 Große Preise:	Jack Brabham (Australien) Graham Hill (England)
13 Große Preise:	Alberto Ascari (Italien)
9 Große Preise:	Emerson Fittipaldi (Brasilien)
8 Große Preise:	Jacky Ickx (Belgien)
7 Große Preise:	Denis Hulme (Neuseeland)
6 Große Preise:	Tony Brooks (England) Jochen Rindt (Österreich) John Surtees (England)
5 Große Preise:	Dr. Giuseppe Nino Farina (Italien)
4 Große Preise:	Dan Gurney (USA) Bruce McLaren (Neuseeland) Ronnie Peterson (Schweden)
3 Große Preise:	Peter Collins (England) Mike Hawthorn (England) Phil Hill (USA)
2 Große Preise:	Friolan Gonzalez (Argentinien) Peter Revson (USA) Pedro Rodriguez (Mexiko) Jo Siffert (Schweiz) Maurice Trintignant (Frankreich) Wolfgang Graf Berghe von Trips (Deutschland)
1 Großer Preis:	Mario Andretti (USA) Giancarlo Baghetti (Italien) Lorenzo Bandini (Italien) Jean-Pierre Beltoise (Frankreich) Joakim Bonnier (Schweden) François Cevert (Frankreich) Luigi Fagioli (Italien) Peter Gethin (England) Richie Ginther (USA) Innes Ireland (Schottland) Luigi Musso (Italien) Clay Regazzoni (Schweiz) Ludovico Scarfiotti (Italien) Piero Taruffi (Italien)